KB273206

당신이 원하는
부동산 경매 권리분석

당신이 원하는 부동산 경매 권리분석

| 이임복 지음 · 송희창 감수 · 김병조 법률자문 |

더난출판

당신이 원하는 부동산 경매 권리분석

ⓒ 2009, 이임복

초판 1쇄 발행 2009년 3월 11일
초판 7쇄 발행 2017년 4월 13일

지은이 이임복 | **펴낸이** 신경렬 | **펴낸곳** (주)더난콘텐츠그룹

기획편집부 김지환 · 허승 · 이성빈 · 이원희 | **디자인** 박현정
마케팅 장현기 | **관리** 김태희 | **제작** 유수경

출판등록 2011년 6월 2일 제2011–000158호
주소 04043 서울특별시 마포구 양화로 12길 16, 더난빌딩 7층
전화 (02)325–2525 | **팩스** (02)325–9007
이메일 book@thenanbiz.com | **홈페이지** http://www.thenanbiz.com
ISBN 978-89-8405-466-0 13320

"승리자가 되기 위해서는
아무도 당신을 믿지 않을 때 당신만은 자신을 믿어야 한다."
— 슈거 레이 로빈슨

권리분석을 시작하려는 당신에게

한 권의 책을 낸다는 것은 하나의 만남을 준비하는 것과 같고 하나의 만남을 준비하는 것은 또 다른 삶을 준비하는 것과 같습니다. 살아가면서 수많은 인연을 만나게 되지만 특히 책을 통해 독자를 만나는 것은 저자로서 더할 나위 없는 기쁨입니다.

2008년 초에 《대한민국 직장인, 부동산 경매로 재테크하라》라는 다소 긴 제목의 책을 출간하고 얼마간 긴장하며 하루하루를 보냈습니다. 경매를 처음 시작하는 분들에게 도움을 주고 싶어서 책을 썼는데 과연 도움이 되었는지, 또 준비는 제대로 하고 내놓은 것인지 알 수 없어 내내 마음을 졸였습니다. 다행히도 책을 읽고 도움이 되었다거나 혹은 경매를 시작할 힘을 얻었다는 독자들의 이야기를 듣게 되면서 마음이 뿌듯해졌습니다.

그럼에도 불구하고 한편으로는 마음이 무거웠습니다. 첫 번째 책에서는 '권리분석'에 대해 일부러 자세히 언급하지 않으면서 독자들이 더 좋은 책을 통해 배우기를 권했었습니다. 그런데 이 것이 마치 저로 인해 경매를 접하고 경매투자라고 하는 세계의 문턱까지 다다른 사람들에게 권리분석이라는 거대한 산을 눈앞에 두고 "자, 여기까지 안내했으니 다음은 여러분의 몫입니다."라고 말하는 어처구니없는 가이드를 한 게 아닐까 해서입니다.

물론 투자는 전적으로 투자자 자신의 몫입니다. 경매에 관심을 가진 사람들이라면 스스로 더 좋은 책을 찾아 공부해야 하는 것은 당연한 일입니다. 그렇게 생각하면 제가 더 이상 관여할 일은 아니지만 왠지 모든 것을 독자의 몫으로 떠넘기는 것은 무책임한 행동이라는 생각이 들었습니다.

감사하게도 저로 인해 경매 투자에 대해 관심이 생겼다는 분들이 많습니다. 그중에는 관심에서 그치지 않고 실전 투자에 나서는 분들도 있는데, 권리분석에 자신이 없다보니 궁여지책으로 주변의 비전문가들에게 맡겼다가 실패했다는 분들이 상당히 많다는 이야기를 듣고 영 마음이 편치 않았습니다.

"선생님, 책은 재미있게 읽었는데 권리분석은 조금 어렵더라고요. 시중에 나와 있는 경매 책들을 봤는데 경매용어가 어려워 도무지 이해가 안 돼요. 어디 쉬운 경매 책이 없을까요?"〈선한부자〉 카페에서 경매 강의를 할 때마다 나오는 질문입니다. "부동산 경매의 권리분석을 단계적으로 쉽게 설명한 책이 없을까요? 추천 부탁드립니다."라는 내용의 이메일도 자주 받습니다.

이런 질문을 접할 때마다 제가 알고 있는 한도 내에서 내용이 충실하고 가장 쉬운 책을 추천해드립니다. 그러면서도 한편으로는 과연 그들이 쉽게 이해할 수 있을지에 대해서는 여전히 의문이었습니다.

"그럼 너라면 정말 쉬운 책을 쓸 수 있겠느냐?"라는 질문에 "예, 그렇습니다."라고 답변하는 것은 다른 저자들에 대한 기만이며 제 자신에 대한 오만이라고 생각합니다. 이미 권리분석에 대한 책은 시중에 많이 나와 있으며 그 안에 필요한 지식은 차고 넘치도록 많습니다.

그런데 책을 읽어도 경매를 처음 시작하는 사람은 물론 오래전부터 경매 공부를 해왔으며 직접 투자를 하는 사람에게도 권리분석이 어렵게 느껴지는 이유는 무엇일까요? 기존 책들이 가진 '정수'를 이해하기에 앞서 법률용어를 이해하는 데 어려움을 겪기 때문이 아닐까요? 아울러, 책이나 강의를 통해 권리분석을 공부해도 실제로 자신이 투자하고 싶은 물건에 적용하는 방법을 모르기 때문에 권리분석이 더욱 어렵게 느껴지는 게 아닐까 조심스럽게 판단해봅니다.

권리분석을 공부하는 것은 시험을 위한 공부가 아닙니다. 어떤 자격을 따기 위한 시험공부는 합격하는 데 목적이 있으므로 외울 부분은 외우고 버릴 부분은 버리면서 공부해도 괜찮습니다. 하지만 권리분석은 시험이 아니기 때문에 굳이 어려운 권리관계에 대한 분석까지 외울 필요는 없습니다. 다만 작은 것이라도 소홀히 다뤘다가는 금전적으로 큰 손실을 야기할 수 있기 때문에 권리분석을 공부할 때는 어느 것 하나 대충 넘어가서는 안 됩니다.

《당신이 원하는 부동산 경매 권리분석》을 통해 권리분석에 대해 최대한 쉽게 설명하려고 노력했지만 이해하기에 따라 조금 어려울 수도 있습니다. 이해가 안 되는 부분에 대해서는 독자의 책임이라기보다 좀 더 쉽게 설명하지 못한 저에게 책임이 있음을 미리 말씀드리고 싶습니다.

만약 위의 "너라면 정말 쉬운 책을 쓸 수 있겠느냐?"라는 질문을 "너라면 정말 도움이 되는 책을 쓸 수 있겠느냐?"라고 바꾼다면 자신 있게 "예, 그렇습니다."라고 답할 수 있습니다. 물론 이 책이 독자 여러분을 순식간에 경매 고수로 만들어주는 '무림의 비급'이 아니라는 점은 알고 계실 거라 여깁니다.

이번 《당신이 원하는 부동산 경매 권리분석》에서는 복잡한 권리관계를 논하는 데 많은 페이지를 할애하기보다는 실제 투자할 때 자주 접하는 권리, 반드시 알아야 할 권리분석을 우선적으로 정리했습니다. 경매투자를 할 때 전문가가 아닌 이상 유치권, 법정지상권, 분묘기지권 등의 복잡한 권리 물건을 접할 확률은 전체 물건 중 20% 정도에 불과합니다. 오히려 일반 투자자에게 중요한 부분은 기본적인 권리분석에 대한 정확한 지식과 그 활용범위라고 생각합니다. 그렇기에 이 책에서는 권리분석에 대한 정확한 이해를 위해 '법'에 대한 해설과 실전 활용을 위한 '3초 권리 분석'을 넣어 배운 내용을 그대로 권리분석에 적용할 수 있도록 구성했습니다.

그러다 보니 독자들이 읽기에 다소 거북스러울 정도로 '법'과 '판례'가 많이 나오게 된 점에 대해서는 양해를 부탁드립니다. 짧은 지면에 좀 더 많은 내용을 담고 싶은 저자의 욕심 때문에 부족한 점이 많은 것 역시 양해를 구할 부분입니다. 경매 공부를 처음 시작했을 때부터 가지고 있던 의문들, 그리고 '이 부분은 좀 더 자세하게 설명되었더라면 좋았을 텐데.'라며 아쉬웠던 부분들을 최대한 쉽게 설명하여 책에 담아내려 했습니다. 이 책이 당신의 성공 투자에 도움이 되었으면 합니다.

이임복(은당)

- 본문 내용 중 법 조항을 통해 좀 더 자세한 설명이 필요한 부분에 *표식을 달아두었습니다. 해당 법조항은 **법률 알기** 로 정리하고 있습니다. 그 외에도 **판례 보기** 로 꼭 확인해야 할 해당 판례를 실었고 **Point** 를 통해 내용 중 핵심사항을 정리하였습니다.

- 주택임대차보호법을 비롯해 본문에서 보여주지 못한 법과 판례는 부록에 실었습니다.

- 이번 권리분석 책은 실질적인 사례 해설을 위주로 풀이하였기에 빠르게 읽어 넘어가기보다는 한 단락마다 의미를 이해하면서 차근차근 읽어나가는 것이 좋습니다.

- 책을 읽다보면 지루한 판례나 배당금의 계산 등, 그냥 넘기고 싶을 경우가 있을지도 모릅니다. 전체적인 내용 파악을 위해서라면 그렇게 하셔도 좋지만, 반드시 다시 돌아와 넘긴 부분을 이해하고 넘어가셔야 합니다. 잠깐 지나친 부분이 나중에는 손실로 돌아올 수도 있습니다. 한번 익혀두면 큰 도움이 되리라 생각합니다.

CONTENTS

독자에게 | 권리분석을 시작하려는 당신에게　6

시작하기 전에 | 조심스런 부동산시장의 현황과 권리분석　16

01　경매투자의 핵, 권리분석 시작하기

권리분석은 법이다 | 25

- 가격과 비용을 생각하고 입찰하라 | 26
- 투자의 기본기를 탄탄히 다져라 | 27

권리분석을 잘해야 좋은 부동산 잡는다 | 31

한눈에 그려보는 권리분석 4Step | 33

경매용어는 확실히 마스터하라 | 36

- 강제경매와 임의경매 | 36
- 개별경매와 일괄경매 | 39
- 신경매와 재경매 | 40
- 경매용어, 이것만은 알고 가자 | 43

02 기초부터 핵심까지, 실전 권리분석

권리분석 1Step, 말소기준권리 찾기 | 49

- 권리분석의 시작은 말소기준권리 찾기 | 49
- 권리 우선순위만 알아도 돈이 보인다 | 57

권리분석 2Step, 등기부상의 권리분석하기 | 64

- 소유권 체크는 필수 | 69
- 저당과 근저당의 차이는 계속성 | 70
- 가압류는 압류를 위한 임시 절차 | 73
- 담보가등기는 저당권 취급한다 | 77
- 경매개시결정기입등기는 등기일을 따져라 | 89

권리분석 3Step, 임차인 분석하기 | 97

- 법은 권리 위에 잠자는 자를 보호해주지 않는다 | 97
- 임차인 권리를 보호하는 2가지 방법 | 100
- 주택임대차보호법을 알아야 권리분석이 쉽다 | 104
- 최우선변제권을 갖추기 위한 4가지 요건 | 120

권리분석 4Step, 배당금 분석하기 | 129

- 배당금 분석만 잘해도 고수익이 보장된다 | 129
- 권리관계에 따라 배당이 결정된다 | 134
- 보증금 1천500만 원 수도권 세입자의 배당금은? | 137
- 슈퍼임차인이 끼여 있는 물건의 배당금 | 144
- 최우선변제액의 지급 기준 | 152
- 확정일자와 대항력이 배당에 주는 영향 | 154

03 고수들만 아는 고급 권리분석

복잡한 권리 물건을 겁내지 마라 | 163

지상권은 법정지상권의 애피타이저 | 166
- 지상권자는 배당받을 수 없다 | 167
- 법 조항만 잘 봐도 지상권이 보인다 | 168
- 지상권자가 근저당을 설정하는 이유 | 172

선순위 지역권은 인수, 후순위 지역권은 말소 | 175

예고등기는 위험 속에 수익이 있다 | 179

환매등기는 낙찰돼도 소멸되지 않는다 | 186

단순 임대차계약할까, 전세권 설정할까 | 189
- 전세권등기는 보증금 지키는 안전장치 | 192
- 선순위 전세권도 돈이 된다 | 195
- 후순위 전세권은 전세권 설정 불가 | 199

전 소유자의 가압류는 특히 조심하라 | 205

가처분이 있으면 종류부터 확인하라 | 211
- 점유이전금지가처분 vs. 처분금지가처분 | 211
- 후순위 가처분은 모두 소멸된다? | 214

유치권은 새로 지은 건물에 많다 | 218

- 유치권이 성립되기 위한 4가지 조건 | 221
- 인테리어 비용도 유치권에 포함될까 | 227
- 유치권 물건을 정복하기 위한 틈새전략 | 229

법정지상권은 관습상의 권리를 꼼꼼히 따져라 | 232

- 법정지상권의 성립요건부터 살펴라 | 234
- 관습상의 법정지상권은 판례가 기준 | 236
- 토지 건물 소유자별로 법정지상권 성립 여부 가려내는 법 | 238

무덤에도 권리가 있다 | 243

권리분석 굳히기 한판, 실전 스킬! | 247

- 지분경매는 협상으로 해결하라 | 247
- 토지 별도 등기 있는 물건은 채권 신고부터 체크 | 251
- 대지권 미등기 물건은 대지 감정 여부를 살펴라 | 254
- 임차인 미상 물건은 반드시 거주 여부 확인 | 255

에필로그 | 이 책을 마치며   256

부록 | 258

- 주택임대차보호법(시행령 포함) | 258
- 판례 모음 | 273
- 기타 부동산 용어 | 283
- 경매투자 가이드 | 302

조심스런 부동산시장의 현황과 권리분석

2008년 4월 《대한민국 직장인, 부동산 경매로 재테크하라》를 출간하고 가진 첫 강연회에서 저는 "지금은 부동산 경매를 할 때가 아니다."라고 말했었습니다. 당시만 해도 신문에 경매 열풍이라 언급될 정도로 경매투자를 하는 사람은 많은 데 반해 입찰할 수 있는 물건은 적었기 때문에 터무니없이 높은 금액에 낙찰되는 경우가 많았습니다. 물론 어느 정도 재력이 있는 사람들은 감정가를 크게 웃도는 금액에 낙찰을 받았더라도 별 상관없을 것입니다. 하지만 한 번의 투자로 인생이 좌우될 수 있는 개인 투자자의 입장에서는 아직은 경매를 시작할 때가 아니라는 생각이 들었습니다.

그래서 경매를 비롯한 다른 투자법을 좀 더 공부하고 어느 정도 자금을 모은 뒤 투자에 나서도 늦지 않을 거라고 얘기했었습니다. 그 당시는 다소 조심스러운 가정이지만, 2008년 하반기가 되면 아파트 미분양 사태를 비롯한 여러 가지 이유 때문에 경매로 나오는 물건이 늘어날 것이며, 주식시장이 계속 좋아지지 않는다면 경매물건은 더욱 많아질 거라고 예측했었습니다.

2009년 현재, 시장 상황은 제가 예측했던 방향으로 나가고 있습니다. 예상보다 더 많은 물건이 경매시장에 나왔고 앞으로도 계속 나올 것 같습니다. 투자자의 입장에서는 시장에 물건이 많이 나오면 좀 더 낮은 금액에 낙찰받을 수 있는 기회가 늘어나므로 호재일 것입니다. 하지만 경기가 나쁠 때에는 일반 서민들이 살고 있는 집이 가장 먼저 경매로 나오기 때문에 마냥 기쁘지만은 않습니다.

이런 상황에서 만약 저에게 "지금이 경매투자의 적기입니까?"라고 묻는다면, 어느 정도 여유자금이 있는 사람은 투자해도 좋지만 그렇지 않다면 좀 더 기다릴 필요가 있다고 조언하고 싶습니다. 이미 너무 오래 기다려서 조바심이 날 수도 있지만 지금은 경매투자를 위한 최적의 시기는 아닙니다.

예상대로라면 2008년 하반기에 주가가 어느 정도 수준까지 오르며 시장이 안정을 되찾았어야 하는데 요즘 분위기가 심상치 않습니다. 알다시피, 2007년 펀드 열풍 때 많은 사람들이 펀드에 가입한 후 그 펀드를 담보로 다시 대출을 받아 또 다른 펀드에 가입하곤 했습니다. 그 결과 지금은 끝이 보이지 않는 추락의 길에 접어들었으며 그 충격으로 목숨을 끊는 사람들도 나타나고 있습니다.

목돈 마련을 위해 투자한 펀드는 연일 마이너스 수익률을 갱신하고 집을 담보로 받은 대출금 이자는 소폭 하락했으나 그 값이 크지 않습니다. 또한 건설회사들이 줄줄이 도산하고 있으며 집값은 쉽게 오를 것 같지 않습니다.

이런 상황에서 미래를 예측한다는 것은 매우 어려운 일이며 또 제가 쉽게 판단할 수 있는 영역이 아니라고 생각합니다. 그럼에도 불구하고 조심스럽게 얘기를 꺼내자면, 향후 부동산시장은 더욱 나빠질 수 있습니다. 주식시장이 조금씩 반등하더라도 현재의 부동산 가격 하락세가 상승세로 반전하려면 다소 시간이 걸리지 않을까 싶습니다.

지금은 현재 시세를 기준으로 감정가 대비 80%의 가격으로 낙찰을 받았다 하더라도 향후 시장에서의 정상적인 매매가 역시 80% 수준까지 하락하게 되어, 낙찰자는 80%의 저렴한 가격이 아닌 시세 대비 100%의 금액으로 낙찰받은 것과 같게 됩니다. 따라서 지금 경매를 하겠다고 마음먹은 사람이라면 가격이 현재 시세 대비 80% 이하로 떨어진 물건, 아니면 그보다 더 떨어져 시세의 절반에 가까운 물건에 입찰하는 것이 옳습니다. 이미 경매의 장점인 '시장가격보다 훨씬 낮은 가격'에 물건을 매수했기에 혹시라도 집값이 더 떨어지더라도 버틸 수가 있습니다.

상황이 이러하다 보니 지금은 어느 때보다 '권리분석'이 절실하게 필요한 시기입니다. 권리분석은 '투자를 위한 권리분석'과 '방어를 위한 권리분석'으로 나눌 수 있는데 수익을 내기 위해 하는 일반적인 경매를 '투자를 위한 권리분석'이라 하고, 현재 자신이 거주하고 있는 집이나 혹은 운영하고 있는 상가의 권리관계를 따져 얼마나 안전한 위치에 있는지 판단하는 것을 '방어를 위한 권리분석'이라 합니다.

'방어를 위한 권리분석'은 투자자의 입장에서 반드시 이뤄져야 하는 '리스크 관리'의 시작입니다. 사업가는 '이익'을 먼저 생각하고 '위험'을 감수하지만, 투자자는 발생할 수 있는 '위험'을 회피할 방안을 마련한 후 '이익'을 생각해야 합니다. 경매투자로 얻을 수익을 좇기 전에 현재 자신이 살고 있는 집에 대한 권리를 먼저 분석하는 것이 무엇보다도 중요합니다.

특히 임대로 살고 있는 사람들은 최근의 경기악화로 인해 혹시라도 집주인이 집을 담보로 대출을 받지 않았는지, 이미 대출이 있는 집이었다면 추가로 대출을 받은 것은 없는지 반드시 확인해봐야 합니다. 그렇지 않으면 경매로 돈을 벌기 위해 열심히 물건을 찾는 동안 자신이 살고 있는 집이 경매로 넘어갈 수 있습니다. 설상가상으로 법적으로 아무런 보호도 받지 못하고 소중한 보증금을 날리게 된다면 그야말로 닭 쫓던 개가 지붕 쳐다보는 꼴이 됩니다. 항상 투자는 리스크 관리가 먼저라는 점을 명심해야 합니다.

　‘투자를 위한 권리분석’ 역시 기본 맥락인 리스크 관리의 측면에서 생각해야 합니다. 권리분석을 하는 이유에 대해 대개 ‘높은 수익을 올릴 만한 물건을 찾기 위해서’라고 하는데, 사실 권리분석이란 ‘투자하고 싶은 물건’을 찾는 것보다 ‘투자해서는 안 되는 물건’을 찾는 과정이라고 표현하는 것이 옳습니다. 권리분석은 필요 없고 단순히 시장가격 대비 절반 가격의 물건을 찾겠다고 한다면 그런 물건들은 의외로 많습니다. 그리고 그런 물건들을 찾았다면 물건정보지를 벽에 붙여두고 눈을 감은 채 다트를 던져 꽂히는 물건에 투자하면 됩니다. 하지만 그 결과는 누구도 예측할 수 없습니다.

　구입한 물건에 하자가 있다면 물건을 만든 제조업자나 중간에 유통한 판매상에게 따지면 보상받을 수 있습니다. 그러나 처음부터 하자가 있는 물건이니 유의하라는 설명서가 있었다면 그에 대한 책임은 물건을 구입한 자신에게 있습니다. 마찬가지로, 경매로 나온 물건은 대부분 저렴하지만 위험성이 있는 경우 입찰하고자 하는 사람들이 알아볼 수 있도록 적절한 공시를 하거나 여러 설명서를 준비해놓습니다. 그런데 이런 설명서는 대부분 법률용어로 기재되어 있기에 법률용어를 해석할 줄 알아야 제대로 된 물건인지, 아니면 하자 있는 물건인지를 구분할 수 있습니다. 이를 판단하지 못하는 것은 전적으로 투자자의 책임입니다.

　설명서를 제대로 읽고 하자 있는 물건, 즉 투자해서는 안 될 물건을 걸러내고 실제 입찰 가능한 물건을 찾아내는 것이 바로 권리분석의 핵심입니다.

권리분석을 통해 적절한 물건을 찾았다면 이제는 '어떻게 수익을 얻을 것인가'를 고민해야 합니다. 전작에서 얘기했듯이, 임대를 할 것인지 아니면 단기 매매를 통해 차익을 취할 것인지는 전적으로 자신의 재산 상황을 고려해 결정을 내려야 합니다. 특히 요즘처럼 불확실한 경제 상황에서는 많은 고민을 한 후에 실행에 옮길 것을 권합니다.

자, 그럼 본격적으로 권리분석의 세계에 들어가봅시다.

01

경매투자의 핵,
권리분석 시작하기

권리분석은 법이다 · 권리분석을 잘해야 좋은 부동산 잡는다 · 한눈에 그려보는 권리분석 4Step · 경매용어는 확실히 마스터하라

권리분석 단계에서는 항상 '가격'과 '비용'을 고려해야 하는데, 가격과 비용은 비슷하지만 다른 개념이다. 경매에 입찰해 아주 기가 막힌 가격에 낙찰을 받았다면 그것은 가격을 잘 받은 것이다. 하지만 미리 파악하지 못한 수많은 문제들로 인해 예상외로 많은 비용이 들었다면 이는 좋은 투자라 할 수 없다. 투자의 기본 원칙은 비용을 줄이고 수익을 극대화하는 것이다.

권리분석은
법이다

　부동산 경매의 '꽃'은 무엇일까? 전작 《대한민국 직장인, 부동산 경매로 재테크하라》를 읽었다면 쉽게 답할 수 있을 것이다. 나는 부동산 경매의 꽃은 명도라고 생각한다. 아무리 좋은 물건을 좋은 가격에 낙찰받았다 해도 살고 있는 사람을 내보내고 집을 비우지 못한다면 온전하게 소유권을 취득할 수 없다. 그래서 나는 부동산 경매의 꽃은 명도라고 수차례 얘기해왔다.

　그런데 그 어렵다는 명도를 하려면 일단 낙찰부터 받아야 하고, 그러기 위해서는 당연히 괜찮은 물건을 찾는 과정이 선행되어야 하지 않을까? 전작에서 경매는 "물건 찾기 → 임장 → 입찰 → 잔금 납부 → 명도 → 수익 실현"의 6Step으로 진행된다고 했다. 괜찮은 물건을 찾으려면 이 가운데 '물건 찾기' 단계에서 입찰하고자 하는 물건에 대한 충분한 권리의 분석이 이뤄져야 한다.

가격과 비용을 생각하고 입찰하라

권리분석 단계에서는 항상 '가격'과 '비용'을 고려해야 하는데 알다시피, 가격과 비용은 비슷하지만 다른 개념이다. 경매에 입찰해 아주 기가 막힌 가격에 낙찰을 받았다면 그것은 가격을 잘 받은 것이다. 하지만 미리 파악하지 못한 수많은 문제들로 인해 예상외로 많은 비용이 들었다면 이는 좋은 투자라 할 수 없다. 투자의 기본 원칙은 비용을 줄이고 수익을 극대화하는 것이다.

경매에서 비용에 해당하는 것은 일차로 취·등록세 등의 세금, 도배·장판 등의 수리비, 부동산중개료 등을 생각할 수 있다. 여기서 한걸음 더 나아가 낙찰자가 '인수해야 할 보증금'과 '인수해야 할 권리'까지도 부담해야 할 비용에 포함시킬 수 있다. 여기서 각종 세금과 수리비, 그리고 부동산중개료는 낙찰 후에 지급하는 사후적인 비용이지만 인수해야 할 보증금과 인수해야 할 권리는 낙찰 전에 파악하여 피할 수 있는 사전 비용이다. 권리분석은 이러한 사전 비용을 최소화하는 방법을 찾는 과정으로 해당 권리에서 파생될 수 있는 '리스크'를 줄이는 데 그 목적이 있다.

"복잡한 권리분석은 다른 사람에게 맡기고 물건분석에 집중하는 것이 좋지 않나요?"라고 말할 수도 있다. 권리분석에 시간을 쏟기 싫다면 믿을 만한 사람과 팀을 이루어 권리분석을 맡기고 자신은 현장을 뛰어다니며 물건만을 분석하면 된다. 하지만 모든 것이 그렇듯 그 사람을 언제까지고 계속해서 믿을 수 있을까?

투자의 기본기를 탄탄히 다져라

한때 어느 한 분야에 정통한 사람들을 일컫는 '스페셜리스트 specialist'라는 말이 유행한 적이 있었다. 하지만 지금은 여러 가지 일을 두루 잘하는 '제너럴리스트generalist'의 시대다. 이러한 추세에 발맞추어 안철수연구소의 안철수 전 대표는 자사의 직원들에게 A자형 인재가 돼야 한다고 주장했다. 자기 분야에 대한 전문성을 갖고 있으면서 다른 분야의 상식까지 두루 갖춘 'T자형 인재'가 지금까지의 이상적인 인재상이었다면, 앞으로는 전문성과 상식은 물론 다른 사람과의 커뮤니케이션 능력까지 두루 갖춘 'A자형 인재'를 기업은 물론 사회에서도 원한다는 것이다.

굳이 이렇게까지 깊이 들어가지 않더라도 경매에서는 권리분석과 물건분석 모두 일정한 수준까지 알아둬야 한다. 그래야 다른 사람과 대화가 통하고 파트너와도 돈독한 관계를 유지할 수 있다. 가령, 파트너를 찾지 못해 권리분석을 경매컨설팅회사에 의뢰했다고 해보자. 경매를 전문적으로 하는 회사인 이상 권리관계야 철저하게 분석해주겠지만 그 과정에서 혹시라도 실수가 있었다면 어떻게 되겠는가? 파트너도 마찬가지다. 혹시라도 그가 실수해 큰 손실을 입었다면 공조관계는 깨지고 극단적인 경우 소송까지 가게 된다.

권리분석이 어렵다고 하는 이유는 '법'을 기본으로 하기 때문이다. 법률용어를 접할 기회가 많지 않은 일반인에게 권리분석이 어렵게 느껴지는 것은 당연하다. 그렇다고 권리분석이 정말 어려워서 아무나 할 수 없는 것은 아니다. 사법시험을 치르는 고시생들은 법을 공부하고 법률용어를 외워야겠지만 경매를 하는 우리는 그럴 필요가 전혀 없다. 권리분석에 대한 기본적인 사항들을 이해한 뒤 실제 투자하고 싶은 물건이 나타나 권리관계가 의심될 때 다시 책을 들춰보는 것만으로도 충분하다. 그러다 외우게 되면 좋고 외우지 못했더라도 별 상관은 없다. 권리분석에 대해 모조리 외우고 있다고 해서 누가 돈을 주는 것도 아니지 않은가. 따라서 법률용어를 제대로 익히고 '분석의 법칙'을 알면 권리분석은 누구나 할 수 있다. 그러니 자신감을 갖고 도전해보자.

예전에 읽었던 한 무협지에는 '우연'이 참 자주 나온다. 우리 인생에서도 그런 '기연機緣'을 자주 만날 수 있다면 얼마나 좋을까. 주인공이 무림의 고수를 만나 무공을 전수받게 된다. 그렇게 10년을 수련하고 강호로 나가 처음으로 대적하게 된 상대는 수십 가지의 절기를 펼쳤다. 그에 맞서 우리의 주인공이 펼친 단 한 가지 비법은 바로 '정권 찌르기'. 가장 단순한 동작 하나로 수십 가지의 절기를 깨뜨리는 모습에 감동했던 기억이 난다.

이처럼 모든 기술은 '기본'이 뒷받침되어야 한다. 기본을 제대로 갖추지 않은 채 기교만으로 투자에 나서는 것만큼 어리석은 일은 없다. 특히 권리분석은 그 기본이 되는 '법'을 아는 것이 무엇보다 중요하다. 그렇기에 권리분석은 법이다.

경매 사례를 기술한 책들을 보면 참 대단하다는 생각이 들 정도로 수만 가지 방법을 이용해 수익을 올린다. 명도 단계에서도 상상을 뛰어넘는 방법들이 동원되곤 한다. 하지만 권리분석 단계에서는 이런 기교를 발휘할 수도 없고 또 발휘해서도 안 되며 법을 임의로 해석해서는 더욱 안 된다. 권리분석은 철저히 법에 대한 이해를 바탕으로 논리적이고 정확한 해석을 해야 한다. 법에 대한 충분한 이해가 뒷받침되고 그것을 자유자재로 활용할 수 있어야 비로소 변칙적으로 꼬인 물건들에 대한 권리관계를 분석해내고 그외의 기교를 부릴 수 있다.

따라서 여기서는 민법, 주택임대차보호법, 가등기에 관한 법률, 민사집행법 등 각종 법률과 그로부터 파생된 권리분석의 기본이 되는 권리들에 대해 충분히 살펴본 뒤 실제 사례와 고급 권리분석을 통해 실전을 위한 만반의 준비를 갖추도록 하자.

Slow Step. 조급하게 생각하지 말고 천천히 하나씩 익혀나가자. 마음이 조급해질 때마다 나는 다음 이야기를 떠올리곤 한다.

페르시아의 술탄이 두 명의 죄수에게 사형을 선고했다. 그 가운데 한 명은 술탄이 그의 말을 무척 사랑한다는 사실을 알고 1년 안에 그 말에게 나는 법을 가르칠 테니 살려달라고 했다. 술탄은 세상에서 유일하게 날아다니는 말을 타는 사람이 된다는 생각에 흥분한 나머지 그를 살려주었다. 그러자 또 한 죄수가 그를 보고 말했다.

"당신도 말이 날지 못한다는 것은 잘 알고 있지 않소. 어찌하여 그런 터무니없는 이야기를 했소? 당신은 불가피한 것을 지연시키려 할 뿐이오."

그러자 목숨을 구하게 된 죄수가 말했다.

"그렇지 않습니다. 나에게는 자유를 얻을 수 있는 네 번의 기회가 있어요. 첫째, 1년 내에 술탄이 죽을지도 모릅니다. 둘째, 1년 내에 내가 죽을지도 모르지요. 셋째, 1년 내에 말이 죽을지도 모르고 마지막으로, 내가 말에게 나는 법을 가르칠 수 있을지도 모릅니다."

출처 : 《권력을 경영하는 48법칙》(주스트 앨버트 · 로버트 그린 공저, 정영목 역)

권리분석을 잘해야
좋은 부동산 잡는다

　‘권리분석’은 말 그대로 권리를 분석한다는 뜻이다. 여기서의 권리는 입찰하고자 하는 부동산에 관련된 모든 권리를 말한다. 예를 들어, A라는 사람이 10억 원짜리 아파트 한 채를 가지고 있는데 이 아파트를 사면서 자금이 부족해 아파트를 담보로 은행에서 5억 원을 대출받았다. 그리고 이 아파트를 B에게 3억 원에 전세를 내주었다. 그런데 사업이 잘 안 되어 급하게 돈이 필요한 A가 평소 절친하게 지내던 C에게 아파트를 담보로 1억 원을 빌렸다고 해보자.

　이 경우 한 아파트에 은행 대출, 전세금, 친구 C를 통한 담보 대출의 세 가지 이해관계가 얽혀 있다. 만약 A가 은행이자를 갚지 못하거나 C에게 빌린 돈을 갚지 못한다면 은행이나 C는 담보

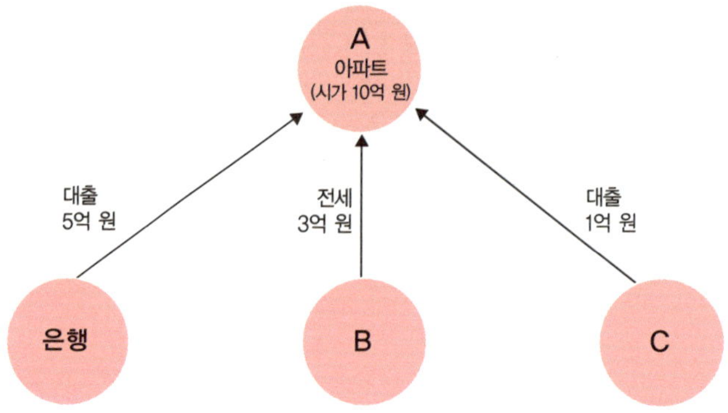

물인 아파트를 경매로 처분해 빌려준 돈을 회수하려 들 것이다 (채권회수). 경매가 진행되어 입찰자인 D라는 사람에게 낙찰되었다면 이제 D가 지불한 낙찰금을 은행과 전세권자와 친구 C가 나눠 가져야 하는데 과연 누가 얼마를 배당받게 될까?

빌려준 금액이 가장 큰 은행이 가장 많이 가져야 할까? 아니면 은행은 거대 기업이고 친구 C는 개인이니 인지상정으로 C에게 더 많은 돈을 배당해야 할까? 그것도 아니면 3억 원을 주고 전세를 들어온 B에게 돈을 더 줘야 할까? 이도저도 아니면 공평하게 3분의 1로 나누면 될까?

이 경우에 어느 한 사람에게 몰아주거나 혹은 아무에게도 주지 않을 수는 없다. 세 사람 모두 피해자이고 돈을 받아야 할 사람들이다. 이런 혼란을 막기 위해 법은 기본 원칙을 가지고 모든 사람을 만족시킬 수는 없더라도 피해를 최소화하는 데 주력한다. 이것이 바로 권리분석이 필요한 이유다.

한눈에 그려보는 권리분석 4Step

실전 경매절차가 "물건 찾기 → 임장 → 입찰 → 잔금 납부 → 명도 → 수익 실현"의 6단계로 구성되듯, 권리분석도 "말소기준권리 찾기 → 등기부등본상의 권리분석 → 임차인 분석 → 배당금 분석"의 4단계로 나눌 수 있다.

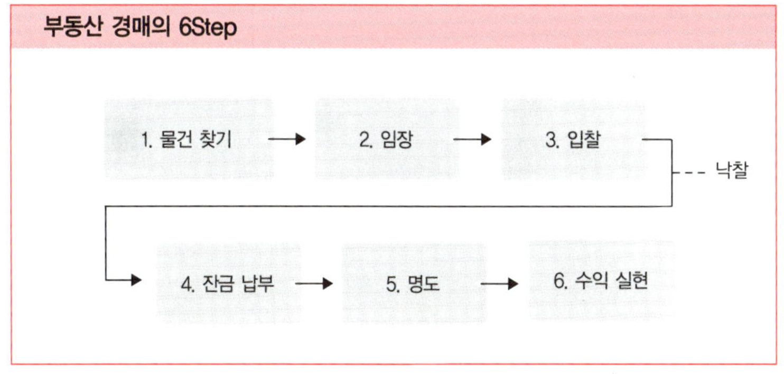

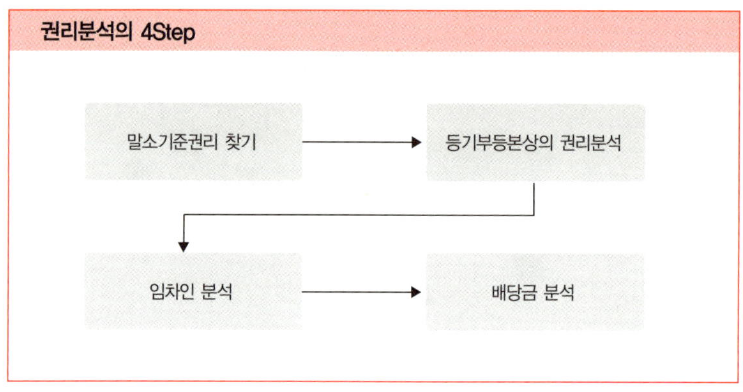

　여기서 ①말소기준권리란 등기부상의 여러 권리 중 기준이 되는 권리로, 기준이 되는 권리 이외의 것을 말소시킬 수 있는 권리를 말한다. 말소기준권리를 찾은 후에는 ②등기부상에 나타난 모든 권리를 분석해 추가적으로 인수 혹은 말소되는 권리를 파악해야 하며 ③현재 그 집에 거주 중인 임차인이 있다면 그 사람까지 권리분석에 포함해 인수해야 할 보증금이 있는지를 파악한다. 마지막으로 ④임차인을 비롯해 다른 권리자들이 받아갈 배당금을 계산한다.

　어떤가? 권리분석이 어렵게 느껴지는가? 익숙해지면 권리분석이 어렵지 않다는 사실을 알게 될 것이다. 예를 들어, 임차인이 없는 집을 분석한다면 4단계 중 '말소기준권리 찾기'와 '등기부등본상의 권리분석'만으로도 충분한 권리분석이 이뤄질 수 있다. 그러니 어렵게 생각하지 말고 첫 번째 단계부터 하나씩 살펴보

자. 구분해두긴 했지만 사실 첫 번째 단계인 '말소기준권리 찾기'와 두 번째 단계인 '등기부등본상의 권리분석'은 따로 뗄 수 없는 부분이다. 따라서 2장에서 나올 실전 권리분석에서도 둘은 같이 묶어 설명한다.

경매용어는 확실히 마스터하라

다음 장부터 본격적으로 다루게 될 권리분석에서 기본적인 경매용어를 일일이 설명하는 것은 한계가 있다. 실제 입찰할 때 모든 경매용어를 다 외워야 할 필요도 없으므로 지금부터 설명할 용어들은 그 의미를 이해하는 정도로 알아두면 된다. 어차피 경매물건을 찾다보면 자주 접하게 되므로 나중에는 외우고 싶지 않아도 외우게 된다.

강제경매와 임의경매

권리분석을 하기 위해 떼어보는 등기부등본이나 경매정보지를 보면 '강제경매'와 '임의경매'라는 말이 자주 나온다. 말 그대로 강제경매는 강제적인 절차로 이뤄지는 경매를, 임의경매는 임의적으로 이뤄지는 경매를 의미한다. 강제경매와 임의경매는 비슷하면서도 서로 다른 의미를 갖고 있으므로 좀 더 자세히 살펴보자.

강제경매란 채무명의를 가진 채권자가 신청하여 해당 부동산을 경매절차를 통해 환가, 즉 돈으로 바꾼 후 경매를 신청한 채권자와 기타 권리관계를 가진 사람들이 나눠 갖는 것(배당받는 것)을 말한다. 여기서 채무명의(현재는 '집행권원'으로 바뀌었으나 편의상 '채무명의'로 기술한다)란 법원에서 인정해주는 '인증서'라고 생각하면 이해하기 쉬운데, 강제집행을 통해 채무자에게 돈을 받을 권리를 인정해주는 절차를 뜻한다. 확정판결문, 확정된 지급명령, 공증어음 등이 이에 해당한다(법적으로 정당하게 돈을 받을 권리를 인정해주는 절차라고 이해해두자).

하지만 확정판결문이나 확정된 지급명령, 공증어음 등만 있으면 바로 강제경매 신청이 가능한 것은 아니다. 갖고 있는 채무명의에 실제 강제경매의 집행을 위한 '집행문'을 부여받아야 하고 송달증명원을 첨부해 신청하는 절차를 거쳐야 한다. 만약 아는 사람에게 돈을 빌려주면서 계약서를 쓰고 그 계약서를 공증(다툼이 없이 특정한 사항의 존재를 인정하는 절차로 보통 법무법인에서 받을 수 있다)하면서 어음까지 받았다면 그 공증어음을 바탕으로 경매를 신청할 수 있다. 또 소액사건심판(받을 금액이 2천만 원을 초과하지 않을 경우에 신청할 수 있는 간략한 법적 절차)에서 승소했을 경우에는 승소했다는 판결문만으로도 강제경매를 신청할 수 있다. 강제경매신청서에는 채권자·채무자와 법원의 표시, 부동산의 표시, 경매의 이유가 된 일정한 채권과 집행할 수 있는 일정한 집행권원이 기재되어야 한다.

임의경매는 근저당권이나 전세권 등의 권리를 가진 사람이 근저당권설정자나 전세권설정자에게 돈을 받지 못했을 경우(법적으로는 '채무변제를 하지 않았을 경우'라고 한다) 해당 물건을 경매 신청하여 매각대금에서 '우선순위'에 따라 배당받을 수 있는 절차를 말한다. 강제경매와의 차이점은 채무명의에 집행문을 부여받는 절차를 거치지 않고, 즉 별도의 재판 없이도 바로 법원에 경매 신청을 할 수 있다는 것이다.

우리 주변에서 쉽게 접할 수 있는 사례가 '전세권'을 설정하는 것이다. 만약 현재 전세로 살고 있는데 집주인의 자금 사정이 좋지 않거나 왠지 불안하다 싶을 때는 집주인을 잘 설득해서 등기부등본에 전세권을 설정해놓는 것이 좋다. 그러면 향후 집주인이 전세보증금을 돌려주지 않을 때 그 집을 경매로 넘겨 배당을 받거나 혹은 직접 입찰하여 낙찰을 받을 수 있다. 이때 전세권이 건물 전체에 설정되어 있어야 하며 건물의 일부분에 설정된 경우에는 건물 전체에 대해 경매 신청을 할 수 없다. 건물의 일부분에 전세권이 설정된 경우에는 임의경매가 아닌 강제경매를 신청해야 한다. 전세금을 원인으로 집행권원을 받아 강제경매를 신청하며 이 경우에 전세권은 말소기준권리가 될 수 없다. 전세권에 관한 사항은 뒤에서 따로 다루고 있으니 여기서는 '이런 것도 있구나' 하고 이해하는 정도로 넘어가자.

실전에서는 근저당에 기한, 즉 임의경매로 인한 물건이 강제경매로 인한 물건보다 많다. 사실 민사집행법에는 '임의경매'라는 용어가 존재하지 않으며 민사집행법 제3편의 '담보권 실행 등을 위한 경매'인 제264조 이후의 조항이 적용된다. 실무에서는 편의상 '담보권 실행 등을 위한 경매'보다는 강제경매와 발맞추어 '임의경매'라는 용어를 사용하고 있다.

개별경매와 일괄경매

개별경매는 돈을 빌리면서 담보로 여러 개의 부동산을 제공한 경우에 모든 담보물에 대해 '개별적으로' 경매가 이뤄지는 것을 의미한다. 이때에는 각 물건마다 사건번호 이외에 별도의 물건번호가 기재된다. 가끔 경매물건 중에 "2008타경2ㅇㅇㅇㅇ(1)", "2008타경2ㅇㅇㅇㅇ(2)" 등으로 표시된 것을 볼 수 있는데 이런 물건들이 개별경매로 진행된다. 얼마 전에 원주의 아파트 한 동이 경매로 나왔는데 100건 이상의 물건번호가 붙어 있었다. 이런 경우 물건번호를 잘못 적어 다른 호수의 물건을 낙찰받게 될 수 있으므로 주의해야 한다.

일괄경매는 개별경매와 반대의 경우로 생각하면 된다. 법에서는 개별경매를 원칙으로 한다. 그러나 여러 부동산에 관해 동시에 경매 신청이 된 경우, 그것들을 각각 쪼개어 경매를 하기보다는 한 사람이 낙찰받는 것이 관련된 모두를 위해 좋다고 판단되면 법원에서는 직권으로 일괄경매를 진행할 수 있다.

신경매와 재경매

신경매란 경매가 진행되었는데 낙찰자가 없거나 혹은 이의 신청이 있거나, 지진이 일어나서 해당 물건이 없어졌거나 하는 경우에 다시 기일을 정해 경매를 진행하는 것을 말한다. 정상적인 경매절차에서 유찰되었을 경우를 신경매라고 생각하면 된다. 한 번 유찰될 때마다 20~30% 떨어진 가격이 다음 경매의 최저 경매가로 산정되는데 이는 법원에 따라 차이가 있다.

사실 신경매보다는 재경매를 더 잘 알아둬야 한다. 낙찰을 받은 날 실질적으로 필요한 돈은 입찰보증금뿐이며 그날 잔금을 모두 납부하지는 않는다. 낙찰 후 일주일 정도 지나면 낙찰이 확정되며 법원으로부터 언제까지 잔금을 납부하라는 통지서가 온다. 만약 낙찰자가 돈을 구하지 못해 대금지급기일까지 잔금을 납부하지 않으면 다시 경매를 실시하게 되는데, 이를 재경매라 한다.

재경매가 진행될 경우 입찰할 수 있는 최저가는 이전과 같지만 입찰보증금은 10%가 아닌 20~30%로 인상된 금액을 내야 한다(대부분 20%이며, 수원 등 일부 지역에서는 최저 입찰가의 30%를 입찰보증금으로 받는다. 이는 법원의 재량 행위다).

가령, 9월 11일에 A아파트가 감정가 3억 원에 최저 입찰가 2억 5천만 원으로 경매가 진행되었다. 김씨가 최저 입찰가의 10%인 2천500만 원을 입찰보증금으로 내고 2억 7천만 원에 낙찰을 받았는데 잔금을 내지 못해 11월 20일에 다시 경매가 진행되었다. 재경매가 되면 감정가 3억 원에 최저 입찰가 2억 5천만 원의 조건은 이전과 동일하지만, 이 물건에 입찰하려 하는 박씨는 최저 입찰가의 20%인 5천만 원을 입찰보증금으로 내야 한다. 만약 최저 입찰가의 10%만 내면 입찰보증금 부족으로 탈락하게 된다.

위 사례에서 박씨가 낙찰을 받게 되면 전 낙찰자인 김씨는 안타깝게도 이전에 냈던 입찰보증금 2천500만 원을 돌려받을 수 없다(굉장히 아까울 것이다). 하지만 혹시라도 재경매가 진행되었는데 운 좋게 채권자가 경매 신청 자체를 취소했다면 보증금 반환을 청구할 수 있다. 그렇다면 만약 재경매일에 전 낙찰자인 김씨가 다시 입찰하는 것은 가능할까? 불행하게도 이것은 인정되지 않는다.

- **신경매**: 입찰이 진행되었으나 낙찰자가 결정되지 않아 다시 기일을 지정하여 실시하는 경매를 말한다.

- **재경매**: 매수신고인이 생겨 낙찰허가결정이 확정된 후 집행법원이 지정한 대금지급기일에 낙찰인(차순위 매수인이 경락허가를 받은 경우를 포함한다)이 낙찰대금지급의무를 완전히 이행하지 않고 차순위 매수신고인이 없는 경우에 법원이 직권으로 실시하는 경매를 말한다.

- **강제경매**: 채무자 소유의 부동산을 압류, 환가하여 그 매각대금을 가지고 채권자의 금전채권의 만족을 얻음을 목적으로 하는 강제집행절차 중의 하나다.

- **임의경매(담보권 실행 등을 위한 경매)**: 민사소송법은 제7편 제5장에서 '담보권의 실행 등을 위한 경매'라는 이름 아래 부동산에 대한 경매 신청을 조문화하여 경매신청에 채무명의를 요하지 아니하는 경매에 관한 규정을 두고 있는데, 일반적으로 경매를 통틀어 강제경매에 대응하여 임의경매라고 부른다. 임의경매에서는 저당권, 질권, 전세권 등 담보물권의 실행을 위한 이른바 실질적 경매와 민법, 상법 기타 법률의 규정에 의한 환가를 위한 형식적 경매가 있다.

- **개별경매(분할경매)와 일괄경매**: 수 개의 부동산에 관하여 동시에 경매 신청이 있는 경우에는 각 부동산별로 최저경매가격을 정하여 경매해야 한다는 원칙이다. 법에 명문규정은 없으나 이 원칙은 1개의 부동산의 매각대금으로 각 채권자의 채권 및 집행비용의 변제에 충분한 때에는 다른 부동산에 대한 경락을 허가하지 않는다. 이 경우 채무자는 경락할 부동산을 지정할 수 있다는 규정과 일괄경매에 대한 특칙이 있음에 비추어 명백하고, 다만 법원은 수 개의 부동산의 위치, 형태, 이용관계 등을 고려하여 이를 동일인에게 일괄매수시킴이 상당하다고 인정한 때에는 자유재량에 의하여 일괄경매를 정할 수 있다.

출처: 대법원 경매 사이트

경매용어, 이것만은 알고 가자

경매용어는 어렵지는 않지만 시간이 지나면 헷갈릴 때가 많다. 자주 접하는 '낙찰'과 '유찰'은 대부분 잘 알지만 '취하'니 '정지'니 '취소'니 하는 법률용어가 나오면 이내 머릿속이 복잡해진다. 처음 접하는 사람들에게는 경매용어가 다소 생소할 수 있지만 이해만 하면 되므로 미리부터 겁먹을 필요는 없다. 경매 절차와 관련된 용어는 앞으로도 계속해서 나오므로 알아두는 것이 좋다.

- 신건 : 새로운 '건수'가 생겼다는 의미다. 처음으로 법정에 나온 물건으로, 신경매의 경우 한번 진행되었던 물건이라는 뜻에서 차이가 있다.

- 진행 : 말 그대로 경매로 매각절차가 진행 중이라는 의미다.

- 유찰 : 경매 투자자에게는 두 번째로 기쁜 단어다. 입찰 결과 낙찰이 결정되지 않은 것을 말한다. 경매 당일에 입찰한 사람이 아무도 없으면 다음 경매에서는 20~30% 낮은 금액으로 시작된다(신경매를 생각하면 된다).

- 낙찰 : 경매 투자자에게는 가장 기쁜 단어다. '경락'에서 '낙찰'로 바뀌었다가 현재는 '매각'이라는 용어를 쓰고 있다.

- 취하 : 경매기일이 정해지고 경매가 진행되던 중에 채무자가 돈을

갚았거나 혹은 다른 이유로 채권자가 경매 신청을 취소하는 것을 말한다.

그렇다면 이미 낙찰된 경우에도 경매 취하가 가능할까? 정답은 가능하다. 하지만 이런 경우 최고가 매수인(낙찰자)과 차순위 매수신고인의 동의를 얻어야 한다. 낙찰되기 전이라면 채권자의 경매취하서만 있으면 경매를 취하할 수 있다.

애써 입찰하고자 하는 물건의 임장과 권리분석까지 모두 마쳤는데 정작 입찰 당일에 경매가 취하되면 이것만큼 억울한 일도 없다. 따라서 입찰할 때는 취하될 물건인지 아닌지를 가늠할 수 있어야 하며, 이는 등기부등본상의 권리분석으로 확인할 수 있다. 만약 등기부등본을 보니 지저분할 정도로 많은 권리가 얽혀 있고 금액도 상당하다면 그 물건은 채무자와 채권자가 협상해 경매를 취하할 가능성이 낮다. 반대로 등기부등본이 한 페이지를 넘어가지 않을 정도로 깔끔하고 채권자가 경매를 신청한 당사자 한 사람뿐이며 소액이라면 그런 물건은 취하될 가능성이 높다.

- 변경: 경매가 제대로 진행되었는데 도중에 법원의 실수로 임차인에게 서류가 도착하지 않았다거나, 감정평가사가 감정가를 현저하게 잘못 측정하는 등의 이유로 권리관계가 변경될 경우 법원이 직권으로 기일을 변경하는 것을 말한다.

- 대납: 낙찰자가 대금을 납부해서 더 이상 경매물건의 진행이 없다는 뜻이다.

- **배당** : 낙찰자가 납부한 대금을 채권자들이 사이좋게 나눠 가졌다는 뜻이다.

- **미진** : 경매 진행을 위한 준비가 다 끝나지 않아 경매가 미뤄졌다는 의미로 '미진행'이라고 보면 된다.

- **기각** : 기각시킨다는 뜻이다. 경매를 신청한 절차나 형식이 부적절한 경우에 법원이 처리하지 않는 것을 말한다.

- **정지** : 경매절차를 중단시키는 것을 말하는데 보통 채권자나 이해관계인이 신청한다. 이유는 다양하다. 가령, 채무자가 시간을 더 달라고 요구하는 경우에 경매절차를 중단시킬 수 있다.

- **취소** : '취하'가 신청에 의한 것이라면 '취소'는 법원이 직접 한다. 경매로 낙찰을 받았는데 신청자가 배당받을 돈이 전혀 없거나 천재지변이 일어나 해당 부동산이 사라졌을 경우 법원이 직접 취소하게 된다.

- **연기** : 이미 잡혀 있는 경매기일을 이해관계인의 신청으로 다음으로 연기하는 것을 말한다.

- **건폐율과 용적률** : 부동산을 공부하다 보면 건폐율과 용적률이 참 자주 나온다. 용적률이 몇 %이니 건폐율이 어떻다는 문구를 접하게 된다.

건폐율이란 건물을 지을 수 있는 면적을 말한다. 건물을 지으려면 땅이 필요하다. 따라서 건폐율은 일정한 면적의 땅에 건물을 얼마만큼 지을 수 있느냐를 뜻한다. 만약 건폐율이 60%라면 이는 건물을 지을 수 있는 면적이 60%라는 것을 의미한다.

용적률은 건물 전체의 연면적을 대지면적으로 나눈 값을 말하며 여기서 연면적은 각 층을 합한 면적을 의미한다. 4층짜리 건물의 경우 1층 면적+2층 면적+3층 면적+4층 면적＝연면적이다.

건물의 층이 높아지면 건폐율은 변하지 않고 용적률만 바뀐다. 용적률이 높을수록 더 높은 건물을 지을 수 있기 때문에 아파트를 지을 때 최대한 용적률을 높게 받으려 하는 것이다.

- **아파트, 연립주택, 다세대주택, 다가구주택**: 등기부등본상에는 분명 아파트로 나와 있는데 직접 가서 보니 빌라다. 어떻게 된 일일까? 아파트의 정의는 우리가 알고 있는 것과 약간 다르다. 아파트란 5층 이상의 주택을 말한다. 연립주택은 평당 건축연면적이 660㎡(약 200평) 이하인 주택으로 분양 가능한 공동주택의 형태여야 한다. 다세대주택은 평당 건축연면적이 660㎡ 이하인 4층 이하의 주택으로 역시 분양이 가능해야 한다. 연립주택과 다세대주택은 비슷하다. 그럼 다가구주택은 무엇을 말할까? 다가구주택은 건축 연면적이 동일하지만 분양이 불가능한 단독주택을 의미한다. 1층이 주차장일 때에는 4층까지 허용한다.

기초부터 핵심까지, 실전 권리분석

권리분석 1Step, 말소기준권리 찾기 · 권리분석 2Step, 등기부상의 권리분석하기 · 권리분석 3Step, 임차인 분석하기 · 권리분석 4Step, 배당금 분석하기

✓ 3초 권리분석은 어떤 물건이 시간을 들여 살펴봐야 할 물건인지, 아니면 위험성이 있기에 더 이상 살펴보지 않아도 되는 물건인지를 판단하는 저자만의 방법으로 실제 경매투자에서 매우 유용하다. 3초 권리분석의 판단기준은 ①말소기준권리는 무엇인가 ②낙찰 후에 인수해야 할 권리가 있는가 ③낙찰 후에 인수해야 할 보증금이 있는가이다.

말소기준권리 찾기

권리분석의 시작은 말소기준권리 찾기

권리분석에서 가장 중요한 것은 '말소기준권리'다. 말소기준권리란 말 그대로 말소의 기준이 되는 권리를 말하는데, 경매로 나온 물건의 등기부등본을 보면 대부분 지저분할 정도로 많은 권리들이 기재되어 있다. 이런 권리들은 채무자를 상대로 한 권리이므로 대부분 저당잡힌 금액도 상당하다. 만에 하나 이런 권리들이 그대로 남아 있는 채로 물건을 인수한다면 낙찰자는 심각한 금전적인 부담을 입게 되므로 이런 물건은 아무리 싸게 경매에 나와도 아무도 입찰하려 들지 않을 것이다.

이런 문제를 해결하기 위해 법에서는 말소의 기준이 되는 권리를 하나 정한 다음 이를 기준으로 이후에 발생한 권리들은 낙찰된 후 모두 소멸시켜 낙찰자의 권리를 보호해준다. 권리분석의 시작은 이처럼 모든 권리를 해결하는 열쇠가 되는 말소기준권리를 찾는 것이다.

그렇다고 가압류, 가처분, 가등기, 압류, 근저당, 저당, 선순위 가처분, 지상권, 전세권, 임차권 등등 우리가 자주 접하는 모든 권리가 말소기준권리가 되는 것은 아니다. 법에서는 이 중에서도 '(근)저당권', '(가)압류등기', '담보가등기', '경매개시결정기입등기'의 네 가지만을 말소기준권리로 인정해준다. 외우고 싶다면 각 권리의 머릿글자를 따서 '**저가**로 이뤄지는 **담보경매**'로 기억해두자.

만약 한 개의 물건에 여러 개의 말소기준권리가 설정된 경우, 1장의 사례처럼 한 아파트에 은행 대출에 대한 저당과 친구에게 빌려 쓴 돈에 대한 저당이 같이 있을 경우에는 가장 먼저 등기부등본상에 설정된 권리를 말소기준권리로 인정한다.

경매를 신청한 전세권도 예외적으로 말소기준권리가 될 수 있다. 단, 건물 전체에 대해 전세권설정등기가 이뤄져야 하며 건물의 일부분에 설정된 전세권은 말소기준권리가 되지 못한다. 또한 '경매를 신청한' 전세권이기에 건물 전체에 대한 전세권이자 최우선순위의 전세권이라도 '경매를 신청하지 않는다'면 말소기준권리가 될 수 없다. 아울러, 전세권을 흔히 생각하는 일반적인

'전세'로 오해해서는 안 된다. 여기서 말하는 전세권은 전세권설정등기가 되어 있는 것을 의미한다.

이해를 돕기 위해 다음과 같은 경우를 생각해보자. 이씨는 가지고 있던 집을 2006년 1월 7일 A에게 5천만 원에 전세를 내주었다. 이씨를 믿지 못한 A는 전세권의 설정을 요구했고, 이씨가 이에 응해 1월 7일자로 등기부등본상에 전세권이 설정되었다. 2년 후 2008년 1월 6일, A가 이사를 나가게 되면서 보증금을 돌려줄 것을 요청했는데, 당시에 돈이 없던 이씨는 보증금을 내주지 못했고 다급한 A는 우선 이사를 나갔다. 이씨는 빈 집을 2008년 5월 8일 B씨에게 새로 임대를 놓으면서 보증금 2천만 원을 받았는데 그 돈을 A에게 주지 않았다. 돈이 급한 A는 전세권에 기해 이씨의 집을 경매 신청했다.

이 경우 최우선순위 전세권자가 경매를 신청했기에 전세권이 말소기준권리가 되며, 다음으로 임차인 B는 전세권자 A가 배당을 받은 후 남은 돈을 배당받게 된다.

정리하자면, 전세권이 말소기준권리가 되려면 세 가지 조건을 갖춰야 한다. 첫째, 건물 전체에 대해 전세권설정등기가 되어 있을 것, 둘째, 전세권이 선순위일 것, 셋째, 전세권자가 경매를 신청했을 것이다.

말소기준권리와 관계없이 무조건 인수해야 하는 권리도 있으므로 주의해야 한다. 대표적으로 예고등기, 전 소유자에 대한 가압류, 유치권, 법정지상권을 들 수 있는데 이에 대해서는 고급 권리분석에서 자세하게 알아보자.

■ 3초 권리분석

경매투자를 위해 물건을 검색하다 보면 다양한 물건을 접하게 된다. 투자를 위해서는 원칙적으로 물건들 하나하나에 대해 등기부등본을 떼어보고, 권리관계를 확인하고, 감정평가서를 읽어봐야 하겠지만 우리에게는 그럴 만한 시간이 없다. 물론 투자할 물건은 평소보다 배 이상의 노력을 기울여 자료를 모으고 정보를 분석하는 것이 옳지만, 투자 가치가 없는 물건인데도 굳이 등기부등본이나 감정평가서를 뒤져보는 것은 시간 낭비다.

3초 권리분석은 어떤 물건이 시간을 들여 살펴봐야 할 물건인지, 아니면 위험성이 있기에 더 이상 살펴보지 않아도 되는 물건인지를 판단하는 저자만의 방법으로 실제 경매투자에서 활용하면 매우 유용하다(실제로 물건을 잠깐 살펴보는 시간은 사람에 따라 더 걸릴 수가 있다. 센 불에 순간적으로 구워먹는 3초 삼겹살처럼 권리분석의 핵심이 되는 부분만 빠르게 살펴 괜찮은 물건을 골라낸다는 의미로 받아들여주기 바란다).

그럼, 지금까지 설명한 내용을 바탕으로 다음 사례를 분석해보자.

사건번호	2007-158×× 강제	물건용도	다세대	진행여부	취하
감정평가액	160,000,000원	채권자	교보생명보험	개시결정일	2007.07.23
최저경매가	(100%) 160,000,000원	채무자	신○○	감정기일	2007.08.07
입찰보증금	(10%) 16,000,000원	소유자	신○○	배당종기일	2007.10.05
청구금액	7,540,370원	유찰횟수	0회	차기예정	2008.10.06
경매대상	토지, 건물 일괄 매각	건물총면적	53.22㎡(16.1평)	토지총면적	27.75㎡(8.39평)

소재지	면적(단위 : ㎡)	경매 진행결과	임차관계	등기부상 권리관계
(158-050) 서울 양천구 목동 64×-× 3층 2××호 ■감정평가서 요약■ • 철근콘크리트조 • 슬래브(평) • 계단식 • 목3동우체국 동측 인근 • 정비된 후면 주택지대 • 차량 출입 가능, 버스정류장 인근 • 도시가스보일러난방 • 사다리형등고평탄지 • 북측 6m, 동측 4m 도로접함 • 2종일반주거지역(7층 이하) • 공항고도지구(원추표면) • 대공방어협조구역 • 도시지역	대지 • 27.75/212(8.39평) 건물 • 53.22(16.1평) 총 5층 중 3층 보존등기 2002.07.10 대지감정 64,000,000 건물감정 96,000,000 감정기관 □□□감정	변경 2008.08.26 ■종국 결과■ 취하 2008. 09.02	■동사무소직접확인■ 오○○ 전입 2002.06.18 **열람일 2008.08.18** 배당종기일 2007.10.05 ■관할동사무소■ 목3동사무소 목3동 607-1 ☎02-2620-3980	*건물등기 소유 신○○ 2002.08.01 전 소유자:허○○ 매매(2002.05.15) 근저 국민은행 (주택능곡) 2002.08.01 1억 1,700만 원 압류 건강보험공단 (양천) 2005.02.25 가압 국민은행(신용여 신관리센터) 2005.06.16 4,348,922원 압류 양천구청 (세무1과) 2005.07.12 가압 교보생명보험 2006.10.23 6,627,066원 강제 교보생명보험 (서부) 2007.07.23 청구액 7,540,370원 **열람일 2008.08.08**

출처 : 디지털 태인

[사례 1]의 물건에서 말소기준권리는 무엇일까? 우선 표의 맨 오른쪽에 위치한 등기부상의 권리관계를 정리해보면 다음과 같다.

일자	권리 내용	금액
2002.08.01	소유권이전(매매) 신○○	
2002.08.01	근저당 국민은행(주택능곡지점)	1억 1,700만 원
2005.02.25	압류 국민건강보험공단	
2005.06.16	가압류 국민은행	434만 8,922원
2005.07.12	압류 서울특별시 양천구청	
2006.10.13	가압류 교보생명보험(주)	662만 7,066원
2007.07.23	강제경매 교보생명보험(주)	754만 370원

이 중에서 앞서 말한 말소기준권리가 되는 '(근)저당권, (가)압류등기, 담보가등기, 경매개시결정기입등기' 가 있는지 찾아보자(권리분석의 1Step).

국민은행의 근저당과 가압류, 국민건강보험공단과 양천구청의 압류, 교보생명보험의 가압류가 있다. 이 가운데 가장 빠른 날짜의 등기는 2002년 8월 1일의 국민은행 근저당이다. 따라서 국민은행의 근저당이 이 물건의 말소기준권리가 되며 이후의 모든 권리는 소멸된다.

또 다른 사례를 살펴보자. [사례 2]의 물건에 대한 권리관계를 정리해보면 다음과 같다.

사건번호	2008-42×× 임의	물건용도	아파트	진행여부	진행
감정평가액	450,000,000원	채권자	솔로몬저축은행	개시결정일	2008.03.06
최저경매가	(100%) 450,000,000원	채무자	골○시○○	감정기일	2008.03.15
입찰보증금	(10%) 45,000,000원	소유자	박○○	배당종기일	2008.06.03
청구금액	200,000,000원	유찰횟수	0회	차기예정	2008.12.10
경매대상	토지, 건물 일괄 매각	건물총면적	119.15㎡(36.04평)	토지총면적	46.54㎡(14.08평)

소재지	면적(단위: ㎡)	경매 진행결과	임차관계	등기부상 권리관계
(131-100) 서울 동대문구 장안동 13×-× 유엔○○○ 3층 3××호 ■감정평가서 요약■ • 철근콘크리트조 • 슬래브(평) • 장평초등교서측인근 • 단독 및 공동주택, 공원, 소규모 점포 소재 • 버스정류장 인근 • 도시가스 개별난방 • 도시계획시설도로접함 • 2종일반주거지역(7층 이하) • 대공방어협조구역 • 학교환경위생정화구역	대지 • 46.54/848(14.08평) 건물 • 119.15(36.04평) (대장상:40.09평, 방 3, 화장실 2) 총 7층 중 3층 보존등기 2004.08.17 대지감정 202,500,000 건물감정 247,500,000 감정기관 □□감정	변경 2008.08.11 100% ↓ 450,000,000	■동사무소직접확인■ 이○○ 전입 2006.05.08 **열람일 2008.08.01** 배당종기일 2008.06.03 ■관할동사무소■ 장안4동사무소 전농4동 286-3 ☎02-2171-6342	*집합건물등기 소유 박○○ 2004.10.05 전 소유자:조○○ 매매(2004.09.10) 근저 하나은행 (둔촌동) 2004.10.05 1억 7,640만 원 압류 솔로몬저축은행 2005.02.21 14억 3,000만 원 가압 서울보증보험 (강북신용관리지원단) 2007.04.02 6,805만 원 임의 솔로몬저축은행 2008.03.06 청구액 200,000,000원 **열람일 2008.07.25**

출처: 디지털 태인

일자	권리 내용	금액
2004.10.05	소유권이전(매매) 박○○	
2004.10.05	근저당 하나은행	1억 7,640만 원
2005.02.21	압류 솔로몬상호저축은행	14억 3,000만 원
2007.04.02	가압류 서울보증보험	6,805만 원
2008.03.06	임의경매 솔로몬상호저축은행	2억 원

이 중에서 가장 빠른 순위인 2004년 10월 5일에 설정된 하나은행의 근저당 1억 7천640만 원이 말소기준권리가 된다. 임의경매를 신청한 것은 솔로몬상호저축은행이지만, 말소기준권리는 하나은행이라는 사실을 잊지 말자. 권리분석에서는 언제나 '가장 먼저 등기된' 권리인 말소기준권리가 우선시된다.

Point

- 말소기준권리에는 (근)저당권, (가)압류등기, 담보가등기, 경매개시결정기입등기가 있다.
- 말소되지 않고 인수되는 권리는 예고등기, 전 소유자에 대한 가압류, 유치권, 법정지상권 등이 있다.
- 여러 개의 말소기준권리 중 등기부등본상 가장 빠른 권리가 실질적인 말소기준권리가 된다.

권리 우선순위만 알아도 돈이 보인다

앞에서 얘기했듯이, 말소기준권리는 (근)저당권, (가)압류등기, 담보가등기, 경매개시결정기입등기의 네 가지 권리 중 가장 빠른 일자의 권리가 된다. 그런데 만약 같은 날짜에 말소기준권리인 근저당과 가압류가 설정되어 있다면 어떻게 될까? 게다가 같은 날짜에 세입자까지 입주를 했다면 무엇이 말소기준권리가 될까? 이와 같은 경우 어떤 권리를 최우선으로 삼을 것인가에 따라 분쟁이 일어날 수 있다. 이런 분쟁을 명확하게 해결하기 위해 법에서는 각 권리들을 물권과 채권에 따라 우선순위를 부여해 배당을 실시한다.

부동산등기법 제5조제1항[*]을 보면 "동일한 부동산에 관해 등기한 권리의 순위는 법률에 다른 규정이 없으면 등기한 순서에 따른다."라고 나와 있다. 그러므로 권리 중에 가장 우선이 되는 권리를 선정하는 기준은 등기부상에 등재된 날짜가 된다. 여기서 '법률에 다른 규정이 없는 때'라는 말은 곧 다른 규정이 있을 때에는 등기의 순위가 바뀔 수 있다는 얘기가 되는데, 어떤 경우를 예로 들 수 있을까? 등기의 순위를 바꿀 수 있는 다른 권리란 무엇일까?

부동산등기법 제5조제2항에 따르면, 갑구와 을구로 나뉘어진 부동산 등기부등본의 같은 '구區' 안에서는 등기의 순위번호에 따르고 각기 다른 구(별구)에 대해서는 접수번호에 의한다. 따라서 등기부등본으로 직접 권리분석을 할 때에는 갑구와 을구에 기재된 권리들을 등기일자에 따라 나열한 다음 비교분석하는 것이 좋다.

*** 부동산등기법**

제5조(등기한 권리의 순위) ①동일한 부동산에 관하여 등기한 권리의 순위는 법률에 다른 규정이 없으면 등기한 순서에 따른다.
②등기의 순서는 등기용지 중 같은 구에서 한 등기는 순위번호에 따르고, 다른 구에서 한 등기는 접수번호에 따른다.

제6조(부기등기와 가등기의 순위) ①부기등기의 순위는 주등기의 순위에 따른다. 그러나 부기등기 상호 간의 순위는 그 등기 순서에 따른다.
②가등기를 한 경우에 본등기의 순위는 가등기의 순위에 따른다.

물권 간의 순위는 등기순서

권리는 크게 '물권'과 '채권'으로 나뉜다. 물권物權은 어떠한 물건을 직접적으로 지배할 수 있는 권리를 말하며 소유권이 대표적이다. 쉽게 말하면, 물권은 물건에 대해 행사할 수 있는 권리로, 이는 자신이 물건에 대해 정당한 권리를 행사함에 있어 어느 누구에게든 대항할 수 있음을 의미한다.

소유권을 생각해보자. A씨가 아파트를 분양받아 소유권을 취득하면 등기부등본에는 A씨가 소유권자로 등재된다. A씨가 자기 소유의 아파트에 장판도 안 깔고 맨바닥에서 살던, 방안 가득 장미를 채워놓고 살던 그것은 전적으로 소유권자가 자기 소유의 물건에 행사할 수 있는 권리에 기한 것이므로 아무도 제지하지 못한다.

물권은 아무에게나 무턱대고 인정해주는 것이 아니라 법률이나 관습법에 의한 것만 인정해주는데, 여러 권리 중 점유권·소유권·지상권·지역권·전세권·유치권·질권·저당권의 여덟 가지 권리만을 물권으로 인정한다. 부동산에는 점유권·소유권·지상권·지역권·전세권·유치권·저당권 등이 설정될 수 있고, 동산에는 점유권·소유권·유치권·질권만이 설정될 수 있다. 물론 관습법에서 인정하는 물권으로 분묘기지권과 관습법상의 법정지상권도 있지만 이것은 향후에 설명하기로 하자.

이러한 물권이 여러 개 설정된 경우 그 순위는 등기가 설정된 순서, 즉 등기의 전후관계에 따른다. 등기순서가 가장 빠른 권리가 다른 것들을 이긴다. 가령, 감정가 3억 원, 최저가 1억 5천만 원인 아파트에 다음과 같은 권리가 설정되어 있다고 해보자.

①2008.8.7　근저당권　우리은행 3천만 원
②2008.9.10　근저당권　하나은행 5천만 원

③2008.10.1　근저당권　이○○ 1억 원

이 물건은 2009년 5월 1일 2억 1천만 원에 낙찰되었다. 이 경우 누가 가장 먼저 배당을 받게 되는가? 당연히 등기일자가 가장 빠른 우리은행이 가장 먼저 배당을 받는다. 그런 다음 하나은행과 이○○ 씨가 등기번호의 순서에 따라 차례로 배당받는다.

채권 간의 순위는 시간의 순서와 관계없이 평등

채권債權은 특정인이 다른 사람에게 일정 행위를 요구할 수 있는 권리로, 간단히 돈을 받을 수 있는 권리로 이해해두자. 예를 들어, 당신이 친구에게 100만 원을 빌려줬다면 당신은 '채권자＝권리를 가진 사람'이 되며, 친구는 '채무자＝갚아야 할 의무를 지닌 사람'이 된다.

다만, 물권이 누구에게나 주장할 수 있는데 반해 채권은 당사자 사이에서만 주장할 수 있다. 주변에서 자주 접하는 임차권을 생각해보자. 임차권의 경우 주택임대차보호법의 보호를 받지 못하면 임대인과 임차인 사이에서만 서로 집을 빌려주고 빌린 관계를 주장할 수 있으며 옆집에 사는 사람에게는 권리를 주장할 수 없다.

임차권은 채권 중에서도 가장 주의깊게 봐야 할 권리로 '미등기 전세'라고도 한다. 일상생활에서 집을 빌릴 때는 단순히 '전세'와 '월세'로 구분하지만 사실 여기서의 전세는 법률용어로 물권에 속하는 '전세권'이라고 할 수 없다. 오히려 채권의 영역에 속하는 임대차계약으로 전문용어로는 '채권적 전세'로 풀이된다. 따라서 월세와 전세는 모두 집을 빌려 사용할 수 있는 권리인 임차권으로 보는 것이 옳다. 임차권은 그 성격상 물권으로서가 아니라 채권으로서 법의 보호를 받는다.

> **Tip** 가끔 '임대인'과 '임차인'을 구분하지 못하는 사람들이 있다. 기우일 수도 있겠지만, 이번 기회에 제대로 정리해두자. 임대인賃貸人이란 물건을 빌려주는 사람, 임차인賃借人은 물건을 빌리는 사람이다. 더불어 '전세권설정자傳貰權設定者'는 전세권을 설정設定해준 사람, '전세권자'는 전세로 집을 살고 있는 사람을 뜻한다.

채권은 당사자 사이의 권리이므로 불특정 다수에게 보호받지 못한다. 따라서 임차권이나 전세권은 주택임대차보호법에 의한 보호요건을 갖추거나 등기부상에 등기해둬야 확실한 권리의 행사가 가능하다. 그 이유는 물권이 등기순서에 따라 우선순위를 정하는 것과는 달리 채권은 시간의 순서에 관계없이 평등한 지위를 갖기 때문으로 쉽게 말하면, 돈을 늦게 빌려줬다고 해서 돈을 갚지 않아도 되는 것은 아니다.

낙찰된 후에 배당금을 나눠줄 때도 마찬가지이지만, 배당금에 대비해서 서로의 권리관계를 비교하여 n분의 1로 나누어 배당을 실시한다. 따라서 돈을 늦게 빌려준 사람이나 빨리 빌려준 사람이나 받을 수 있는 돈은 n분의 1로 계산된다.

만약 살고 있는 집이 경매로 넘어갔을 경우, 주택임대차보호법의 보호를 받지 못하는 일반 전세계약자(임차권자)들은 자신의 보증금을 전액 돌려받지 못하고 다른 수많은 권리들과 n분의 1로 나눠 갖게 될 수도 있다.

물권과 채권 간은 물권이 우선

그렇다면 채권과 물권이 같은 날짜에 설정되었다면 어느 쪽을 우선으로 삼아야 할까?

'물권우선주의'에 따라 동일한 물건에 물권과 채권이 설정되어 있을 경우 물권은 성립시기에 상관없이 채권에 우선한다. 그 이유는 물권의 경우 앞에서 얘기한 것처럼 모든 사람에게 권리관계를 주장할 수 있지만, 채권은 해당 채권에 관계된 특정인들 사이에서만 주장되는 권리이기 때문이다. 법에서는 몇몇 사람들과의 관계에서 좌우되는 채권보다는 보편적으로 많은 사람들과 관련된 물권을 우선시해 권리관계를 정상화하고자 한다.

이러한 관계를 적용하면 경매로 소유권이 변동되었을 경우(물권변동), 전 채무자와의 관계에 의한 임차인들은(채권) 낙찰자에게 대항할 수 없게 된다.

원칙적으로 일반 계약에 의해 현재 살고 있는 집의 소유권이 이전된 경우에도 임차권자는 실제 계약 당사자인 전 소유자에게

만 보증금 반환을 주장할 수 있으며, 현재 소유자에게는 보증금을 돌려달라고 요구할 수 없다. 전 소유자가 보증금을 돌려준다면 더없이 고맙겠지만 남 몰래 매매하고 도망간 사람이라면 보증금을 돌려줄 리 만무하다. 그래서 현행법에서는 임차인들을 경제적 약자라고 판단하고 주택임대차보호법을 통해 그들의 미약한 권리를 보호하고 있다.

물권과 채권 사이의 우선순위는 '배당'과 함께 공부하면서 이해하는 것이 좋다. 134쪽 사례를 참조하기 바란다.

Point

- 등기부상 권리의 우선순위는 법률에 다른 규정이 없으면 등기한 순서에 따른다.
- 물권은 물건에 대해 행사할 수 있는 권리로 물권 간의 우선순위는 등기를 설정한 순서에 따른다.
- 채권은 돈을 받을 수 있는 권리로 채권 간의 우선순위는 시간의 순서에 관계없이 평등한 지위를 갖는다.
- 물권과 채권 간의 우선순위는 물권이 우선한다.

등기부상의 권리분석하기

앞의 [사례 1]을 다시 한 번 살펴보자. 이 물건은 자주 이용하는 인터넷 경매정보사이트에서 발췌한 것으로, 물건의 권리관계를 한눈에 파악할 수 있도록 구성해놓았다. 인터넷 경매정보지를 이용하지 않고 대법원 경매사이트(www.courtauction.go.kr)와 대법원 인터넷 등기소(www.iros.go.kr)에서 등기부등본을 발급받아 권리관계를 확인해도 된다. 하지만 돈이 들더라도 인터넷 경매정보사이트는 하나쯤 가입해두면 이용료의 배 이상의 이익을 얻을 수 있다.

다만, 인터넷 경매정보사이트는 투자의 편의를 위해 이용해야 하며 그 내용을 100% 확신해서는 안 된다. 권리분석에 대한 기본지식이 없는 상태에서 경매정보사이트의 분석 내용을 맹신하고

사건번호	2007-158×× 강제	물건용도	다세대	진행여부	취하
감정평가액	160,000,000원	채권자	교보생명보험	개시결정일	2007.07.23
최저경매가	(100%) 160,000,000원	채무자	신○○	감정기일	2007.08.07
입찰보증금	(10%) 16,000,000원	소유자	신○○	배당종기일	2007.10.05
청구금액	7,540,370원	유찰횟수	0회	차기예정	2008.10.06
경매대상	토지, 건물 일괄 매각	건물총면적	53.22㎥(16.1평)	토지총면적	27.75㎥(8.39평)

소재지	면적(단위 : ㎡)	경매 진행결과	임차관계	등기부상 권리관계
(158-050) 서울 양천구 목동 64×-× 3층 2××호 ■감정평가서 요약■ • 철근콘크리트조 • 슬래브(평) • 계단식 • 목3동 우체국 동측 인근 • 정비된 후면 주택지대 • 차량 출입 가능, 버스정류장 인근 • 도시가스보일러난방 • 사다리형등고평탄지 • 북측 6m, 동측 4m 도로 접함 • 2종일반주거지역(7층 이하) • 공항고도지구(원추표면) • 대공방어협조구역 • 도시지역	대지 • 27.75/212(8.39평) 건물 • 53.22(16.1평) 총5층 중 3층 보존등기 2002.07.10 대지감정 64,000,000 건물감정 96,000,000 감정기관 □□□감정	변경 2008.08.26 ■종국 결과■ 취하 2008. 09.02	■동사무소직접확인■ 오○○ 전입 2002.06.18 열람일 2008.08.18 배당종기일 2007.10.05 ■관할동사무소■ 목3동사무소 목3동 607-1 ☎02-2620-3980	*건물등기 소유 신○○ 　　2002.08.01 　　전 소유자:허○○ 　　매매(2002.05.15) 근저 국민은행 　　(주택능곡) 　　2002.08.01 　　1억1,700만 원 압류 건강보험공단 　　(양천) 　　2005.02.25 가압 국민은행(신용여 　　신관리센터) 　　2005.06.16 　　4,348,922원 압류 양천구청 　　(세무1과) 　　2005.07.12 가압 교보생명보험 　　2006.10.23 　　6,627,066원 강제 교보생명보험 　　(서부) 　　2007.07.23 청구액 7,540,370원 열람일 2008.08.08

출처 : 디지털 태인

투자했다가는 큰 손해를 입기 십상이다. 만약 직원의 실수로 잘못 기재된 금액이나 권리관계를 믿고 투자했다가 소중한 입찰보증금을 날리더라도 손해배상을 받을 길이 없다. 물론 경매정보사이트를 상대로 소송을 걸 수 있겠지만 결론이 나지 않는 길고 긴 싸움이 될 뿐이다.

그러므로 경매투자를 하기 위해서는 기본적으로 해당 물건의 등기부등본을 발급받아 확인한 후 그 안에서 권리관계를 읽어낼 수 있어야 한다. 부동산 등기부등본을 보는 방법은 《대한민국 직장인, 부동산 경매로 재테크하라》에 자세히 설명되어 있다. 여기서는 사례를 보며 관련된 용어를 정리하고 실무적인 부분을 분석해보자.

인터넷 경매정보사이트에는 등기부등본에 나타난 권리관계가 다음과 같이 깔끔하게 정리되어 있다.

일자	권리 내용	금액
2002.08.01	소유권이전(매매)　신○○	
2002.08.01	근저당　국민은행(주택능곡지점)	1억 1,700만 원
2005.02.25	압류　국민건강보험공단	
2005.06.16	가압류　국민은행	434만 8,922원
2005.07.12	압류　서울특별시 양천구청	
2006.10.23	가압류　교보생명보험(주)	662만 7,066원
2007.07.23	강제경매　교보생명보험(주)	754만 370원

이것을 등기부등본에서 찾아보면 다음 그림과 같다. 등기부등본은 갑구와 을구로 나누어져 있으므로 실제 권리분석을 할 때는 시간 순서에 따라 하나하나 재배열해야 한다. 법률용어로 도배된

등기부등본상의 권리들을 보고 "도대체 무슨 소리인지 하나도 모르겠다. 내가 머리가 나쁜 걸까?" 하고 자책하는 사람들도 있을 것이다. 법을 공부하지 않는 이상 모르는 것이 당연하며 이제부터 하나씩 알아나가면 된다.

부동산 등기부등본의 예(표제부)

등기부등본(말소사항 포함)−집합건물

[집합건물] 서울특별시 양천구 목동 64×−× 제3층 제2××호

【 표 제 부 】 (1동의 건물의 표시)

표시번호	접수	소재지번, 건물명칭 및 번호	건물내역	등기원인 및 기타사항
1	2002년 7월 ××일 64×−×	서울특별시 양천구 목동 ×층	철근콘크리트조 평스라브지붕 공동주택 1층 10.00㎡ 계단실 106.44㎡ 2층 116.44㎡ 3층 116.44㎡ 4층 116.44㎡ 5층 97.31㎡ 옥탑 9.00㎡(연면적 제외)	도면편철장 제4책 56장

(대지권의 목적인 토지의 표시)

표시번호	소재지번	지목	면적	등기원인 및 기타사항
1	1. 서울특별시 양천구 목동 64×−×	대	212㎡	2002년 7월 10일

【 표 제 부 】 (점유부분의 건물의 표시)

표시번호	접수	건물번호	건물내역	등기원인 및 기타사항
1	2002년 7월 ××일	제×층 제×××호	철근콘크리트조 53.22㎡	도면편철장 제4책 56장

(대지권의 표시)

표시번호	대지권 종류	대지권 비율	등기원인 및 기타사항
1	1. 소유권대지권	212분의 27.75	2002년 6월 3일 대지권 2002년 7월 10일
2			~~별도등기 있음~~ ~~1토지(을구 8번 근저당권설정 등기)~~ ~~2002년 7월 10일~~
3			2번 별도등기 말소 2002년 8월 19일

부동산 등기부등본의 예(갑구)

[집합건물] 서울특별시 양천구 목동 64×-× 제3층 제2××호

순위번호	등기목적	접수	등기원인	관리자 및 기타사항
	【 갑　　　구 】 (소유권에 관한 사항)			
1	소유권보존	2002년 7월 10일 제58424호		소유자 허○○ 550127-2××××× 서울 양천구 목동 64×-×
2	소유권이전 ❶	2002년 8월 1일 제63900호	2002년 5월 15일 매매	소유자 신○○ 640411-2××××× 서울 양천구 목동 64×-×, ×××호
3	압류 ❸	2005년 2월 25일 제12674호	2005년 2월 23일 압류(자격징수부-204)	권리자 국민건강보험공단 양천지사
4	~~가압류~~	~~2005년 6월 15일~~ ~~제41287호~~	~~2005년 6월 10일~~ ~~서울중앙지방법원의~~ ~~가압류 결정~~ ~~(2005카단7××××)~~	~~청구금액 금 8,388,388원~~ ~~채권자 엘지카드주식회사~~ ~~서울 중구 남대문로 5가 ××~~
5	가압류 ❹	2005년 6월 16일 제41696호	2005년 6월 13일 서울중앙지방법원 가압류 결정 (2005카단7××××)	청구금액 금 4,348,922원 채권자 주식회사국민은행 서울 중구 남대문로 2가 ×× (신용여신관리센터)
6	압류 ❺	2005년 7월 12일 제48930호	2005년 6월 30일 압류(세무1과 44××)	관리자 서울특별시 양천구청(세무1과)
7	4번 가압류등기 말소	2005년 9월 28일 제67793호	2005년 9월 20일 해제	
8	~~강제경매개시결정~~	~~2006년 7월 24일~~ ~~제58412호~~	~~2006년 7월 24일~~ ~~서울남부지방법원~~ ~~경매개시결정~~ ~~(2006타경24×××)~~	~~채권자 엘지카드주식회사~~ ~~110111-0412926~~ ~~서울 중구 남대문로2가 ××~~ ~~(서울채권지원팀 송무파트)~~
9	8번 강제경매개시결정 등기말소	2006년 9월 20일 제72829호	2006년 9월 18일 취하	
10	가압류 ❻	2006년 10월 23일 제81538호	2006년 10월 20일 서울중앙지방법원의 가압류 결정 (2006카단90×××)	청구금액 금 6,627,066원 채권자 교보생명보험주식회사 110111-0014970 서울 종로구 종로1가 1
11	강제경매개시결정 ❼	2007년 7월 23일 제44089호	2007년 7월 23일 서울남부지방법원의 강제경매개시결정 (2007타경1××××)	채권자 교보생명보험주식회사 110111-0014970 서울특별시 종로구 종로1가 1 (서부지점)

[집합건물] 서울특별시 양천구 목동 64×-× 제3층 제2××호

【 을 　　　 구 】	(소유권 이외의 권리에 관한 사항)		
순위번호	등기목적	접수	등기원인	관리자 및 기타사항
1	근저당권 설정 ❷	2002년 8월 1일 제63903호	2002년 7월 31일 설정계약	채권최고액 금 117,000,000원 채무자 신○○ 서울 양천구 목동 641-2, ×××호 근저당권자 주식회사 국민은행 110111-2365321 서울 중구 남대문로 2가 9-1 (주택능곡지점)

－ 이하 여백 －

관할등기소 서울남부지방법원 등기과

소유권 체크는 필수

등기부등본에서 갑구는 소유권에 대한 내용을, 을구는 소유권 이외의 사항을 다룬다. 여기서 소유권이란 그 물건을 온전하게 소유할 수 있는 권리로 사전적인 의미는 '물건을 전면적으로 지배할 수 있는 권리'를 뜻한다. 민법 제211조에 의하면, 소유자는 법률의 범위 내에서 그 소유물을 사용, 수익, 처분할 권리가 있다. 집을 지은 회사는 누군가에게 팔았을 것이고 그 내용은 당연히 갑구에 기재된다.

구분	권리 내용
갑구 (소유권에 관한 사항)	소유권 보전등기, 소유권이전 등기, 가등기, 압류(가압류) 경매신청등기, 예고 등기, 말소 및 회복등기
을구 (소유권 이외의 사항)	지상권·지역권 설정, 전세권 설정, 저당권(근저당), 임차권 설정, 각 권리의 변경 사실, 각 권리에 대한 압류 및 경매신청

맨 첫 줄의 '2002.8.1 소유권이전(매매)'(❶)는 이 물건을 돈을 주고 샀기 때문에 표시되는 것이다. 만약 이 물건을 누군가에게서 무상으로 받았다면 '증여'라 표시되기도 한다. 민법 제554조에 의하면, 증여는 당사자 일방이 무상으로 재산을 상대방에 수여하는 의사를 표시하고 상대방이 이를 승낙함으로써 그 효력이 생긴다.

저당과 근저당의 차이는 계속성

'근저당'을 '저당'으로 바꾸면 어디서 많이 들어본 용어일 것이다. 흔히 술을 마시고 돈이 없으면 술집에 휴대전화나 시계를 맡기고 다음날 돈을 주고 찾아갈 것을 약속한다. 이 경우에 휴대전화와 시계를 저당잡힌 것이 된다(엄밀히 말하면, 이러한 휴대전화와 시계는 '저당'이라기보다 '질권'으로 봐야겠지만 편의상 여기서는 '저당'으로 표현한다). 마찬가지로, 이 물건도 국민은행 능곡지점에서 1억 1천700만 원을 빌리면서 저당을 잡혔다(❷)는 얘기다.

근저당 앞에 적힌 날짜를 보니 2002년 8월 1일로 그 윗 줄의 소유권이전(매매)와 같은 날짜다. 이는 곧 신○○ 씨가 집을 구입하면서 돈이 부족했거나 아니면 여분의 자금을 마련하기 위해 집을 담보로 대출을 받았음을 의미한다.

일반 경매 사례의 80%는 근저당으로 인한 사건일 만큼 근저당은 우리 주변에서 쉽게 접할 수 있다. 그래서인지 많은 사람들이 제대로 이해하지 않고 대충 넘어가는데 여기서 한번에 정리를 끝내도록 하자.

일반적으로 근저당은 저당과 유사하다. 먼저 사전적 의미이자 법률적 의미에서 근저당은 "계속적인 거래관계로부터 발생하는 장래 증감·변동하는 불특정 다수의 채권에 대해 일정 한도까지 담보하려는 권리"를 말한다. 이에 반해 저당권은 담보할 채무의 최고액만을 정하고 채무의 확정을 장래에 보류하여 이를 설정할 수 있다. 이 경우에는 그 확정될 때까지의 채무의 소멸 또는 이전은 저당권에 영향을 미치지 않는다. 근저당권과 저당권의 차이는 '계속성'에 있다('계속성'이란 말이 조금 어려울 수도 있다).

[사례 1]에서 신○○ 씨는 이 집을 구입하기 위해 국민은행*에서 1억 1천700만 원을 빌리면서 근저당을 설정했다. 만약 이것이 근저당이 아니라 일반 저당이며 신○○ 씨가 하는 일이 잘되어 빌린 돈 중 5천만 원을 갚았다고 해보자. 그렇게 되면 등기부상에는 1억 1천700만 원에서 5천만 원을 제하고 남은 금액인 6천700만 원이 기재되고, 그 전에 빌렸던 금액인 1억 1천700만 원은

삭선해서(붉은 줄을 긋는다) 권리관계가 소멸되었음을 나타내게 된다.

이러한 행위는 등기비용이나 절차상의 번거로움 면에서 설정하는 사람이나 설정을 받는 사람 모두에게 낭비가 된다. 하지만 1억 1천700만 원을 일반 저당 대신 근저당으로 설정해놓으면 신○○ 씨가 돈을 다 갚을 때에만 삭선하고 일부만 갚은 것에 대해서는 삭선하지 않는다. 이 이야기는 만약 신○○ 씨가 돈을 추가로 빌리고 싶다면 1억 1천700만 원 한도에서 별다른 등기부등본상의 기재 없이 언제든지 대출이 가능함을 의미한다.

경매 사례의 80% 이상이 근저당이라 해서 "에이, 근저당이네." 하고 그냥 넘어갈 경우 대위변제의 덫에 걸려 권리분석에 실패할 수 있다. 만약 어떤 물건에 입찰했는데 집주인 A씨가 국민은행에서 1억 원을 빌리고 우리은행에서 5천만 원을 순차적으로 빌렸다고 하자. 경매 입찰자는 국민은행에서 빌린 1억 원이 최우선순위가 되는 권리라고 권리분석했는데 알고 보니 A씨는 이미 국민은행에 9천만 원을 갚아(변제해) 1천만 원만 남은 상태였다. 이 경우 우리은행에서 남은 1천만 원을 채무자를 대신해 국민은행에 갚아버린다면 최우선순위는 우리은행으로 바뀌어 이하의 권리관계도 모두 바뀌게 된다.

＊ 민법

제363조(저당권자의 경매청구권, 경매인) ①저당권자는 그 채권의 변제를 받기 위하여 저당물의 경매를 청구할 수 있다.

②저당물의 소유권을 취득한 제삼자도 경매인이 될 수 있다.

가압류는 압류를 위한 임시 절차

'국민건강보험공단 압류', '국민은행 가압류' 같은 용어가 왠지 친숙하게 들리는 사람도 있을 것이다. 그런 일이 있으면 안 되겠지만, 카드비를 연체해 붉은 글씨로 '가압류'라고 찍혀있는 통지서를 받은 기억을 떠올리는 분들도 있으리라. 경매에서 가압류는 '가+압류', 즉 압류를 하기 위한 임시 절차이며, 당연히 압류는 임시가 아닌 실제적인 절차를 의미하는데 전문용어로는 "채권에 대한 강제집행의 착수"로 풀이된다.

이것을 염두에 두고 위의 사례를 풀이해보면, 소유자는 의료보험료도 못 낼 만큼 자금 사정이 좋지 못했으며 결국 국민건강보험공단에서 소유자의 재산에 압류(❸)를 걸었다고 볼 수 있다. 이는 재판이 확정되어 바로 경매 처리를 할 수 있음을 의미한다.

그렇다면 실제적인 절차인 압류가 아닌 임시 절차인 가압류를 하는 이유는 무엇일까? 가령, 아는 사람이 돈을 빌려달라고 해서

1억 원(배포 있게 1억 원부터 시작하자)을 빌려주고 이에 해당하는 계약서 혹은 차용증까지 작성했다. 그런데 아무리 기다려도 그 사람이 돈을 갚지 않자 그때 작성한 계약서 혹은 차용증을 법원에 제출하고 소송을 걸어 이겼다고 하자.

대개 소송을 하면 곧바로 돈을 돌려받을 수 있으리라 생각하는데 현실은 이와 다르다. 소송에서 이기면 법원으로부터 '권원'을 받게 될 뿐이다. 권원이란 쉽게 말하면 법원의 '허락'으로, 적합한 권원을 취득하면 돈을 빌려간 사람의 재산을 강제로 제3자에게 매각해(강제집행) 빌려준 돈을 받을 수 있다. 법원에서는 당신이 제출한 소장을 보고 "음, 이런 일이 있었군, 그런데 소의 제기가 정당한 것일까?"라는 의문을 갖게 된다. 이 의문을 풀어주는 것은 첨부한 계약서 혹은 차용증과 각종 서류다. 법원은 의문이 풀리면 "당신이 옳다. 그러니 빌려준 돈을 받아가도 된다."라고 판단을 내려줄 뿐이다.

그런데 이렇게 소송에서 이겨 또다시 강제집행을 진행하는 동안 돈을 빌려간 사람은 가만히 앉아서 처분만을 기다리고 있을까? 법에 대해 잘 모르는 사람이라도 재빨리 자신의 재산을 처분하거나 다른 사람의 명의로 바꿔 조금이라도 재산을 빼돌리고자 할 것이다(자기 돈이 걸리면 사람들의 움직임은 빨라진다. 주식투자의 경우도 마찬가지다. 10만 원이라도 자기 돈이 들어가면 각종 정보에 민감해지는 것을 경험했을 것이다).

이런 일을 막기 위해서는 소송이 진행되는 도중에 채무자가 재산을 은닉(숨기는 것)하지 못하게 하는 행위가 필요한데, 이러한 행위가 바로 '가압류'*다.

법률 알기

＊민사집행법

제276조(가압류의 목적) ①가압류는 금전채권이나 금전으로 환산할 수 있는 채권에 대하여 동산 또는 부동산에 대한 강제집행을 보전하기 위하여 할 수 있다.
②제1항의 채권이 조건이 붙어 있는 것이거나 기한이 차지 아니한 것인 경우에도 가압류를 할 수 있다.

위의 등기부등본에서 "2005.6.16 가압류 국민은행 434만 8천 922원"(④)은 국민은행에서도 받을 돈이 있다는 뜻이다.

마지막 두 줄(❻❼)은 교보생명보험과 관련된 얘기로 국민은행의 경우와 마찬가지다. 교보생명이 가압류를 걸었고 승소해서 채무자의 재산을 강제경매한 것이다. 사실 금액이 그리 크지 않으므로 소유자가 교보생명보험에 채무를 갚는다면 경매를 취하시킬 수 있다. 그렇기 때문에 앞의 [사례 1]에서 '종국 결과'를 보면 2008.09.02 결국 '취하' 되었음을 알 수 있다.

(Tip)
- 저당권 설정은 저당권자의 동의가 필요한데 반해 가압류는 동의가 필요하지 않다.
- 가압류를 신청할 때 청구금액은 확정채권이 아니라 채권자가 변제받지 못한 금액으로 밝히며, 대부분 신청금액으로 결정된다.

다시 경매정보지로 돌아가서 채권자를 살펴보자. 위의 사례에는 강제경매를 신청한 채권자, 즉 돈을 받을 권리가 있는 사람이 교보생명보험이라는 것을 알 수 있다.

그런데 여기서 한 가지 생각해볼 것이 있다. 만약 이 물건이 최저경매가인 1억 6천만 원에 낙찰된다면 누가 가장 먼저 돈을 받아갈 수 있을까? 앞에서 나온 질문과 같다. 상식적으로 서류를 준비하고 경매를 신청한 교보생명보험이 가장 먼저 받아가고 다음으로 국민은행, 국민건강보험공단 순으로 받아가는 것이 옳지 않을까?

물론 아니다. 교보생명보험에서 경매를 신청했다 하더라도 등기부상의 권리는 근저당인 국민은행의 권리가 2002년 8월 1일로 다른 권리보다 앞서기 때문에 모든 권리에 대한 말소기준권리가 된다. 따라서 이를 기준으로 일정한 순서에 따라 공평하게 배당이 이뤄진다(이 점에 대해서는 '배당' 부분에서 자세히 알아보자).

Point

- (근)저당은 계속적인 거래관계로부터 발생하는 장래 증감·변동하는 불특정 다수의 채권에 대해 일정 한도까지 담보하려는 권리를 말한다.
- 가압류 '가+압류', 즉 압류를 하기 위한 임시 절차를 말한다. 전 소유자 가압류에 있어서는 특별히 유의해야 한다.

담보가등기는 저당권 취급한다

가등기는 순위 보전을 위한 예비 등기

말소기준권리가 되는 담보가등기를 이해하려면 그 본질인 '가등기'에 대한 이해가 선행되어야 한다. 가등기*는 가압류와 마찬가지로 '가+등기', 즉 진짜 등기가 아니라는 얘기다. 미래 언젠가 본등기(본래 등기)를 할 경우를 대비해 미리 순위를 보전하기 위해 행하는 예비 등기를 말한다. 이는 '담보가등기'와 '소유권이전청구권보전가등기(이하 '보전가등기'라 한다)'의 두 가지로 나눠진다.

법률 알기

＊부동산등기법

제3조(가등기) 가등기는 제2조 각 호의 어느 하나에 해당하는 권리의 설정, 이전, 변경 또는 소멸의 청구권을 보전하려는 때에 한다. 그 청구권이 시기부 또는 정지조건부일 경우나 그 밖에 장래에 확정될 것인 경우에도 또한 같다.
[전문 개정 2008.3.21]

제6조(부기등기와 가등기의 순위) ①부기등기의 순위는 주등기의 순위에 따른다. 그러나 부기등기 상호 간의 순위는 그 등기 순서에 따른다.
②가등기를 한 경우에 본등기의 순위는 가등기의 순위에 따른다.

먼저 간단하게 이런 경우를 생각해보자. A가 B에게 아파트를 매매하기로 약속하고 선금으로 1억 원을 받았으며 1년 후에 집을

비워주기로 약속했다. 약속의 정확한 이행을 위해 B는 A 소유의 아파트에 보전가등기를 설정해두었다. 그런데 1년이 채 되기도 전에 급하게 돈이 필요한 A가 C라는 제3의 인물에게 아파트를 매매해버렸다.

C는 소유권이전등기를 완료하고 등기부등본상에 완전한 소유자로 올랐다. 하지만 향후 B가 가등기에 관한 본등기 절차를 진행하면 C의 소유권이전등기는 B의 가등기 순위에 밀려 소유권을 박탈당할 수 있다.*

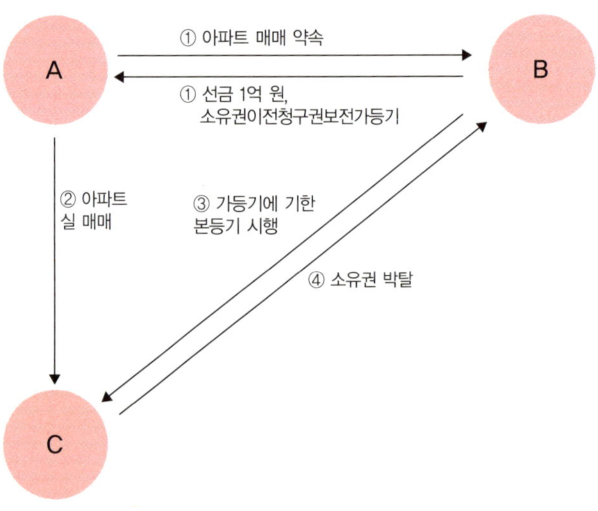

이러한 가등기 물건에 입찰하려는 사람은 가등기는 저당권설정등기와는 달리 담보되는 채권에 대해서는 등기부등본상에 일체 나타나지 않고 오직 채권자(가등기권자)만이 기재된다는 점에

주의해야 한다. 또한 담보가등기와 보전가등기는 따로 구분되지
않고 등기 목적에 '소유권이전청구권가등기'으로 기재된다.

순위번호	등기목적	접수	등기원인	관리자 및 기타사항
2-1	2번등기명의인표시변경	2006년 4월 18일 제2×××호	2006년 ×월 11일 전거	홍○○의 주소 서울 양천구 신정동 ○○ 삼성 에이 -501
3	소유권이전청구권가등기	2006년 4월 18일 제2×××호	2006년 ×월 17일 매매예약	가등기권자 김○○ 430308-××××××× 인천 남구 주안동 10-×× ○미 홈타○-301
4	압류	2007년 3월 23일 제××××호	2007년 3월 20일 압류(세무과)	관리자 서울특별시

보전가등기는 소유권 이전, 담보가등기는 채권 회수

경매에서는 가등기 물건, 그것도 선순위 가등기라면 기피해야
한다. 하지만 앞에서 권리분석은 법의 '기본'을 아는 것이 우선이
며 수익을 올리는 방법은 기본에서 변형되어야 한다고 했다. 가
등기 역시 마찬가지다. 기본으로 돌아가 가등기를 하는 이유를
생각해보자. 가등기를 하는 이유는 돈을 빌려주고 약속한 날짜
(변제기)에 갚지 않을 경우에 채무자가 소유한 부동산의 소유권을
채권자에게 이전하거나 처분하기 위함이다.

법률 알기

＊민법

제191조(혼동으로 인한 물권의 소멸) ①동일한 물건에 대한 소유권과 다른 물권이 동일
한 사람에게 귀속한 때에는 다른 물권은 소멸한다. 그러나 그 물권이 제삼자의 권리의 목
적이 된 때에는 소멸하지 아니한다.

따라서 가등기권리자는 ① 해당 부동산을 '이전'하거나 ② '처분'하는 두 가지 선택을 할 수 있다.

'이전'할 경우, 부동산의 현재 매매가에서 빌려준 돈을 제한 나머지 금액을 채무자에게 지급하고 소유권이전등기를 해 부동산을 이전받을 수 있다. 예를 들어, 아파트 시세가 2억 원이고 빌려준 돈이 5천만 원이라면 1억 5천만 원의 차액을 채무자에게 돌려줘야 한다. 앞의 사례에 나온 소유권 박탈이 '이전'에 해당한다. 이처럼 소유권이전청구권보전가등기는 경매 입찰자라면 반드시 피해야 할 강력한 권리다.

그럼, '처분'의 경우에는 어떻게 해야 할까? 여러 권리 중 말소기준권리에 해당하는 것은 담보가등기다. 이 담보가등기는 가등기라는 점에서 보전가등기와 유사하지만 성격 면에서 다소 차이가 있다. 우선 말뜻부터 풀이해보면, 담보가등기*는 '담보+가등기', 즉 가등기로 담보한다는 의미로 해석할 수 있다. 그렇다면 무엇을 가등기로 담보하는 것일까? '이전'이 보전가등기에 해당한다면 '처분'은 담보가등기에 해당한다. 따라서 담보가등기가 담보하는 것은 빌려준 돈, 즉 받을 금액이 된다. 부동산을 이전받는 것보다 빌려준 돈의 회수가 목적이기에 담보가등기권리자는 해당 부동산을 임의경매를 신청해서 낙찰대금에서 배당을 받아 빌려준 돈을 회수할 수 있다. 이 경우 담보가등기는 저당권의 성격을 갖는 말소기준권리가 된다.

＊가등기담보등에관한법률

제2조 (정의) 이 법에서 사용하는 용어의 뜻은 다음과 같다.

3. '담보가등기' 란 채권담보의 목적으로 마친 가등기를 말한다.

제13조 (우선변제청구권) 담보가등기를 마친 부동산에 대하여 강제경매 등이 개시된 경우에 담보가등기권리자는 다른 채권자보다 자기채권을 우선변제받을 권리가 있다. 이 경우 그 순위에 관하여는 그 담보가등기권리를 저당권으로 보고, 그 담보가등기를 마친 때에 그 저당권의 설정등기가 행하여진 것으로 본다.

[전문개정 2008.3.21]

제15조 (담보가등기권리의 소멸) 담보가등기를 마친 부동산에 대하여 강제경매 등이 행하여진 경우에는 담보가등기권리는 그 부동산의 매각에 의하여 소멸한다.

[전문개정 2008.3.21]

담보가등기가 말소기준권리 가운데 가장 앞서는 실질적인 말소기준권리가 되면 배당을 받고 자연스럽게 소멸된다. 그런데 만약 애매하게 중간에 위치한다면 이것이 담보가등기인지 보전가등기인지 어떻게 구분할 수 있을까?

법원에서는 경매를 진행하기 전에 가등기권리자에게 담보가등기인지 보전가등기인지를 밝힐 것을 요구하는 문서를 발송한다. 담보가등기의 경우 채권액(받을 돈)이 얼마인지를 밝히는 채권계산서를 제출해야 한다. 즉 담보가등기는 저당권처럼 취급하기에 중간에 위치하면 다른 권리와 비교하여 배당이 이뤄지고 채권액의 전부를 배당받지 못했더라도 소멸된다.

선순위 보전가등기는 소유권 박탈 위험 있다

그럼, 보전가등기는 어떻게 될까? 담보가등기가 받을 금액을 담보하는 것이라면 보전가등기는 그 집을 매매하기로 약속한 계약을 보전한다. 법률용어로 보전가등기는 "본등기를 할 수 있는 요건을 갖추지 못한 경우에 우선적으로 소유권이전청구권보전가등기를 설정해두면 장래에 본등기를 할 경우에 순위를 보전해주는 등기"라고 한다. 보전가등기가 최우선순위가 될 경우에는 낙찰받았다 하더라도 소유권을 잃게 될 수 있다. (이 경우 최우선순위가 될 뿐이며 말소기준권리가 되는 것은 아님에 유의해야 한다. 담보가등기가 말소기준권리가 되는 것은 '빌려준 돈을 돌려받는 것'이 목적이기 때문이며 보전가등기는 '소유권을 이전받는 것'이 목적이므로 둘은 서로 다른 개념이다.)

가등기 물건은 반드시 두 번 살펴봐야 한다. 보전가등기는 소유권을 잃을 수도 있는 리스크가 큰 물건으로 입찰자라면 반드시 피해야 할 권리다. 역으로 생각하면, 보전가등기가 아닌 담보가등기 물건이라면 수익을 올릴 수 있다. 따라서 법원에 제출한 서류를 잘 살펴보고 채권계산서가 제출되었다면 담보가등기로 판단하는 등의 확인절차가 필요하다.

만약 선순위 보전가등기가 있는데도 실수로 낙찰을 받았다면 어떻게 해야 할까? 매각대금을 납부했는데 보전가등기권자가 본등기를 신청했다면 배당 전과 후의 대처법을 달리해야 한다.[*]

배당 전에는 낙찰자는 법원에 경매에 의한 매매계약을 해제하고 납부한 낙찰대금의 반환을 청구할 수 있다. 배당 후에는 안타깝게도 별도의 소송에 의해 채무자나 배당받은 채권자를 상대로 담보책임을 청구해야 한다. 여기서 채무자는 경매로 집을 잃은 사람을 의미하며, 배당받은 채권자는 개인이 될 수 있고 국가기관이나 금융기관이 될 수 있으므로 사실상 매우 힘든 싸움이 될 것이다.

법률 알기

[*] 민사집행법

제96조(부동산의 멸실 등으로 말미암은 경매취소) ①부동산이 없어지거나 매각 등으로 말미암아 권리를 이전할 수 없는 사정이 명백하게 된 때에는 법원은 강제경매의 절차를 취소하여야 한다.
②제1항의 취소결정에 대하여는 즉시항고를 할 수 있다.

원칙적으로 매각대금을 납부했다면 소유권을 취득한 것으로 간주되므로 낙찰자 입장에서는 나중에 본등기에 의해 소유권이 상실된다면 차선책으로 담보책임에 대한 청구를 하는 것이 옳다. 그러나 법원에서는 판결에 의해 배당되기 전이라면, 낙찰자에게 배당되기를 기다렸다가 경매절차와는 무관하게 별도의 담보책임

을 요구하는 것은 가혹하다고 판단해 첫 번째 방법을 제안하게
되었다(대법원 자96그64, 부록의 판례 1 참조). 참고로, 대법원 판례
검색은 대법원 종합법률정보 사이트(glaw.scourt.go.kr)를 참조하
기 바란다.

후순위 보전가등기권자가 경매를 신청했을 경우에는 담보가
등기가 된다. 이때에는 소유권에 관련된 가등기가 아니라 채권
확보를 위한 담보물권이 되어 배당을 받고 말소된다. 이와 유사
한 개념으로 매매예약을 들 수 있다. 매매예약은 향후 소유권을
이전하겠다는 약속으로 보전가등기에 준해 생각하면 된다.

Point

- 가등기는 '담보가등기' 와 '소유권이전청구권보전가등기(보전가등기)' 로 나눠진다.
- 담보가등기는 저당권에 준해 판단한다.
- 말소기준권리보다 후순위라면 담보가등기나 보전가등기에 상관없이 말소된다.
- 선순위 보전가등기는 본등기에 기해 소유권을 빼앗길 수도 있다.
- 보전가등기의 목적은 소유권을 이전받는 것이며, 담보가등기의 목적은 빌려준 돈을
  돌려받는 것이다.

■ 3초 권리분석

지금까지 설명한 내용을 토대로 다음 사례를 분석해보자.

사례 3 강북구 미아동 아파트

사건번호	2007-115×× 임의	물건용도	아파트		진행여부	낙찰
감정평가액	460,000,000원	채권자	진흥저축은행		개시결정일	2007.05.17
최저경매가	(80%) 368,000,000원	채무자	김○○		감정기일	2007.05.31
입찰보증금	(10%) 36,800,000원	소유자	김○○		배당종기일	2007.08.10
청구금액	374,491,373원	유찰횟수	2회		차기예정	2008.12.08
경매대상	토지, 건물 일괄 매각	건물총면적	114.85㎡(34.74평)		토지총면적	51.16㎡(15.48평)

소재지	면적(단위 : ㎡)	경매 진행결과	임차관계	등기부상 권리관계
(142-100) 서울 강북구 미아동 13×× ○○북한산○○ 146동 3층 3××호 ■감정평가서 요약■ • 철근콘크리트조 • 슬래브(평) • 계단식, 5300세대 • 대규모 아파트단지 형성 • 버스정류장 도보 2~3분 소요 • 도시가스보일러난방 • 도시계획시설대로2류 및 3류, 중로1류 및 2류 접함 • 건축허가 등 제한구역 • 대공방어협조구역 • 3종일반주거지역 • 토지거래허가구역	대지 • 51.16/144296.6 (15.48평) 건물 • 114.85(34.74평, 43평형) (방 4, 화장실 2) 총 20층 중 3층 보존등기 2004.11.10 대지감정 138,000,000원 건물감정 322,000,000원 감정기관 ㅁㅁ감정	유찰 2008.10.13 80% ↓368,000,000 낙찰 2008.11.10 393,000,000 (85.43%)	■관리비체납내역■ • 체납액: 363,440원 • 확인일자: 2008.09.29 • 2개월(2008/7~8) • 전기수도포함가스 별도 ☎02-6229-4611 ■동사무소 직접확인■ 김○○ 전입 2002.08.19 **열람일 2008.10.01** 배당종기일 2007.08.10	*집합건물등기 소유　김○○ 2005.06.01 전 소유자:마○○ 증여(2005.06.01) 근저　진흥저축은행 2006.12.01 4억 7,600만 원 소유　박○○ 가등　2007.02.02 임의　진흥저축은행 2007.05.17 청구액 374,491,373원 저당 이전　자산관리공사 2007.07.11 (진흥저축은행에서 이전) 압류　근로복지공단 (서울지역) 2007.08.10 압류　강북구 2007.11.08 압류　건강보험공단 (강북) 2008.07.31 **열람일 2008.09.22**

출처 : 디지털 태인

　이번 물건은 아파트로 2008년 11월경에 낙찰된 물건이다. 3초 권리분석에 의하면, 말소기준권리는 2006년 12월 1일자 진흥저축은행의 근저당권 4억 7천600만 원이다.

　위의 사례에서 특이한 점은 박○○ 씨의 소유권 가등기가 2007년 2월 2일에 이뤄졌다는 것이다. 이미 말했듯이, 말소기준권리 다음에 나오는 소유권 가등기는 말소되기에 소유권 가등기라고 표시된 권리가 담보가등기이든 보전가등기이든 크게 상관없다. 하지만 이해를 돕기 위해 이 물건의 문건처리내역을 찾아보면 다음과 같다.

사례 3 문건처리내역

접수일	접수내역	결과
2007.05.18	등기소 도봉등기소 등기필증 제출	
2007.05.29	가등기권자 박○○ 배당요구신청 제출	
2007.06.05	기타 □□감정평가사사무소 감정평가서 제출	
2007.06.13	채권자 진흥상호저축은행주식회사 야간송달신청 제출	
2007.06.25	기타 집행관 현황조사서 제출	
2007.07.25	채권자 한국자산관리공사 채권자변경신고 제출	
2007.08.06	교부권자 강북구(세무과) 교부청구 제출	
2007.08.08	교부권자 근로복지공단서울지역본부 교부청구 제출	
2007.10.26	채권자 한국자산관리공사(양도인: 진흥상호저축은행) 주간특별송달신청 제출	
2007.12.12	채권자 한국자산관리공사(양도인: 진흥상호저축은행) 야간 및 휴일특별송달신청 제출	
2008.02.11	채권자 한국자산관리공사(양도인: 진흥상호저축은행) 야간송달신청 제출	

문건처리내역을 보면 2007년 5월 29일에 가등기권자 박○○가 배당요구신청을 제출한 것을 알 수 있다. 따라서 이 가등기는 담보가등기임을 알 수 있다.

또 다른 사례를 살펴보자. 이번 물건은 내가 관심 있게 지켜보며 입찰 예정 중인 물건으로 책이 출간될 때쯤이면 결과를 알 수 있을 것이다.

[사례 4]를 보면 분명 소유권 가등기가 설정되어 있으며 등기권자는 김○○ 씨로 등재되어 있다. 그런데 이 물건은 채권자와 임의경매신청자를 주의깊게 봐야 한다. 임의경매신청자와 채권

사례 4 문건처리내역

접수일	접수내역	결과
2008.06.24	등기소 강서등기소 등기필증 제출	
2008.06.27	기타 □□감정평가사사무소 감정평가서 제출	
2008.07.09	기타 집행관 이○○ 현황조사서 제출	
2008.07.10	가압류권자 주식회사 디자인하우스 채권계산서 제출	
2008.07.10	채권자 김○○ 야간 및 휴일특별송달신청 제출	
2008.07.10	채권자 김○○ 채권계산서 제출	
2008.07.17	압류권자 양천세무서 교부청구 제출	
2008.07.28	가등기권자 김○○ 채권계산서 제출	
2008.08.11	가압류권자 주식회사 국민은행 채권계산서 제출	
2008.08.18	압류권자 서울특별시 교부청구 제출	
2008.08.22	채권자 김○○ 야간송달신청 제출	
2008.08.27	압류권자 근로복지공단서울남부지사 교부청구해제통지서 제출	
2008.09.09	임차인 곽○○ 권리신고 및 배당요구신청 제출	
2008.09.10	교부권자 강서구청 교부청구 제출	

사건번호	2008-139×× 임의	물건용도	오피스텔	진행여부	유찰
감정평가액	90,000,000원	채권자	김○○	개시결정일	
최저경매가	(80%) 72,000,000원	채무자	홍○○	감정기일	2008.06.25
입찰보증금	(10%) 7,200,000	소유자	홍○○	배당종기일	2008.09.10
청구금액	100,000,000	유찰횟수	1회	차기예정	2009.01.12
경매대상	토지, 건물 일괄 매각	건물총면적	30.24㎡(9.15평)	토지총면적	4.51㎡(1.36평)

소재지	면적(단위: ㎡)	경매 진행결과	임차관계	등기부상 권리관계
(157-200) 서울 강서구 가양동 14××-× 이스○○ 14층 14××호 ■감정평가서 요약■ • 철근콘크리트조 • 슬래브(평) • 복도식 • 공진초등교남동측 인근 • 업무용 빌딩, 대단위 아파트단지, 상가 혼재 • 버스정류장 도보 2~3분 소요 • 도시가스 개별난방 • 도시계획시설도로접함 • 도시지역, 대공방어 협조 구역 • 최고고도지구(해발 57.86~112.86m미만, 원추표면) • 학교환경위생정화구역 • 일반상업지역 • 공항시설보호지구 • 지구단위계획구역	대지 • 4.506/1070.6(1.36평) 건물 • 30.24(9.15평) 총 15층 중 14층 보존등기 2002.10.02 대지감정 　27,000,000원 건물감정 　63,000,000원 감정기관 □□감정	유찰 2008.11.28	곽○○ 전입 2007.03.30 확정 2007.03.30 배당 2008.09.09 점유 전부 4,800만 원 점유 2006.3.31~1년 배당종기일 2008.09.10 ■관할동사무소■ 가양2동사무소 가양2동 1472-4 ☎02-2668-0541	*건물등기 소유　홍○○ 　2002.11.29 　전 소유자: 스○○ 　매매(2001.10.05) 소유　김○○ 가등　2006.04.18 압류　서울시 　2007.03.23 가압　국민은행 　(신용여신관리센터) 　2007.04.25 　13,061,068원 압류　근로복지공단 　(서울남부) 　2007.05.23 가압　디자인하우스 　(채권관리팀) 　2007.06.22 　2,050만 원 압류　양천세무서 　2008.05.01 압류　양천구 　2008.05.29 임의　김○○ 　2008.06.23 청구액 100,000,000 압류　파주시 　2008.10.21 **열람일 2008.11.10**

출처: 디지털 태인

자가 김○○ 씨로 동일하다. 선순위 가등기이지만 보전가등기가
아닌 담보가등기임을 짐작할 수 있다. 마찬가지로, 법원에 제출
된 문건처리내역을 확인해보니 역시 2008년 7월 10일에 채권자
김○○ 씨가 채권계산서를 제출했다.

경매개시결정기입등기는 등기일을 따져라

　앞에서 이야기한 강제경매와 임의경매의 차이를 다시 한 번 생
각해보자. 말소기준권리 중에 경매개시결정기입등기가 있다고
했는데 이는 강제경매신청등기를 의미한다. 그렇다면 임의경매
의 경우에는 말소기준권리가 되지 않을까? "아하! 맞다, 그렇지.
됐었어."라고 잠시라도 생각했다면 깊이 반성하고 지금부터 설명
할 내용에 집중하자.
　임의경매는 근저당권이나 전세권 등의 권리를 가진 사람이 신
청한다고 했다. 이미 근저당권 자체가 말소기준권리가 되기에 임
의경매신청등기는 말소기준권리가 될 수 없다.
　경매물건을 검색하다 보면 근저당 등의 다른 권리는 전혀 없고
"강제 2007.5.9 박○○ 청구액 9천만 원"이라고 간단히 표시된 물
건을 볼 수 있다. 이런 물건은 갑구에 기재된 강제경매개시결정
등기일인 2007년 5월 9일을 말소기준권리일로 보고 임차인과의
권리관계를 분석해야 한다.

강제경매라고 해서 다른 권리들을 무시하고 무조건 말소기준권리가 되는 것은 아니다. 다른 권리들이 없을 때에만 판단의 기준이 된다.

2002년 7월 1일 이후는 민사집행법

경매기입등기일을 확인할 때에는 2002년 7월 1일을 반드시 기억해둬야 한다. 이 날부터 새로운 민사집행법이 시행되어, 2002년 7월 1일 이전에 경매기입등기된 사건은 구 민사소송법의 규정이 적용되고 2002년 7월 1일 이후에 경매기입등기된 사건은 새로운 민사집행법의 규정이 적용된다. 사실 서울이나 수도권 주택은 2002년 7월 1일 이전에 경매기입된 물건이 아직까지 남아 있는 경우가 거의 없다. 그러나 가끔 지방의 농가나 혹은 서울에서도 변두리 지역에서 아주 드물게 나오기도 한다. 따라서 해당 물건에 구법의 규정이 적용되는지, 신법의 규정이 적용되는지를 구분하지 못하면 애써 발품을 팔아 임장을 해놓고도 보증금 미달로 떨어지거나, 낙찰 후 명도 절차에서 어려움을 겪을 수 있으니 주의해야 한다.

《대한민국 직장인, 부동산 경매로 재테크하라》에 언급했던 인천 도화동의 빌라는 구법의 규정이 적용되는 사건으로 해결하느라 꽤 골치 아팠었다.

입찰보증금은 최저매각가의 10%

구 민사소송법에서는 매수가의 10%, 즉 자신이 입찰하고자 하는 금액의 10%를 보증금으로 내야 한다. 예를 들어, 감정가 1억 원의 빌라가 1회 유찰되어 8천만 원에 나왔는데 입찰가를 9천만 원으로 결정했다면 민사소송법에서는 보증금으로 900만 원을 내야 한다. 그럼, 신 민사집행법에서는 어떻게 될까? 민사집행법에서는 최저매각가의 10%, 즉 유찰금 8천만 원의 10%인 800만 원을 보증금으로 낸다. 투자자 입장에서는 신 민사집행법이 입찰금을 준비하기에 좀 더 유리하다(입찰가를 990만 300원으로 쓰려고 하는데 여기서 10%라면 얼마나 귀찮을지 생각해보라).

항고보증금은 매각대금의 10%

통상적으로 낙찰을 받고 일주일이 지나면 매각결정이 나온다. 그러면 잔금납부일이 잡히고, 정해진 날짜에 잔금 납부가 완료되면 배당기일이 잡힌다. 그런데 간혹 낙찰을 받고 일주일이 지나도 매각결정이 나오지 않은 경우가 있다. 이는 매각결정이 취소되었거나 혹은 이해관계인(무언가 풀어야 할 관계가 있는 사람들)의 낙찰에 대한 이의 제기, 즉 항고가 들어온 것이다.

구 민사소송법에서는 채무자, 소유자, 그리고 낙찰자가 항고할 때에는 낙찰대금의 10%에 해당하는 금액을 공탁(법원에 돈을 맡겨놓는 것)해놓고 항고가 기각될 경우 몰수해 배당금에 포함시켰다. 또한 임차인이나 근저당권자 등 배당받을 수 있는 사람들은 공탁금을 납부하지 않고도 항고할 수 있었다(소유자와 채무자가 항고를 기각할 때는 공탁금을 몰수하고 그 외 낙찰자를 포함한 권리자의 경우에는 연 25%의 이자를 제하고 반환한다).

문제는 그러다 보니 임차인이 낙찰자에게 항고할 경우 그 항고가 타당하지 않더라도 법원에 의해 인정된다면 언제까지고 낙찰 이후의 절차를 미룰 수 있다는 것이다(낙찰 자체가 이뤄지지 않는다). 낙찰자의 입장에서는 실제 매각결정이 되지 않은 애매한 상황이며, 소중한 입찰보증금 역시 되찾지 못하고 계속 묶이게 된다. 그래서 새로운 민사집행법에서는 임차인을 비롯해 모든 이해관계인에게 매각대금의 10%를 항고보증금을 공탁하게 하고 항고가 기각되면 몰수하여 배당절차에 편입한다.

인도명령 신청은 잔금 지급과 함께

편의상 '명도'라고 하는데, 엄밀하게 말하면 낙찰 후에 세입자를 내보내기 위해 법원에 서류를 제출하는 제반 절차는 인도명령 집행이라 한다. 구 민사소송법에서는 인도명령의 대상을 채무자, 소유자, 압류의 효력이 발생한 후에 점유를 시작한 부동산 점유자로 제한했으나, 새로운 민사집행법에서는 채무자와 소유자뿐 아니라 낙찰자에게 대항할 수 없는 부동산 소유자는 모두 인도명령 신청 대상자로 규정한다. 이에 따라 낙찰 후 잔금을 치를 때

인도명령 신청도 함께하면 좀 더 수월하게 소유권 행사를 할 수 있다.

■ 3초 권리분석

다시 한 번 정리하면, 권리분석의 기초는 말소기준권리를 찾는 것이다. 말소기준권리에는 (근)저당권, (가)압류등기, 담보가등기, 경매개시결정기입등기의 네 가지가 있다(예외로 경매신청한 전세권설정등기도 말소기준권리에 포함된다). 이 중에서 가장 빠른 날짜에 등기한 권리가 말소기준권리가 되며 이후에 설정된 권리들은 모두 소멸된다. 그러나 말소기준권리와 관계없이 무조건 인수해야 하는 권리도 있으므로 주의해야 한다. 예고등기, 전 소유자에 대한 가압류, 유치권, 법정지상권이 이에 해당된다. 경매 초보자는 이런 권리들이 설정된 물건을 쉽게 접근해서는 안 된다.

이러한 사항들을 염두에 두고 [사례 5]에서 말소기준권리를 찾아보자.

이 사례에서 말소기준권리는 스카이저축은행의 2007년 4월 4일자 근저당 8억 원이 된다. 그 이유는 등기부상에 기재된 날짜가 가장 빠르기 때문이다. 쉽지 않은가? 이제 등기부상의 권리관계에서 말소기준권리는 쉽게 찾을 수 있을 것이다.

추가로 등기부상의 권리관계에서 세 번째 줄을 보면 "임의 스

사건번호	2008-24×× 임의	물건용도	다세대	진행여부	진행
감정평가액	240,000,000원	채권자	스카이저축은행	개시결정일	2008.02.14
최저경매가	(80%) 192,000,000원	채무자	이○○	감정기일	2008.03.31
입찰보증금	(10%) 19,200,000원	소유자	이○○	배당종기일	2008.05.20
청구금액	800,000,000원	유찰횟수	1회	차기예정	2008.11.03
경매대상	토지, 건물 일괄 매각	건물총면적	55.4㎡(16.76평)	토지총면적	30.49㎡(9.22평)

소재지	면적(단위: ㎡)	경매 진행결과	임차관계	등기부상 권리관계
(138-050) 서울 송파구 방이동 3××-×× 2층 2××호 ■감정평가서 요약■ • 철근콘크리트조 • 슬래브(평) • 대장상2004.9.30자 위법건축물(1층및옥탑무단증축)로 기재 • 방산초등교서측 인근 • 다세대, 연립 및 공동주택, 단독 혼재 • 차량출입 가능, 버스정류장 인근 • 도시가스 개별난방 • 도시계획시설도로접함 • 2종일반주거지역(7층 이하) • 대공방어협조구역 • 전술항공작전기지의 비행안전제2구역 • 학교환경위생정화구역	대지 • 30.49/247.9(9.22평) 건물 • 55.4(16.76평)(방 3) 총 5층 중 3층 보존등기 2002.09.07 대지감정 　96,000,000원 건물감정 　144,000,000원 감정기관 □□감정	유찰 2008.08.04 80% ↓ 192,000,000원	김○○ 전입 2006.05.16 확정 2006.05.17 배당 2008.03.14 점유 2××호 전부 1억 원 점유 2006.5.16~2008.5.16 ■동사무소직접확인■ 김○○ 전입 2006.05.16 열람일 2008.07.22 배당종기일 2008.05.20 ■관할동사무소■ 방이1동사무소 방이1동 200 ☎02-410-3519	＊건물등기 소유　2002.09.17 보존 근저　스카이저축은행 　2007.04.04 　8억 원 가압　신용보증기금 (강동) 　2008.01.23 　765만 원 임의　스카이저축은행 　2008.02.14 청구액 800,000,000원 가압　대우캐피탈 (강남) 　2008.03.18 　74,105,000원 가압　국민은행 (기업여신관리) 　2008.04.08 　51,108,403원 근저　김△△ 　2008.04.30 　3억 원 가압　신한카드 (강남채권) 　2008.05.08 　5,204,175원

출처 : 디지털 태인

카이저축은행 2008.2.14”라고 기재되어 있다. 스카이저축은행이 근저당에 기해 임의경매를 신청했다는 사실을 알 수 있다. 그렇다면 낙찰 후 설정된 2007년 4월 4일 근저당 이후의 권리들은 어떻게 될까? 모두 말소된다. 말소되지 않는 권리, 즉 무조건 인수되는 권리는 없는가? 다행히도 없다.

이 물건은 임의경매신청자가 말소기준권리자였다. 그렇다면 [사례 6]의 경우에는 어떤 것이 말소기준권리가 될까?

이 물건은 2006년 9월 25일에 설정된 한국양토양록축협의 근저당이 말소기준등기가 된다. 경매신청자는 강제경매를 신청한 현대캐피탈인데 이런 경우에도 말소기준권리는 가장 먼저 등기한 사람이 될까? 2순위의 2007년 1월 30일에 가압류한 현대캐피탈이 경매를 신청했는데 축협에서 먼저 배당을 받으면 억울하지 않을까? 억울해도 어쩔 수 없다. 등기부상으로 볼 때 후순위자가 경매를 신청했다 하더라도 말소기준권리는 가장 먼저 등기된 권리에서 발생한다.

사건번호	2008-71×× 강제	물건용도	다세대	진행여부	신건
감정평가액	250,000,000원	채권자	현대캐피탈	개시결정일	2008.05.15
최저경매가	(100%) 250,000,000원	채무자	고○○	감정기일	2008.07.04
입찰보증금	(10%) 25,000,000원	소유자	고○○	배당종기일	2008.08.19
청구금액	12,985,576원	유찰횟수	0회	차기예정	2008.11.03
경매대상	토지, 건물 일괄 매각	건물총면적	71㎡(21.48평)	토지총면적	41.2㎡(12.46평)

소재지	면적(단위: ㎡)	경매 진행결과	임차관계	등기부상 권리관계
(134-050) 서울 강동구 암사동 48×-×× ○○빌라 2층 2××호 ■감정평가서 요약■ • 철근콘크리트조 • 슬래브(평) • 상암길 북측, 암사역 동남측, 천호초등교 서북측 인근 • 단독 및 공동주택, 주상용 건물, 업무용 건물 혼재 • 차량진출입 무난 • 동남측 암사역 도보 10분 소요 • 북측 상암길, 동측 선사로 소재 • 도시가스 개별난방 • 사다리형 평탄지 • 남측 4m 도로 접함 • 2종일반주거지역(7층 이하) • 대공방어협조구역 • 전술항공작전기지의 비행안전제3구역 • 도시지역	대지 • 41.2/265.7(12.46평) 건물 • 71(21.48평) (방 3, 욕실 2) 총 4층 중 2층 보존등기 2001.12.15 대지감정 　100,000,000원 건물감정 　150,000,000원 감정기관 한미감정		소유자 점유 ■동사무소직접확인■ 고○○ 전입 2007.02.26 **열람일 2008.09.10** 배당종기일 2008.08.19 ■관할동사무소■ 암사1동사무소 암사1동 493-13 ☎02-442-1204	*건물등기 소유　고○○ 　2001.12.24 　전 소유자: 홍○○ 　매매(2001.11.21) 근저　한국양토양록축협 　2006.09.25 　102,350,000원 가압　현대캐피탈 　(강동채권센터) 　2007.01.30 　14,732,064원 근저　노○○ 　2007.06.26 　1,750만 원 강제　현대캐피탈 　(강동채권센터) 　2008.05.15 청구액 12,985,576원 **열람일 2008.09.04**

출처 : 디지털 태인

임차인 분석하기

법은 권리 위에 잠자는 자를 보호해주지 않는다

권리분석은 혹시나 위험한 권리를 인수해 금전적으로 손실을 입는 것을 막기 위해 필요한 절차다. 여기서 말하는 '위험한 권리'는 등기부상에 제대로 기재된 권리관계에 대한 것뿐 아니라 임대차관계에서 간혹 인수하게 되는 임차인의 보증금에 대한 권리도 포함된다. 만약 등기부상의 권리분석을 마치고 인수해야 할 금액이 없는 것 같아 마음을 놓았는데 막상 낙찰을 받고 보니 인수해야 하는 임차인과 보증금 약 5천만 원이 있다면 어떻게 해야 할까?

가령, 김○○ 씨가 1억 원의 보증금을 내고 전세로 살고 있는 아파트가 2008년 5월에 감정가 2억 4천만 원에 경매로 나왔다. 몇 번의 유찰 끝의 최저가가 1억 9천200만 원까지 떨어졌으며 박○○ 씨가 운 좋게 최저가로 낙찰을 받았다. 그런데 만약 김○○ 씨가 말소기준권리보다 앞서 이 집에 임대차계약을 통해 살고 있었다면 낙찰자는 김○○ 씨의 보증금 1억 원을 인수해야 한다. 결국 이 물건은 2억 9천200만 원에 낙찰받은 것으로 감정가보다 5천200만 원이나 더 주고 산 꼴이 된다. 낙찰자 입장에서는 큰 손실이 아닐 수 없다.

하지만 만약 김○○ 씨의 보증금이 1억 원이 아니라 2천만 원이었다면 어떻게 될까? 아니면 낙찰 후에 김○○ 씨도 1억 원을 모두 배당받게 된 구도라면 권리관계는 어떻게 될 것인가? 낙찰자 박○○ 씨는 이 집을 얼마에 인수해야 할까? 이해를 돕기 위해 지금까지 설명한 내용을 간략하게 정리해보자.

① 2008.5.3 　　경매 개시일, 감정가 2억 4천만 원
② 2007.12.1 　　근저당 1억 원(말소기준권리)
③ 2007.6.5 　　김○○ 전입일(확정일자 2007.6.5)

이런 문제를 해결하기 위해 임차인 분석이 필요하며, 물건에 따라 임차인이 받아갈 수 있는 배당금 계산방법을 알아야 하는 것이다.

임차인 분석은 인수해야 할 보증금을 찾는 것

얼마 전에 받은 독자들의 이메일에서도 이와 유사한 사연을 접할 수 있었다. 권리분석은 완벽했는데 인근 부동산 시세를 제대로 파악하지 못해 물건분석에 실패한 경우, 혹은 집 주변이라 물건분석은 완벽했지만 권리분석에 실패해 임차인의 보증금을 떠안게 되었거나 입찰보증금을 포기해야 하는 안타까운 사연들이었다. 일을 저지르기는 쉽지만 그것을 수습하는 데는 2배의 시간과 노력이 든다. 입찰할 때는 발생할 수 있는 모든 리스크를 최소한으로 줄이는 방안을 미리 마련해야 한다.

권리분석의 핵심 포인트는 두 가지다. 첫째, 인수해야 할 권리가 있는가, 둘째 인수해야 할 보증금이 있는가. 여기서 '인수해야 하는 권리'를 찾는 것이 등기부상의 권리분석이며 '인수해야 할 보증금'을 찾는 것은 임차인 분석이 된다.

이 책의 서두에서 경매투자를 할 때는 항상 수익보다 리스크를 먼저 고려하라고 얘기했다. 자기 집이 없는 사람이라면 반드시 지금 살고 있는 집부터 권리분석을 해 그 집의 현재 상황을 파악해야 한다. 돈 벌기 위해 경매투자를 하면서 정작 자신의 집이 경매로 넘어가는 것도 몰랐다면 이는 경매투자의 기본이 안 된 사람이다.

임차인이 어떻게 법적으로 보호받을 수 있는지를 알면 이익을 목적으로 입찰할 때 임차권에 관한 리스크를 줄일 수 있을 뿐 아니라 현재 임차인의 위치에 있는 사람은 자신의 소중한 보증금을 지킬 수 있어 공격과 수비를 동시에 강화하게 된다. 그러므로 이번 장은 두세 번씩 읽고 반드시 자신의 것으로 만들어야 한다.

임차인 권리를 보호하는 2가지 방법

다시 본론으로 돌아가서, 임차인은 어떻게 법적으로 보호받을 수 있을까? 여기서 '임차'는 전·월세 계약을 모두 포함한다. '어, 나는 전세 계약을 했어.'라고 생각하는 사람들은 앞부분을 다시 읽어주기 바란다. 그 계약은 채권적 의미의 전세를 말할 뿐 실제적인 물권적 효력을 지닌 전세를 의미하지 않는다.

임차인이 자신의 권리를 보호받는 방법에는 '임차권등기'와 '우선변제권 취득'의 두 가지가 있다.

임차권등기[*]를 하라

많은 세입자들의 고민 중 하나는 이사를 가야 하는데 다음 세입자가 들어오지 않아 집주인이 보증금을 돌려주지 않는 것이다. 이럴 때에는 임대차로 맺은 계약을 등기부등본에 올려 누구라도 볼 수 있도록 임대차를 등기해야 한다. 이를 '등기된 임대차'라고 하는데 등기한 시점부터 제3자에 대해 효력이 생긴다. 등기하기 전부터 대항력을 갖춘 임차인은 임차권등기를 한 후에도 기존의 대항력과 우선변제권이 유지된다. 물론 임차권등기를 했다고 바로 보증금을 돌려받을 수 있는 것은 아니다. 하지만 임차권등기를 해놓지 않고 이사가버리면 혹시라도 그 집이 경매로 넘어가더라도 법적으로 보호받기 어렵다.

법률 알기

＊주택임대차보호법

제3조의3 (임차권등기명령) ①임대차가 끝난 후 보증금을 반환받지 못한 임차인은 임차주택의 소재지를 관할하는 지방법원·지방법원지원 또는 시·군 법원에 임차권등기명령을 신청할 수 있다.

②임차권등기명령의 신청서에는 다음 각 호의 사항을 적어야 하며, 신청의 이유와 임차권등기의 원인이 된 사실을 소명하여야 한다.

  1. 신청의 취지 및 이유
  2. 임대차의 목적인 주택(임대차의 목적이 주택의 일부분인 경우에는 해당 부분의 도면을 첨부한다)
  3. 임차권등기의 원인이 된 사실(임차인이 제3조제1항 또는 제2항에 따른 대항력을 취득하였거나 제3조의2제2항에 따른 우선변제권을 취득한 경우에는 그 사실)
  4. 그 밖에 대법원 규칙으로 정하는 사항

③다음 각 호의 사항 등에 관하여는 '민사집행법' 제280조제1항, 제281조, 제283조, 제285조, 제286조, 제288조제1항·제2항 본문, 제289조, 제290조제2항 중 제288조제1항에 대한 부분, 제291조 및 제293조를 준용한다. 이 경우 '가압류'는 '임차권등기'로, '채권자'는 '임차인'으로, '채무자'는 '임대인'으로 본다.

  1. 임차권등기명령의 신청에 대한 재판
  2. 임차권등기명령의 결정에 대한 임대인의 이의신청 및 그에 대한 재판
  3. 임차권등기명령의 취소신청 및 그에 대한 재판
  4. 임차권등기명령의 집행

④임차권등기명령의 신청을 기각하는 결정에 대하여 임차인은 항고할 수 있다.

⑤임차인은 임차권등기명령의 집행에 따른 임차권등기를 마치면 제3조제1항 또는 제2항에 따른 대항력과 제3조의2제2항에 따른 우선변제권을 취득한다. 다만, 임차인이 임차권등기 이전에 이미 대항력이나 우선변제권을 취득한 경우에는 그 대항력이나 우선변제권은 그대로 유지되며, 임차권등기 이후에는 제3조제1항 또는 제2항의 대항요건을 상실하더라도 이미 취득한 대항력이나 우선변제권을 상실하지 아니한다.

⑥임차권등기명령의 집행에 따른 임차권등기가 끝난 주택(임대차의 목적이 주택의 일부분인 경우에는 해당 부분으로 한정한다)을 그 이후에 임차한 임차인은 제8조에 따른 우선변제를 받을 권리가 없다.

⑦임차권등기의 촉탁, 등기공무원의 임차권등기 기입 등 임차권등기명령을 시행하는 데에 필요한 사항은 대법원규칙으로 정한다.

⑧임차인은 제1항에 따른 임차권등기명령의 신청과 그에 따른 임차권등기와 관련하여 든 비용을 임대인에게 청구할 수 있다.

우선변제권을 취득하라

임차권등기는 효과적인 방법이지만 사후 예방조치에 불과하다는 단점이 있다. 따라서 법에서는 사전 예방조치의 차원에서 무주택인 서민들을 위해 주택임대차보호법을 통해 임차권등기를 하지 않은 경우에도 법적으로 보호해준다. 그렇다고 아무나 보호해주는 것은 아니고 최소한의 요건을 갖춘 사람으로 제한한다. 여기서 말하는 요건은 ①주택의 인도 및 주민등록으로 이뤄지는 '대항요건'[*]과 ②임대차계약서에 찍힌 '확정일자'다. 이 두 가지 요건을 갖춘 임차인은 현재 살고 있는(임차하고 있는) 집이 경매나 공매로 넘어가더라도 후순위 권리자에 비해 우선하여 보증금을 변제받을 권리를 갖는다.

＊주택임대차보호법

제3조(대항력 등) ①임대차는 그 등기가 없는 경우에도 임차인이 주택의 인도와 주민등록을 마친 때에는 그 다음날부터 제삼자에 대하여 효력이 생긴다. 이 경우 전입신고를 한 때에 주민등록이 된 것으로 본다.

②국민주택기금을 재원으로 하여 저소득층 무주택자에게 주거생활 안정을 목적으로 전세임대주택을 지원하는 법인이 주택을 임차한 후 지방자치단체의 장 또는 그 법인이 선정한 입주자가 그 주택을 인도받고 주민등록을 마쳤을 때에는 제1항을 준용한다. 이 경우 대항력이 인정되는 법인은 대통령령으로 정한다.

③임차주택의 양수인(그 밖에 임대할 권리를 승계한 자를 포함한다)은 임대인의 지위를 승계한 것으로 본다.

④이 법에 따라 임대차의 목적이 된 주택이 매매나 경매의 목적물이 된 경우에는 '민법' 제575조제1항·제3항 및 같은 법 제578조를 준용한다.

⑤제4항의 경우에는 동시이행의 항변권에 관한 '민법' 제536조를 준용한다.

전셋집을 구할 때 사람들이 반드시 확정일자를 받으라고 얘기하는 것은 이런 이유에서다. 물론 확정일자를 갖추었다고 해도 선순위권리 등에 의해 보증금 전액을 보호받지 못할 수 있다. 만약 임대차계약서는 있는데 다른 권리들보다 후순위로 전입했고 확정일자도 받아놓지 않았다면 어떻게 될까? 이때에는 주택임대차보호법의 보호를 받을 수 없다. 다소 가혹하지만, 법은 최소한

의 요건을 갖추지 못한 사람들의 권리, 즉 잠자는 권리까지 보호
해주지는 않는다.

물론 일반인들이 부동산 관련법을 알고 미리 대응하는 데는 한
계가 있다. 30대 초반까지 부동산 거래를 한 번도 해보지 않았거나
설사 해봤다고 해도 부동산중개업자에게 이끌려 계약했기에 자세
한 내용을 모르는 사람들이 많다.

부동산 거래에 통 관심이 없다 하더라도 자신과 관련된 내용은
반드시 알아둬야 한다. 아는 것이 힘이라고 했다. 잘 모르면 으레
전문가를 찾게 마련인데 그 전문가가 잘못 설명하는 바람에 피해
를 입게 되었다면 누구에게 하소연할 것인가? 부동산중개소에서
안전한 집이라고 수십 번 강조해 계약했는데 덜컥 경매로 넘어가
면 어떻게 할 것인가? 다시 한 번 말하지만, 법은 잠자는 권리를
보호해주지 않는다. 법의 보호를 받으려면 자신의 권리를 지키기
위한 최소한의 노력을 해야 한다.

이러한 우선변제요건의 임대차에 대한 분석이 권리분석의 세
번째 단계인 임차인 분석이다.

주택임대차보호법을 알아야 권리분석이 쉽다

권리분석의 세 번째 단계인 임차인 분석에서 가장 중요한 것은
주택임대차보호법이다. 주택임대차보호법은 부록에 전문을 실어

주거용 주택에만 적용된다

주택임대차보호법은 주택임대차보호법 제2조에 따라 주거용 건물의 전부나 혹은 일부의 임대차에 적용된다.[*] 이 법은 아파트나 연립주택, 다가구주택, 다세대주택 등의 '주거용'에만 적용되며 상가의 경우에는 적용되지 않는다(상가는 상가임대차보호법이 적용된다). 또한 건물 전체를 임대했거나 혹은 방 3개짜리 아파트 중의 일부인 방 1개를 임대했거나 관계없이 적용된다.

만약 방 3개짜리 아파트 중에서 방 1개에 대해서만 임대차계약이 된 물건을 발견했다면 특별히 주의깊게 살펴봐야 한다. 불과 10여년 전만 해도 방이 여러 개 있으면 그 중 하나에 하숙을 쳤지만 요즘에는 그런 경우가 드물다. 따라서 '위장임차인'으로 가정해볼 수 있다. 그러나 그렇다 하더라도 임대차계약서가 작성되었고 그에 따른 보증금이 오간 자료가 명확하게 존재한다면 이는 실제로 임대차계약을 맺은 것으로 간주되므로 주의해야 한다.

법률 알기

*** 주택임대차보호법**

제2조 (적용범위) 이 법은 주거용 건물(이하 '주택' 이라 한다)의 전부 또는 일부의 임대차에 관하여 적용한다. 그 임차주택의 일부가 주거 외의 목적으로 사용되는 경우에도 또한 같다.

주택임대차보호법 제2조의 뒷부분을 보면 '임차주택의 일부가 주거 외의 목적으로 사용되는 경우'라는 문구가 있다. 그렇다면 만약 주택을 개조해 일부를 술집으로 쓰고 있다면 이를 주택으로 볼 수 있을까?

이런 경우 단순하게 술집에 대한 부분은 상가임대차를 적용하고 주택에 대한 부분은 주택임대차를 적용하는 것이 아니라 집 전체를 놓고 판단을 내린다. 주거용으로 사용하는 부분이 '주'로 쓰는 부분이라면 주택임대차보호법의 적용을 받고 '일부'만이 주거용이라면 이 법이 적용되지 않는다. 이는 주택임대차보호법을 적용받기 위해 일부러 건물을 주거용으로 개조하는 것을 막기 위한 조치로 보인다.

대항력은 전입신고로!

주택임대차보호법 제3조제1항*을 살펴보자. 임대차는 주택의 인도와 주민등록을 마친 '다음날'부터 효력이 생긴다는 내용이 기재되어 있다. 세입자가 다른 권리에 대항하려면 적어도 주택의 인도와 주민등록이 이뤄져야 하며 이에 대한 기준일은 전입신고일이 된다.

＊주택임대차보호법

제3조(대항력 등) ①임대차는 그 등기가 없는 경우에도 임차인이 주택의 인도와 주민등록을 마친 때에는 그 다음날부터 제삼자에 대하여 효력이 생긴다. 이 경우 전입신고를 한 때에 주민등록이 된 것으로 본다.

(Tip) 다세대주택이나 연립주택, 아파트의 경우 지번과 동·호수가 정확해야 하며 실제 표기된 호수가 등기부등본상에 나와 있는 호수와 동일해야 한다. 만약 등기부등본상에는 201호라 표기된 집을 실제로는 101호로 표기된 채 전입신고를 하고 사용했다면 주택임대차보호법의 보호를 받기 힘들다. 가끔 빌라 중에 1층을 B01로 하고 2층부터 101호로 표시하는 경우가 있으므로 주의해야 한다.

여기서 중요한 점은 주택의 점유와 주민등록 완료가 대항력의 요건이 된다는 것이다. 주민등록을 옮기면 대항력을 상실하게 되며 다시 전입하더라도 그때를 기준으로 새로운 대항력이 발생할 뿐 예전의 대항력이 되살아나지는 않는다. 그래서 앞에서 얘기했던 임차권등기가 필요한 것이다.

그러나 세대합가의 경우에는 조금 다르다. 가족 전부가 전입신고를 했는데 세대주가 다른 가족을 세대주로 하고 본인은 전출했다가 다시 전입했을 경우, 처음 가족 모두의 전입일을 기준으로 전입일을 산정하는데 이를 '세대합가'라 한다. 이런 경우 입찰자라면 당연히 전입세대 열람을 해서 혹시라도 세대합가가 있는지 여부를 살펴야 한다. 세입자라면 혹시라도 세대주가 다른 곳으로 장기 출장을 갈 경우 가족들의 전입신고는 남겨둬야 한다는 점을 기억해야 한다.

주택임대차보호법 제3조제1항의 "그 다음날부터 효력이 생긴다."라는 문구의 의미를 되짚어보자. 전입신고는 신고한 다음날, 정확하게 신고한 다음날 0시부터 효력이 발생하며 이에 따라 다른 근저당권들과의 권리관계에서 우선순위가 정해진다.

그렇다면 이런 경우를 생각해보자. 가령, 경매 공부를 하던 A씨는 어느 날 자기 집의 권리관계부터 확인해보라는 강사의 말을 듣고 등기부등본을 출력해봤다. 그런데 이게 웬일인가. 작년에 계약하며 부동산중개소에서 등기부등본을 확인했을 때에는 없던 근저당이 하루 차이를 두고 설정되어 있는 것이 아닌가. A씨의 입주일과 전입신고일은 9월 11일인데 근저당은 9월 12일에 설정되어 있었다. 이 경우 A씨는 주택임대차보호법의 보호를 받을 수 있을까?

결론부터 말하면, A씨는 보호받을 수 있다. 전입신고의 효력은 전입신고한 다음날 0시부터 발생하기 때문에 12일에 설정된 근저당보다 우선순위로 인정된다.

그렇다면 만약 A씨가 9월 12일에 입주하고 전입신고를 했다면 어떻게 될까? 이때에는 전입신고한 다음날인 13일 0시부터 대항력이 생기는데 반해 근저당은 12일에 발생하기 때문에 A씨는 보호받을 수 없다.

세입자 입장에서 보호받을 수 있다는 것은 대항력을 가진다는 의미이고, 대항력이 있다는 것은 행여 그 집이 경매로 넘어가더라도 낙찰자가 세입자의 보증금을 내줄 때까지 집을 비워주지 않아도 되는 힘을 가진다는 의미로 해석된다. 앞에서 애기한 최우선변제와는 다른 의미다. 대항력은 단지 낙찰자에게 "보증금을 내줄 때까지 집을 비워주지 않겠다!"라고 주장할 수 있는 힘일 뿐 낙찰자가 부담한 낙찰금에 대해 최우선적으로 배당받을 수 있다는 뜻은 아니다.

낙찰자 입장에서 임차관계에 있는 사람이 대항력을 가진다는 의미는 저가에 낙찰을 받았더라도 명도를 위해서는 임차인에게 보증금을 반드시 돌려줘야 한다는 의미다. 낙찰금보다 돌려줘야 하는 보증금이 많다면 이것도 문제다.

Point

- 대항력은 주택의 인도와 주민등록을 마친 다음날 0시부터 효력이 발생한다.
- 2월 1일에 A가 주민등록을 마치고 2월 2일에 B가 저당권을 설정했다면 A는 대항력을 갖는다. A의 대항력은 2월 2일 오전 0시부터 형성되는데 반해 B의 저당권은 2월 2일 오전 혹은 오후에 설정했기 때문이다.
- 2월 1일에 A가 주민등록을 마치고 같은 날 B가 저당권을 설정했다면 A는 대항력이 없다. A의 대항력 형성 시점은 2월 2일 오전 0시이므로 2월 1일 설정된 B의 저당권에 대해 대항력을 발휘할 수 없다.

확정일자를 받으면 우선변제권이 있다

앞에서 선순위의 대항력은 낙찰된 후에도 보증금을 돌려받기 전까지는 집을 비우지 않아도 되는 권리라고 했다. 그렇다면 확정일자를 받는 것은 어떠한 실익이 있을까?

확정일자는 주민등록을 마치면 동사무소나 등기소, 공증사무소 등에서 임대차계약서의 뒷면에 도장을 찍어주는 날짜를 말한다. 보통은 동사무소에서 이뤄지며 별도로 임대인의 동의를 구할 필요는 없다. 확정일자를 받은 임차인은 후순위 권리자보다 우선하여 보증금을 돌려받을 권리가 있다(우선변제적 효력으로 최우선변제와는 다르다).

주택임대차보호법 제3조의2제2항*을 보면 "대항요건과 임대차계약증서상의 확정일자를 갖춘 임차인"으로 기술되어 있다. 따라서 확정일자를 갖춘 것만으로는 소용없고 반드시 대항요건이 함께 구비되어야만 우선변제권을 인정받을 수 있다.

가령, 2008년 7월 2일에 주택의 인도와 주민등록을 마쳤는데 그 전에 2008년 6월 15일에 시간이 나서 먼저 확정일자를 받아놓았다고 하자. 이 경우 2008년 6월 17일에 설정된 근저당보다 먼저 배당받을 수 있는 우선변제권이 인정될까?

정답은 인정되지 않는다. 전입 전에 미리 받아놓는 확정일자는 효력이 없으며, 확정일자를 미리 받았더라도 2008년 7월 3일 0시를 기점으로 우선변제권이 발생한다.

＊ 주택임대차보호법

제3조의2 (보증금의 회수) ②제3조제1항 또는 제2항의 대항요건과 임대차계약증서(제3조 제2항의 경우에는 법인과 임대인 사이의 임대차계약증서를 말한다)상의 확정일자를 갖춘 임차인은 '민사집행법'에 따른 경매 또는 '국세징수법'에 따른 공매를 할 때에 임차주택 (대지를 포함한다)의 환가대금에서 후순위권리자나 그 밖의 채권자보다 우선하여 보증금 을 변제받을 권리가 있다.

전세금 증액 시 대응법

확정일자를 받아놓은 임대차계약서를 분실한 경우에는 다시 소급하여 도장을 찍어주지 않는다. 그러니 임대차계약서는 잘 보관해둬야 한다.

그럼 전세보증금을 증액했다면 어떻게 해야 할까?

경매가 아닌 부동산 실거래에서도 자주 있는 일이다. 전세보증 금을 올렸을 경우 임대차계약서를 어떻게 작성해야 하는지가 문 제가 되는데, 대처법은 의외로 간단하다.

예를 들어, 2005년 1월 14일에 7천만 원을 내고 전세계약을 하 고 살다가 2007년 1월 20일에 집주인이 1천만 원을 증액해줄 것 을 요청했다고 하자. 이때 전세보증금을 증액해준 2007년 1월 20 일을 기점으로 8천만 원으로 임대차계약서를 새로 작성해서는 안 된다.

물론 처음 전세계약을 한 2005년 1월 14일 이후에 설정된 근저당이나 기타 권리가 없다면 새로 계약하더라도 문제되지 않는다. 하지만 만약 2005년 1월 14일 7천만 원의 전세계약을 한 후 2006년 3월 20일 근저당권 1억 원이 설정되어 있다면 여기서부터는 문제가 된다. 앞에서 배운 것을 활용하면, 현재 시점에서는 근저당권 1억 원보다 임차인이 선순위이므로 임차인은 대항력을 갖게 되어 혹시라도 집이 경매로 넘어가더라도 보호받을 수 있다.

그런데 2007년 1월 20일에 8천만 원으로 전세계약서를 새로 작성하고 기존의 계약서를 파기한 후 새로운 계약서에 확정일자를 받았다면 어떻게 될까? 확정일자를 받은 다음날 0시부터 근저당권보다 후순위가 되어 우선적으로 보호받을 수 없게 된다.

이럴 때에는 전세보증금 증액분인 1천만 원에 대해서만 계약서를 새로 쓰고 단서조항에 기존 계약을 승계한다는 표시를 명기해야 한다. 마찬가지로, 동사무소에서 확정일자를 받을 때에도 기존 계약서를 같이 가지고 가서 보여주면 알아서 처리해준다. 그렇다고 8천만 원 전부가 선순위로 처리되는 것은 아니고 기존의 7천만 원만 선순위로 보호된다. 후순위의 1천만 원은 2006년 3월 20일의 근저당권 1억 원에는 대응하지 못하지만 2007년 1월 20일 1천만 원 계약 이후에 설정된 권리보다는 우선순위를 가질 수 있다.

슈퍼임차인의 효력은?

경매물건을 검색하다 보면 전입신고만 된 물건, 전입신고를 하고 한참 후에 확정일자를 받은 물건, 전입신고도 확정일자도 없는데 임차해서 살고 있는 물건 등 다양한 사례를 접할 수 있다. 그렇다면 전입신고일과 확정일자가 모두 말소기준권리보다 앞서는 경우에는 어떻게 될까?

이런 경우에 해당하는 사람을 우리는 슈퍼임차인이라 부른다. 이들 슈퍼임차인들은 대항력과 우선변제권을 모두 갖추었다. 그렇기 때문에 배당을 신청하지 않더라도 낙찰자에게 대항력을 발휘하여 보증금을 받을 수 있고, 우선변제권을 선택하여 낙찰대금에서 자신의 보증금을 찾아갈 수 있다.

만약 이사하고 바로 전입신고를 해서 대항력은 있는데 깜박 잊고 일주일 뒤에 확정일자를 받았다. 그런데 그 사이에 집주인이 대출을 받아 근저당권이 설정되었다면 권리관계는 어떻게 될까?

> **Point**
>
> - 권리분석의 핵심 포인트는 인수해야 할 권리가 있는가, 인수해야 할 보증금이 있는가이다.
> - 임차인이 보호받을 수 있는 방법은 임차권등기를 하고 우선변제권을 취득하는 것이다.
> - 주택임대차보호법에서 대항력(낙찰자가 돈을 줄 때까지 집을 비우지 않아도 되는 권리)은 전입신고로, 우선변제권은 확정일자(먼저 돈을 배당받을 수 있는 권리)로 생긴다.

이런 경우에는 "대항력 > 근저당권 > 확정일자"의 순으로 권리 관계가 발생한다. 일단 임차인은 근저당권보다 앞선 대항력에 기해서는 배당 신청을 할 수 없으며 후순위이지만 확정일자를 통해 배당 신청이 가능하다. 그런데 근저당권이 확정일자보다 앞서므로 임차인은 보증금 전체를 반환받을 수는 없다. 다만, 확정일자에 기해 보증금의 일부를 돌려받고 나머지 보증금에 대해서는 전입신고로 인한 대항력을 주장하여 낙찰자에게 반환을 요구할 수 있다. 그러니 늦더라도 확정일자는 반드시 받아둬야 한다.

법인도 주택임대차보호법이 적용될까

주택임대차보호법은 무주택자인 서민의 주거안정을 위해 제정된 법이므로 법인은 보호 대상에서 제외된다. 그러므로 주택임대차계약상 회사가 임차인으로 명의된 경우, 즉 회사가 사원주택으로 사용하기 위해 주택을 임차하고 입주한 사원 명의로 주민등록을 한 경우에는 이 법이 적용되지 않는다.

[사례 7]은 주식회사가 소유권을 가진 물건으로 실제 임장을 가서 확인해보니 직원 기숙사로 사용하고 있었다. 이런 경우에는 주택임대차보호법의 보호를 받을 수 없다.

사건번호	2008-25×× 임의	물건용도	아파트	진행여부	낙찰
감정평가액	52,000,000원	채권자	우리은행	개시결정일	2008.04.01
최저경매가	(70%) 36,400,000원	채무자	에○○	감정기일	2008.04.04
입찰보증금	(10%) 3,640,000원	소유자	에○○	배당종기일	2008.07.01
청구금액	35,000,000원	유찰횟수	1회	차기예정	2008.11.24
경매대상	토지, 건물 일괄 매각	건물총면적	49.14㎡(14.86평)	토지총면적	23.49㎡(7.11평)

소재지	면적(단위 : ㎡)	경매 진행결과	임차관계	등기부상 권리관계
(220-901) 강원 원주시 원동 1××-1, 300-××원동○○ 102동 2층 ×××호		유찰 2008.09.29 70% ↓36,400,000원	소유자 점유 ■관리비체납내역■ • 체납액: 800,000원	*집합건물등기 소유 에○○ 2002.05.15

■감정평가서 요약■
• 철근콘크리트조
• 슬래브(평)
• 차량출입 용이
• 제반교통여건 대체로 무난
• 주위 공동주택, 단독주택, 근린시설 등 형성
• 도시가스 개별난방
• 부정형토지
• 단지 내 도로 이용해 출입 가능

대지
• 23.488/8,629(7.11평)
건물
• 49.14(14.86평)
총 18층 중 2층
보존등기 1999.12.21
대지감정
  10,400,000원
건물감정
  41,600,000원
감정기관 ㅁㅁ감정

낙찰 2008.10.××
  42,747,000원
  (82.21%)
유○○
응찰 6명

• 확인일자:
  2008.09.16
• 8개월(2008/2~9)
• 전기수도포함가스별도
☎(033)763-××××

■동사무소 직접확인■
전입 없음
열람일 2008.09.18

배당종기일
2008.07.01

■관할동사무소■
원인동사무소
원동 253
☎033-741-2611

전 소유자: 진로건설
  매매(2002.05.14)

전세권 우리은행
  (원주)
  2003.03.14
  3,500만 원
  존속기간:
  2004.03.16

압류 삼성세무서
  2006.02.03

임의 우리은행
  (여신관리부)
  2008.04.01
청구액 35,000,000원

열람일 2008.08.29

■ 3초 권리분석

이제까지의 '3초 권리분석'에서는 단순하게 말소기준권리를 찾는 데 그쳤다면 지금부터는 진정한 의미의 3초 권리분석을 해 보자. 3초 권리분석의 판단기준은 ①말소기준권리는 무엇인가 ②낙찰 후에 인수해야 하는 권리가 있는가 ③낙찰 후에 인수해야 할 보증금이 있는가이다. 이 점을 염두에 두고 [사례 8]을 살펴보자.

①말소기준권리는 무엇인가?

---

②낙찰 후에 인수해야 할 권리가 있는가?

---

③낙찰 후에 인수해야 할 보증금이 있는가?

이 물건에서 말소기준권리는 2002년 11월 14일에서 설정된 중소기업은행의 6천600만 원 근저당이 된다. 말소기준권리 이후의 가압류와 압류는 모두 말소된다. 임대차관계에서 박○○ 씨의 전입일은 2007년 1월 30일로 말소기준권리보다 후순위 권리이므로 낙찰자가 인수해야 할 보증금은 없다.

소재지	면적(단위 : ㎡)	경매 진행결과	임차관계	등기부상 권리관계
(152-100) 서울 구로구 오류동 134-× 2층 2××호 ■감정평가서 요약■ • 철근콘크리트조 • 슬래브(평) • 영풍아파트 북동쪽 인근 • 근린시설, 아파트단지 혼재 • 버스정류장 및 오류역 인근 • 난방설비	대지 • 10.09/1295(3.05평) 건물 • 30.03(9.08평) 총8층 중 2층 보존등기 2001.03.15 대지감정 28,000,000원 건물감정 42,000,000원 감정기관 ㅁㅁ감정	유찰 2008.08.19 80% ↓56,400,000원	박○○ 전입 2007.01.30 확정 2007.01.30 점유 전부 500만 원/월 30만 원 (현황조사서상) 배당종기일 2008.02.29 ■관할동사무소■ 오류2동사무소 오류2동 172-76 ☎02-2619-9251	*건물등기 소유 ㅁㅁ테크 2002.11.14 전 소유자: ×× 종합건설 매매(2002.11.13) 근저 중소기업은행 (오류남) 2002.11.14 6,600만 원 가압 신용보증기금 (안산) 2007.10.10 3억 9,780만 원 (제84284호) 가압 기술신용보증 (시화) 2007.10.10 2,550만 원 (제84321호) 가압 경기신보재단 (안산) 2007.10.11 8,500만 원 압류 국민연금관리공 단(시흥) 2007.10.22 임의 중소기업은행 (여신관리부) 2007.12.17 청구액 66,000,000원 압류 건강보험공단 (시흥) 2008.02.11 압류 시흥세무서 2008.02.13 압류 시흥시 2008.05.14 **열람일 2008.07.23**

출처 : 디지털 태인

또 다른 사례를 살펴보자.

소재지	면적(단위:㎡)	경매 진행결과	임차관계	등기부상 권리관계
(138-160) 서울 송파구 가락동 47×-× ○○아파트 74동 4층 4××호 ■감정평가서 요약■ • 철근콘크리트조 • 슬래브(평) • 가락초등교 서측 인근 • 단독 및 다세대, 아파트, 근린시설 혼재 • 버스정류장 및 송파역 인근 • 도시가스 개별난방 • 2007년 10월 재감정 (최초 감정가: 620,000,000원) • 2종 일반주거지역 ■재건축■ 가락동 일대 단계 : 1 ■역세권 정보■ 서울8호선 송파역 491m 서울8호선 석촌역 888m 서울8호선 가락시장역 1099m	대지 • 49.65/398,007.3 (15.02평) 건물 • 40.09(12.13평) (대장상: 13.13평형) 총 5층 중 4층 보존등기 1990.11.22 감정기관 □□감정	유찰 2007.06.07 146% ↓496,000,000원 유찰 2007.06.18 117% ↓396,800,000원 낙찰 2007.07.30 432,000,000 (69.68%) 장○○ 응찰 4명 허가 2007.06.06 미납 2007.09.17 변경 2007.10.29 100% ↓340,000,000원	신○○ 전입 2003.08.30 확정 2003.08.30 배당 2007.02.20 점유 방 2 6,000만 원 점유 2003.8.30~ ■관리비 체납내역■ • 체납액: 0 • 확인일자: 2007.04.23 • 2007/3까지 미납 없음 ☎(02)402-×××× ■동사무소 직접확인■ 신○○ 전입 2003.08.30 열람일 2007.04.25 배당종기일 2007.04.03 ■관할동사무소■ 가락1동사무소 가락1동 479 ☎02-410-3549	*집합건물 등기 소유 강○○ 　　　2004.04.16 　　　전 소유자: 김○○, 오○○ 　　　매매(2004.03.06) 근저 솔로몬상호저축 　　　2006.01.20 　　　364,000,000원 임의 솔로몬상호저축 　　　2006.12.17 청구액 326,638,273원 가압 솔로몬상호저축 　　　2007.03.30 　　　1억 원 압류 국민건강보험 (강남서부) 　　　2007.04.13 **열람일 2007.04.16**

출처 : 디지털 태인

①말소기준권리는 무엇인가?

----

②낙찰 후에 인수해야 하는 권리가 있는가?

----

③낙찰 후에 인수해야 하는 보증금이 있는가?

이 물건에서 말소기준권리는 2006년 1월 20일에 솔로몬상호저축은행이 설정한 3억 6천400만 원의 근저당이다. 낙찰자가 인수해야 하는 권리가 없다.

낙찰 후에 인수해야 할 보증금은 잘 살펴봐야 한다. 임대차관계에서 신○○ 씨의 전입일은 2003년 8월 30일로 말소기준권리보다 앞선다. 전입일이 말소기준권리보다 앞선다면 임차인은 대항력이 있다. 확정일자는 2003년 8월 30일로 전입일과 동일한 날짜에 설정되어 있다. 따라서 신○○ 씨는 전입일과 확정일자가 말소기준권리보다 앞서는 슈퍼임차인이다.

슈퍼임차인은 대항력에 기해 보증금을 돌려받을 때까지 집을 점유하거나 배당을 신청할 수 있다. 여기서 신○○ 씨는 2007년 2월 20일에 배당 신청까지 했으므로 확실한 사람이다. 임차금 6천만 원을 인수해야 하므로 입찰할 때 이 금액까지 고려해야 한다.

이 물건에서 특별히 주목할 점은 2007년 10월 재감정된 물건이라는 것이다. 법원에서 2007년 10월 29일에 '변경'을 했다. 최초 감정가가 6억 2천만 원이었는데 현재는 3억 4천만 원까지 떨어졌다. 1년 사이에 3억 원이 하락한 것이다. 애초부터 감정가에 거품이 있었는지도 모르겠지만 주목할 만한 대목이다.

최우선변제권을 갖추기 위한 4가지 요건

앞에서 얘기했듯이, 주택임대차보호법은 무주택자인 서민의 주거안정을 위해 제정된 법이다. 하지만 이것만으로는 충분치 못하다. 특히 전·월세를 구하는 서민 입장에서는 선순위로 저당권이 설정되었더라도 부동산중개소에서 걱정 없는 물건이라고 호언장담하거나, 아니면 위험한 물건인 줄 알면서도 당장의 형편상 어쩔 수 없이 보증금을 내고 살게 된다.

어떤 경우든 국가에서 법적으로 세입자의 보증금 전액에 대해 보호해준다면 좋겠지만 여러 가지 정황으로 미뤄볼 때 이는 다소 무리다. 개인적으로는 정부에서 좀 더 현실적인 대안을 제시해주었으면 하는 바람이다.

지금부터 설명할 최우선변제권은 이러한 취지의 일환으로 생겨났다고 할 수 있다. 기본 내용은 정해진 요건을 갖춘 경우 정부에서 소액의 임차보증금을 내는 사람들도 보증금의 전액은 아니더라도 일부는 반드시 보호해준다는 것이다.

최우선변제권을 행사하기 위해서는 경매신청기입등기일 이전까지 주택에 입주하고 주민등록을 마쳐야 한다. 다만, 최우선변제권은 확정일자가 없어도 무방하다. 또한 주민등록을 최초 입찰기일까지 유지해야 하며, 배당을 받으려면 배당요구의 종기일까지 배당 요구를 해야 한다. 예전에는 판례 98다12379에 따라 매각기일 전까지 배당요구를 하면 하면 인정되었으나, 요즘에는 판례 2005나2922에 따라 배당요구종기일 전까지 배당 요구를 하지 않으면 배당받을 수 없다(부록의 판례 2 참조).

주택소액보증금 최우선변제액이란

그렇다면 최우선변제권에서 말하는 '소액의 기준'은 무엇일까? 사실 소액이라 하면 어떤 사람들에게는 1천만 원이 될 수도 있고, 또 어떤 사람들에게는 2억 원이 될 수도 있기 때문에 기준이 모호하다. 그래서 국가에서는 주택임대차보호법 시행령을 통해 우선변제를 받을 수 있는 금액을 명시해두었다.

주택소액보증금 최우선변제요건에서 수도권이란 서울특별시, 인천광역시(강화군, 옹진군, 중구 운남동·운북동·운서동·중산동·남북동·덕교동·을왕동·무의동, 서구 검단동, 연수구 송도 매립지, 남동유치지역 제외), 의정부시, 구리시, 남양주시(호평동, 평내동, 금곡동, 양정동, 지금동, 도농동에 한함), 하남시, 고양시, 수원시, 안양시, 성남시, 과천시, 부천시, 의왕시, 군포시, 시흥시(반월 특수지역 제외)를 말한다.

주택소액보증금 최우선변제액

담보설정일	지역	보증금 범위	최우선변제액
1984.01.01 ~ 1987.11.30	특별시, 광역시	300만 원	300만 원
	기타 지역	200만 원	200만 원
1987.12.01 ~ 1990.02.18	특별시, 광역시	500만 원	500만 원
	기타 지역	400만 원	400만 원
1990.02.19 ~ 1995.10.18	특별시, 광역시	2,000만 원	700만 원
	기타 지역	1,500만 원	500만 원
1995.10.19 ~ 2001.09.14	특별시, 광역시	3,000만 원	1,200만 원
	기타 지역	2,000만 원	800만 원
2001.09.15 ~ 2008.08.20	수도권	4,000만 원	1,600만 원
	광역시 (인천광역시 제외)	3,500만 원	1,400만 원
	기타 지역	3,000만 원	1,200만 원

한 가지 덧붙이자면, 2008년 8월 21일에 주택임대차보호법 시행령의 일부 개정에 따라 최우선변제요건도 조금 바뀌었다(개정된 주택임대차보호법시행령 전문은 부록을 참조). 바뀐 주택임대차보호법 시행령의 제3조에 따라 다음 표와 같이 소액보증금과 그에 따른 우선변제액이 변경되었다.

주택소액보증금 최우선변제액 변경안

지역	보증금 범위	최우선변제액
'수도권정비계획법'에 따른 수도권 중 과밀억제권역	6,000만 원	2,000만 원
광역시(군 지역과 인천광역시 지역은 제외한다)	5,000만 원	1,700만 원
그 밖의 지역	4,000만 원	1,400만 원

위의 변경안은 주택임대차보호법 시행령의 시행일인 2008년 8월 21일 이후 설정된 임대차에 적용된다. 하지만 경매에서 실제로 우선변제액을 판단할 때는 임대차계약이 설정된 날짜가 아닌 최초 물권설정일을 기준으로 한다는 점에 유의해야 한다.

만약 2005년 9월 15일에 서울에서 4천만 원의 전세계약을 했다면, 경매로 집이 넘어갔을 때 모든 권리관계보다 우선하여 보호받을 수 있는 금액은 1천600만 원이다. 그런데 2001년 5월 3일에 말소기준권리인 근저당이 1억 원이 설정되었다면, 당시의 주택임대차보호법에서 보호해주는 전세금은 3천만 원이 한도이며 4천만 원의 전세계약은 이를 초과한 것이므로 최우선변제요건으로 보호받을 수 없다.

설령, 보호받을 수 있다 해도 낙찰가의 2분의 1 수준에서 해당 금액을 보호해준다. 해당 주택이 2천만 원에 낙찰되었다면 1천만 원까지만 보호된다. 만약 해당 주택이 8천만 원에 낙찰되었으나

Point

최우선변제권에 따라 보증금의 전부는 아니더라도 일부는 보호받기 위해서는 다음의 조건을 갖춰야 한다.

① 경매신청기입등기일 이전까지 주택에 입주하고 주민등록을 마쳐야 한다.

② 확정일자는 없어도 무방하다.

③ '배당요구종기'일까지 주민등록을 유지해야 한다.(신민사집행법)

④ 배당을 받기 위해서는 별도로 배당 요구를 해야 한다.

임차인이 2명 더 있고 그들 역시 최우선변제요건을 충족할 경우, 낙찰금 8천만 원의 2분의 1인 4천만 원을 다시 3분의 1로 나눠 각각 1천333만 원가량 최우선변제를 받고 나머지 금액은 순위에 따라 배당받는다.

주택임대차보호법이 개정되면서 이러한 문제점이 개선되고 임차인이 보호받을 수 있는 금액이 커지기를 기대했으나 아직 미흡한 것으로 보인다. 특히 서울은 보증금 6천만 원 이하에 대해서만 2천만 원을 보호해준다고 하는데 요즘 웬만한 집은 모두 전세금이 6천만 원을 훌쩍 뛰어넘는 실정이다.

임차인 유형별 낙찰자 인수금과 임차인 배당금

앞에서 공부한 내용을 토대로 임차인의 유형을 정리해보면 다음의 다섯 가지를 생각해볼 수 있다.

①말소기준권리보다 빨리 전입했으나 확정일자를 받지 못한 임차인

②말소기준권리보다 빠른 전입과 빠른 확정일자를 가진 임차인

③말소기준권리보다 느린 전입과 느린 확정일자를 가진 임차인

④최우선변제요건에 해당하는 소액임차인 중 말소기준권리보다 빨리 전입은 했으나 확정일자를 받지 못한 임차인

⑤최우선변제요건에 해당하는 소액임차인 중 말소기준권리보다 느린 전입과 느린 확정일자를 가진 임차인

각각의 경우에 대해 인수해야 할 보증금과 배당금을 살펴보자.

①말소기준권리보다 빨리 전입했으나 확정일자를 받지 못한 임차인

말소기준보다 빨리 전입했으므로 대항력이 있지만 확정일자를 받지 못했기에 우선변제권을 갖지 못한다. 따라서 낙찰자는 임차인의 보증금을 인수해야 한다.

②말소기준권리보다 빠른 전입과 빠른 확정일자를 가진 임차인

말소기준권리보다 '빠른 전입'은 곧 대항력이 있음을, 말소기준권리보다 '빠른 확정일자'는 우선변제권이 있음을 의미한다. 따라서 낙찰된 경우 낙찰금에서 가장 먼저 임차인이 배당을 받는다. 예를 들어, 2억 원에 낙찰받았으며 임차보증금 1억 원, 후순위 근저당 1억 원이 각각 설정되어 있다면 임차인은 보증금 1억 원을 모두 배당받을 수 있다. 다만 이때에는 임차인이 배당 요구를 한 경우이며 만약 배당 요구를 하지 않았다면 그대로 전액을 인수해야 한다. 만약 최저가가 50% 미만으로 떨어져 9천만 원에 낙찰받았다면 세입자가 배당을 받고 부족한 임차보증금에 대해서는 낙찰자가 인수해야 한다.

③말소기준권리보다 느린 전입과 느린 확정일자를 가진 임차인

말소기준권리에 대해 대항력도 없고 우선변제권도 없다. 따라서 아파트가 2억 원에 낙찰되었는데 선순위 근저당이 1억 5천만 원이 설정되었다면, 선순위 근저당이 배당받고 남은 금액 5천만 원은 임차인이 배당받을 수 있다. 그런데 만약 선순위 근저당 2억 원이 설정되어 선순위 근저당을 배당받은 후에 남는 것이 없다면, 임차인이 받아갈 수 있는 배당금은 없으며 낙찰자가 인수해야 할 금액 또한 없다.

④ 최우선변제요건에 해당하며 말소기준권리보다 빨리 전입했으나 확정일자를 받지 못한 임차인

우선적으로 임차인은 최우선변제요건에서 보장해주는 소액보증금을 배당받는다. 그후 앞과 동일하게 말소기준권리보다 빨리 전입한 것에서는 대항력이 있으나 확정일자가 없으므로 우선변제를 받지 못한다. 따라서 임차인이 소액보증금을 통해 배당받은 나머지 보증금에 대해서는 낙찰자가 인수해야 한다.

가령, 임차인이 서울에 거주하고 보증금 4천만 원에 전세로 살았다고 하자(2006년 5월 3일 입주). 살던 집이 경매로 넘어가게 되었는데 요건상 1천600만 원까지 최우선변제가 가능하다. 그렇다면 보증금 대비 차액인 4천만 원－1천600만 원＝2천400만 원에 대해서는 낙찰자가 인수해야 한다.

⑤ 최우선변제요건에 해당하는 소액임차인 중 말소기준권리보다 느린

전입과 느린 확정일자를 가진 임차인

최우선변제요건에 따라 소액보증금을 배당받을 수 있다. 하지만 ③번의 경우와 마찬가지로 말소기준권리에 대해 대항력과 우선변제권이 없다. 다만, 이후에 설정된 권리에 대하여는 우선변제를 받을 수 있다.

옥탑도 대항력이 있을까

'옥탑방'하면 왠지 낭만적일 것 같지만 현실은 다르다. 드라마 〈옥탑방 고양이〉에서의 옥탑과 영화 〈주먹이 운다〉에서 나오는 옥탑은 왜 이리도 다르게 보일까. 젊은 시절에는 낭만을 위해 한 번쯤 옥탑에서 자취해봐도 괜찮겠지만 나이 들어서도 옥탑방에서 생활한다면 매우 처량하고 슬플 것이다.

단독주택을 가진 집주인의 입장에서는 방 1개라도 더 늘려 세입자를 받는 것이 이익이므로 옥상을 개조해 방을 만들어 임대하는 것이 일반적이다. 이러한 옥탑방의 경우 '제시외 건물'로 표시되기에 실제로 사는 사람들은 매우 불안할 수 있지만 법적으로는 아무 문제가 없다. 주택임대차보호법상 주거용 건물이란 실제 용도에 따라 정해진다. 따라서 옥탑방에서 살면서 일반 주택과 똑같이 전입신고를 하고 확정일자를 받아두었다면 주택임대차보호법의 보호를 받을 수 있다.

임차보증금이 감액되어 소액임차인에 해당된다면

이와 관련해 2008년 5월 15일 대법원에서 중요한 판결이 나왔다(2007다23203, 부록의 판례 3 참조). 판결 내용에 따르면, 실제 임대차계약의 주된 목적이 주택을 사용·수익하는 것이며, 처음 임대차계약을 체결할 당시에는 보증액이 많아 소액임차인에 해당하지 않았지만 이후 임대인과의 새로운 임대차계약에 의해 정당하게 보증금을 감액해 소액임차인에 해당되었다면, 임대차계약이 통정 허위 표시로 인해 무효라는 등의 특별한 사정이 없는 한 임차인은 같은 법상 소액임차인으로 보호받을 수 있다.

Point

- 주택임대차보호법의 보호 대상이 되는 물건에는 등기된 건물, 미등기 건물, 건물이 완공되었지만 준공검사를 통과하지 못한 건물, 무허가 건물, 가건물, 임대인이 용도 변경한 건물이 있다.
- 주택임대차보호법의 보호 대상이 되지 않는 물건에는 보증금이나 월세 없이 무료로 사용하고 있는 임대차, 여관·모텔 등 일시 사용을 위한 임대차, 임대인의 허락 없이 임차인이 무단으로 용도 변경한 건물, 법인 명의로 계약된 임대차가 있다.

배당금 분석하기

배당금 분석만 잘해도 고수익이 보장된다

권리분석을 하는 목적은 혹시라도 있을 낙찰자가 '인수해야 하는 권리'나 '인수해야 하는 보증금'에 대한 리스크를 줄이는 데 있다. 3초 권리분석을 통해 말소기준권리를 찾는 데 성공했다면 이후에는 무언가 꺼림칙하거나 혹은 애매한 부분을 해결하는 데 주력해야 한다. 배당금 분석을 하면 세입자의 배당 유무와 배당받을 금액을 알 수 있는데 세입자가 의외로 많은 금액을 받아가거나 예상과는 달리 한 푼도 배당받지 못할 수 있다. 세입자의 배당 유무에 따라 명도가 쉬워지기도 하고 어려워지기도 하므로 배당금 분석은 반드시 필요하다.

명도와 관련하여 경매물건은 크게 세 가지로 구분할 수 있다.

첫째, 현재 소유자가 살고 있는 물건이다. 이러한 물건은 세입자가 없기 때문에 낙찰 후 인수해야 할 보증금을 고려할 필요가 없다. 오히려 명도 중에 협상이 결렬될 경우 거주하고 있는 소유자를 어떤 방법으로 내보낼 것인지에 대해 심각하게 고민해봐야 한다. 소유자가 다른 재산은 없고 그 집 하나만 가지고 있다면 낙찰자 입장에서는 심적으로 매우 부담된다.

둘째, 앞에서 배운 최우선변제요건을 만족시키는 세입자다. 경매신청기입등기일 이전까지 주택에 입주하고 주민등록을 마친 사람들로 소유자보다는 한결 편안한 마음으로 명도를 진행할 수 있다. 더구나 최우선변제요건 이외에 순수 권리분석에 의해 어느 정도의 추가 배당금까지 받을 수 있다면 금상첨화다. 어차피 세입자가 배당을 받기 위해서는 낙찰자의 명도확인서와 인감증명서가 필요하므로 낙찰자의 입장에서는 협상에서 우위를 점하고 심적으로도 편안하게 대할 수 있다.

셋째, 안타깝게도 최우선변제요건을 충족시키지 못하고 최우선순위도 아니기에 얼마나 배당받을 수 있을지를 알 수 없는 세입자다. 이런 경우에 실질적으로 배당금의 분석이 필요하다. 세입자가 얼마나 배당받을 수 있는지를 알아야 명도를 위한 협상이 수월해지며 낙찰자 자신이 인수해야 하는 금액이 얼마인지도 파악할 수 있다.

낙찰자가 부담한 금액은 배당순위에 따라 권리관계를 가진 사람들에게 배당되는데 그 순위는 다음과 같다.

낙찰자 부담금에 대한 배당순위

순위	해당 내용
0순위	경매 진행에 따른 비용
	경매 목적 부동산에 투입한 필요비, 유익비
1순위	임대차보호법에 의한 소액임차인의 보증금 중 일정액
	근로기준법에 의한 최우선변제 임금채권
2순위	당해 재산에 대해서 부과된 당해세
	• 국세(상속세, 증여세, 재평가세)
	• 지방세(재산세, 자동차세, 종합토지세, 도시계획세, 공동시설세)
3순위	확정일자부 임차인의 보증금
	당해세 이외의 조세(국세, 지방세)
	전세권, 저당권, 담보가등기 등 담보물권에 의해 담보된 채권
4순위	일반 임금채권
5순위	담보물권보다 늦은 조세 채권
6순위	의료보험료, 산업재해보상보험료, 국민연금보험료
7순위	일반 채권, 확정일자 없는 임차권

예를 들어, 감정가 1억 원짜리 아파트에 최우선순위로 저당권 5천만 원이 설정되어 있고 그후 5천만 원에 전세로 들어온(임대차 중인) 세입자가 있다고 해보자. 단순 계산으로, 경매가 진행되어 낙찰되었다면 저당권자가 5천만 원을 받아가고 난 후에 나머지 5천만 원을 세입자가 배당받을 수 있다. 따라서 명도에는 아무 문제가 없을 거라고 판단하고 입찰했는데 정작 세입자가 배당받은

금액은 5천만 원이 채 안 되었다. 무슨 문제가 생긴 것일까?

일단 문제가 생긴 것은 아니다. 위의 배당순위표에서 보듯 낙찰자가 부담한 금액이 저당권자와 세입자에게 바로 배당되는 것은 아니기 때문이다. 0순위로 경매 진행에 따른 비용이 배당되고 2순위에서 국세와 지방세가 배당되기 때문에 세입자의 실배당액은 5천만 원이 될 수 없다.

이처럼 실질적인 배당금을 계산하기 위해서는 0순위부터 해당되는 금액을 차근차근 따져봐야 한다. 하지만 이것을 직접 계산하려면 시간이 오래 걸리고 또 스트레스를 받게 되므로 경매 진행에 따른 비용은 이번에 개편된 대법원 경매사이트를 활용하는 게 편리하다. 대법원 경매사이트에서는 매각물건의 실거래가를 입력하면 자동으로 배당금이 계산된다.

경매신청인은 경매절차를 진행함에 있어서 필요한 신문공고료, 현황조사수수료, 매각수수료, 감정수수료, 송달료 등의 비용에 대한 대략의 계산액을 예납해야 한다. 경매수수료 예납비용은 다음의 표와 같으며, 이 비용은 경매를 신청한 채권자에게 돌려주기 위한 것이다.

위의 사례에서 모든 사람에게 배당이 이뤄지는 것은 아니다. 돈을 받을 권리를 가진 채권자들 중에서도 어떤 사람들은 배당 요구를 해야 배당되고 어떤 사람들은 배당 요구를 하지 않아도 배당에 참가할 수 있다. 배당 요구를 해야 배당되는 채권자에는

경매수수료 예납

구분	수수료
신문공고료	건당 200,000원
현황조사수수료	건당 63,260원
매각수수료	매각대금 1,000만 원 이하: 매각대금×0.02 + **5,000**원
	매각대금 1,000만 원 초과 5,000만 원 이하: (매각대금 − 1,000만 원)×0.015 + **203,000**원
	매각대금 5,000만 원 초과 1억 원 이하: (매각대금 − 5,000만 원)×0.01 + **803,000**원
	매각대금 1억 원 초과 3억 원까지: (매각대금 − 1억 원)×0.005 + **1,303,000**원
	매각대금 3억 원 초과 5억 원까지: (매각대금 − 3억 원)×0.003 + **2,303,000**원
	매각대금 5억 원 초과 10억 원까지: (매각대금 − 5억 원)×0.002 + **2,903,000**원
	매각대금 10억 원 초과: **3,903,000**원(상한선)
감정수수료	평가가액 5,000만 원까지: 금 **150,000**원
	평가가액 5,000만 원 초과 5억 원까지: (평가가액×0.0011 + **95,000**원)×0.8
	평가가액 5억 원 초과 10억 원까지: (평가가액×0.0009 + **195,000**원)×0.8
	평가가액 10억 원 초과 50억 원까지: (평가가액×0.0008 + **295,000**원)×0.8
	평가가액 50억 원 초과 100억 원까지: (평가가액×0.0007 + **795,000**원)×0.8
	평가가액 100억 원 초과 500억 원까지: (평가가액×0.0006 + **1,795,000**원)×0.8
	평가가액 500억 원 초과 1,000억 원까지: (평가가액×0.0005 + **6,795,000**원)×0.8
	평가가액 1000억 원 초과: (평가가액×0.0004 + **16,795,000**원)×0.8
	※감정수수료는 매각대금 대신 평가가액으로 계산함.
송달료	(신청서상 이해관계인 수+3)×10회분(1회분 3,020원, 2006.11.1. 현재)

소액임차인, 임금채권자, 대항요건과 확정일자를 갖춘 임차인, 담보가등기권자가 있다. 배당 요구를 하지 않아도 배당되는 채권자에는 저당권자, 가압류채권자, 소멸되는 전세권자, 임차권등기를 한 임차인이 있다.

앞에서도 이야기했듯이 배당금을 실제로 계산해보는 이유는 세입자의 배당금이 얼마나 되는지, 혹시라도 인수해야 하는 금액이 있다면 얼마나 되는지를 확인해보기 위함이다. 경매수수료가 무시해도 될 만큼 적은 금액은 아니겠지만, 앞으로 나올 사례에서는 일단 경매수수료를 배제하고 나머지 권리들 간의 배당금을 계산해보기로 한다.

권리관계에 따라 배당이 결정된다

배당금 분석에서 우리가 고민해야 할 것은 최우선변제액과 대항력에 따른 순위, 물권과 채권의 복합적인 배당순위다. 앞에서 정리한 물권과 채권 사이의 우선순위를 떠올려보자.

①물권 상호 간의 순위는 등기 설정 순서에 따른다.
②채권 상호 간의 순위는 시간의 전후에 관계없이 평등하다.
③물권과 채권 간의 순위는 물권이 채권에 우선한다.

다음 사례를 통해 물권과 채권 사이의 우선순위를 간단하게 정리해보자.

A는 집을 분양받으면서 2005년 3월 8일에 집을 담보로 신한은행에서 5억 원을 대출받았다. 2008년 5월 7일 임차보증금 1억 5천만 원에 전세계약을 맺고 B에게 임대했다. 그런데 그 사이 돈이 필요한 A는 2008년 8월 3일 지방의 한 저축은행으로부터 아파트를 담보로 1억 원을 추가로 대출받았다. 이 아파트가 경매로 넘어갔을 때 권리관계는 어떻게 될까?

권리관계를 시간 순으로 정리해보면 이렇다.

① 2005.3.8 : 신한은행에서 5억 원의 근저당을 설정했다. 근저당은 물권이다.

② 2008.5.7 : B가 1억 5천만 원에 전세로 들어왔다. 여기서의 전세는 채권적 전세와 같으므로 임차권이다. 따라서 채권이다.

③ 2008.8.3 : 상호저축은행에서 1억 원을 대출받았다. 근저당을 설정했을 것이므로 물권이다.

자, 이 물건에 얽힌 권리관계는 물권 2개와(신한은행, 상호저축은행) 채권 1개(임차권)다. 물권과 물권만 있다면 당연히 권리관계는 신한은행, 상호저축은행의 순이 되지만 중간에 채권의 성격을 띤 임차권이 끼어 있다. 이 경우 가장 먼저 배당받는 것은 2005년

3월 8일자 신한은행의 5억 원 근저당이 된다(물권).

다음으로 B의 임차권은 약간 독특한 권리로, 앞에서 설명했듯이 확정일자의 획득 유무에 따라 배당이 달라진다.

우선 B에게 확정일자가 없을 경우부터 생각해보자. 주택임대차보호법을 다시 정리하자면, 전입일은 '대항력'을 주고, 확정일자는 '우선변제권'를 준다(우선변제라는 말은 물권처럼 후순위의 권리들보다 먼저 배당받을 수 있음을 뜻한다). 확정일자가 없다는 말은 우선변제권이 없다는 의미와 같다. B의 임차권은 채권이므로 상호저축은행과 안분배당을 받는 것도 불가능하다.

그렇다면 대항력은 갖출 수 있을까? 원칙적으로 대항력이 있으면 낙찰되더라도 낙찰자가 전세금을 내줄 때까지 집을 비우지 않아도 된다. 하지만 이 물건은 신한은행의 근저당 5억 원이 말소기준권리가 되어 B의 임차권은 후순위가 된다. 따라서 B는 배당을 받지 못하고 대항력도 없으므로 낙찰자가 인수해야 할 권리에 해당되지 않는다.

만약 B에게 확정일자가 있다면 상호저축은행의 근저당보다 먼저 배당받는다.

> **Tip** 확정일자가 없는 임차인은 우선변제권이 없다. 따라서 배당을 신청해도 돈을 받을 수 없다. 다만, 이 경우 우선변제권이 없는 것이지 최우선변제권이 없다는 의미는 아니므로 소액보증금에 속한다면 최우선변제를 받을 수 있다.

위의 사례를 조금 바꿔보자.

① 2007.5.20 : B가 1억 5천만 원에 전세로 전입했다. 확정일자는 2007년 5월 20일이다.
② 2007.6.2 : 신한은행에서 5억 원의 근저당을 설정했다.
③ 2008.8.3 : 상호저축은행에서 1억 원을 대출받았다. 근저당이 설정되었을 것이다.

위와 같을 경우 B의 전입일과(대항력) 확정일자(우선변제)는 말소기준권리인 신한은행의 5억 원 근저당 설정일보다 빠르다. 따라서 이때에는 B가 배당을 신청할 경우 1순위로 배당이 이뤄진다. 만약 B가 배당을 신청하지 않는다면 낙찰자는 B의 전세보증금 1억 5천만 원을 모두 인수해야 한다.

보증금 1천500만 원 수도권 세입자의 배당금은?

배당금 분석을 할 때 가장 먼저 살펴봐야 할 것은 등기부상의 권리관계다. [사례 10]에서 등기부상의 권리관계를 순서대로 정리해보면 다음과 같다.

사례 10 강서구 가양동 아파트

사건번호	2008-103×× 임의	물건용도	아파트	진행여부	진행
감정평가액	320,000,000원	채권자	국민은행	개시결정일	2008.05.07
최저경매가	(80%) 256,000,000원	채무자	배○○	감정기일	2008.05.16
입찰보증금	(10%) 25,600,000원	소유자	배○○	배당종기일	2008.07.18
청구금액	83,408,823원	유찰횟수	1회	차기예정	2008.12.23
경매대상	토지, 건물 일괄 매각	건물총면적	58.65㎡(17.74평)	토지총면적	39.51㎡(11.95평)

소재지	면적(단위 : ㎡)	경매 진행결과	임차관계	등기부상 권리관계
(157-200) 서울 강서구 가양동 14×× 6단지 6××동 14층 14××호 ■감정평가서 요약■ • 철근콘크리트 벽돌조 • 슬래브(평) • 가양초등학교 북서측 인근 • 대단위 아파트단지 형성 • 버스정류장 인근 • 도시가스 난방	대지 • 39.511/50,581.3 (11.95평) 건물 • 58.65(17.74평) (방2) 총 15층 중 14층 보존등기 1993.01.15 대지감정 96,000,000원 건물감정 224,000,000원 감정기관 ㅁㅁ감정	유찰 2008.10.15 80% ↓ 256,000,000원	이○○ 전입 2006.03.02 배당 2008.07.18 점유 전부 1,500만 원 점유 2006.3월 (현황조사서상) ■관리비체납내역■ • 체납액 : 0 • 확인일자 : 2008.10.01 • 2008.8월까지 미납없음 ☎02-2268-×××× ■동사무소 직접확인■ 배○○ 전입 1992.11.06 조○○ 전입 2008.05.20 **열람일 2008.10.16** 배당종기일 2008.07.18 ■관할동사무소■ 가양3동사무소 가양3동 1488-1 ☎02-2668-0251	*집합건물 등기 소유 배○○ 　　　1993.03.15 　　　매매(1992.04.02) 근저 국민은행 　　　(영업2부) 　　　1993.03.15 　　　1,300만 원 　　　(구 주택은행) 근저 국민은행 　　　(등촌동) 　　　1996.12.31 　　　1,300만 원 　　　(구 주택은행) 근저 국민은행 　　　(가양2동) 　　　2003.06.13 　　　9,100만 원 근저 김○○ 　　　2003.06.17 　　　5,000만 원 가압 서울보증보험 　　　(안산) 　　　2003.06.20 　　　470,194,836원 임의 국민은행 　　　(경매소송관리센타) 　　　2008.05.07. 청구액 83,408,823원 임차권 이○○ 　　　2008.06.11 　　　1,500만 원 　　　(차임 : 월 62만 　　　전입 : 2006.03.02 　　　확정 : 2006.05.11) **열람일 2008.09.22**

일자	권리관계	금액
1993.03.15	근저당 국민은행(영업2부)	1,300만 원
1996.12.31	근저당 국민은행(등촌동)	1,300만 원
2003.06.13	근저당 국민은행(가양2동)	9,100만 원
2003.06.17	근저당 김○○ 씨	5,000만 원
2003.06.20	가압류 서울보증보험	4억 7,019만 4,836원
2008.05.07	임의경매 국민은행	
2008.06.11	임차권 이○○ 씨 (전입: 2006.03.02 확정: 2006.05.11)	1,500만 원

이 물건의 권리관계는 4개의 근저당과 1개의 가압류, 1개의 임차권으로 나눠진다. 모든 권리분석의 시작은 말소기준권리를 찾는 것이다. 앞에서 배운 3초 권리분석에 따르면, 말소기준권리는 1993년 3월 15일에 국민은행에서 설정한 1천300만 원의 근저당이 되며 이후의 권리들은 모두 말소된다.

배당 면에서 본다면, 물권은 점유권·소유권·지상권·지역권·전세권·유치권·질권·저당권의 여덟 가지 권리라고 했다. 이 물건에서는 근저당이 물권, 가압류가 채권에 해당된다. 앞에서 얘기한 "물권 상호 간의 순위는 등기 설정 순서에 따른다."를 적용해 보자. 물권인 근저당 간에는 등기된 순서를 따지면 되므로 2003년 6월 17일 김○○ 씨의 5천만 원까지는 순서대로 배당이 이뤄진다.

다음으로, "채권 상호 간의 순위는 등기순서에 관계없이 평등하다."고 했다. 여기서 채권은 '가압류'와 '임차권'이 되며 이 둘은 평등하므로 동등하게 배당이 이뤄진다.

만약 최저가보다 약간 높은 2억 6천만 원에 낙찰받았다고 가정한다면 각 권리별 배당금은 다음과 같다.

일자	권리관계	금액	배당 여부
1993.03.15	근저당 국민은행(영업2부)	1,300만 원	1,300만 원 전액 배당
1996.12.31	근저당 국민은행(등촌동)	1,300만 원	1,300만 원 전액 배당
2003.06.13	근저당 국민은행(가양2동)	9,100만 원	9,100만 원 전액 배당
2003.06.17	근저당 김○○ 씨	5,000만 원	5,000만 원 전액 배당

우선적으로 물권인 근저당에 배당되며 총 금액은 1억 6천7백만 원이다. 남은 배당액은 9천300만 원이다.

일자	권리관계	금액
2003.06.20	가압류 ○○서울보증보험	470,194,836원
2008.05.07	임의경매 국민은행	
2008.06.11	임차권 이○○ 씨 (전입 2006.03.02, 확정 2006.05.11)	1,500만 원

가압류와 임차권은 둘 다 채권으로 동순위이므로 비례해 배당한다. 그런데 여기서 한 가지 짚고 넘어가야 할 것이 있다. 표 [사례 10]의 임차관계를 보니 이○○ 씨가 2006년 3월 2일에 전입했고 2008년 7월 18일 1천500만 원에 대해 배당을 신청했다. 임차

인인데 배당신청액이 1천500만 원이라면 예상외로 적은 금액이다. 앞에서 다룬 권리관계별 배당순위를 떠올려보자. 0순위인 경매집행비용은 고려하지 않더라도 1순위에서 바로 최우선변제에 대한 얘기가 나온다. 우리는 가장 큰 부분을 놓친 것이다. 배당을 위한 권리분석을 할 때는 물권과 채권을 분석하기 전에 세입자가 있다면 그가 최우선변제요건에 해당되는지, 만약 해당된다면 얼마를 배당받을 수 있는지부터 살펴봐야 한다.

이 세입자는 최우선변제요건에 해당되어 주택소액보증금 최우선변제액표에 따라 배당받게 된다(122쪽 표 참조). 2006년 3월 2일에 전입했고 2006년 5월 11일에 확정일자를 받았으며 서울(수도권)이고 보증금이 4천만 원 이하이기 때문에 1천600만 원까지 최우선변제를 받을 수 있다. 현재의 보증금 1천500만 원 전액을 우선 배당받게 되는 것이다.

만일 이렇게 생각했다면 앞에서 설명한 최우선변제액 계산 부분을 다시 읽어주기 바란다. 경매에서 최우선변제액은 무엇을 기준으로 판단한다고 했던가? 임차인의 입주일이나 배당신청일을 기준으로 한다면 위의 계산대로 1천500만 원을 전부 배당받는 것이 맞다. 하지만 경매에서 최우선변제액을 판단하는 기준은 최초 물권설정일, 즉 말소기준권리의 담보설정일이 된다.

이 물건의 말소기준권리는 설정일이 가장 빠른 1993년 3월 15일자 국민은행의 1천300만 원 근저당이다. 1993년의 주택소액보증금 최우선변제액을 적용하면 임차인은 보증금 2천만 원 미만일 때의 우선변제액 700만 원을 배당받게 된다.

 상가임대차보호법에서는 "보증금+월차임×100"으로 보증금을 계산하지만 주택임대차보호법은 월세를 제외한 보증금만을 따진다. 그러므로 임차권 내용에 기재된 월차임 62만 원은 최우선변제요건을 따질 때 보증금에 합산하지 않는다.

이렇게 되면 배당순위와 배당금이 바뀌게 된다.

일자	권리관계	금액	배당 여부
2008.06.11	임차권 이○○ 씨	700만 원	최우선변제권에 의한 소액 임차보증금 700만 원 배당
1993.03.15	근저당 국민은행(영업2부)	1,300만 원	1,300만 원 전액 배당
1996.12.31	근저당 국민은행(등촌동)	1,300만 원	1,300만 원 전액 배당
2003.06.13	근저당 국민은행(가양2동)	9,100만 원	9,100만 원 전액 배당
2003.06.17	근저당 김○○ 씨	5,000만 원	5,000만 원 전액 배당

여기까지 1억 7천400만 원이 배당되었으며 남은 금액은 8천600만 원이 된다. 남은 것은 2003년 6월 20일자 서울보증보험의 가압류 4억 7천19만 4천836원과 최우선변제를 받은 임차인 이○○ 씨의 잔금 800만 원이다. 이○○ 씨의 금액이 적긴 하지만 채권과 채권 사이의 계산이기 때문에 안분배당이 이뤄져야 한다. 아쉽지만 서울보증보험은 4억 7천19만 4천836원 중 약 8천200만 원을 배당받고 임차인은 최우선변제액 700만 원 이외에 약 130

만 원을 더 받게 된다(안분배당에 대해서는 뒤에 따로 계산법을 정리해두었으니 여기서는 흐름만 익히고 넘어가자). 별도로 낙찰자가 인수해야 할 금액은 없다.

정리하면, 배당금을 계산할 때에는 ①3초 권리분석으로 말소기준권리 찾기 ②우선변제액 파악하기 ③그 외의 권리관계 분석하기 등으로 구분할 수 있다.

위장전입자가 있는 물건 가려내는 법

그런데 만약 이○○ 씨의 보증금이 1천500만 원이 아닌 5천만 원이었다면 어떻게 될까? 분명 최우선변제를 받지 못하고 임차권은 가압류와 비례하여 배당받게 될 것이다. 그런데 절묘하게 1천500만 원이라니 뭔가 수상하다. 경매는 끊임없는 상상력과의 싸움이다. 이 부분을 좀 더 치밀하게 파고들어보자.

첫 번째 단초는 보증금이 소액보증금을 받기에 너무 적합하다는 것이다. 주변에서 조언해준 금액이 위에서 2006년도를 기준으로 소액보증금을 계산했던 것처럼 1천500만 원을 전부 배당받을 수 있다고 간주하고 설정한 금액일 수도 있다. 두 번째는 이○○ 씨의 전입일이다. 아무리 집값이 3억 원이 넘어 안심했다 하더라도 저당과 가압류를 합해 6억 원 가까이 빚이 있는 집에 월세로 들어올 사람이 얼마나 될까?

이러한 사항들을 감안할 때 이○○ 씨는 최우선변제요건을 충족시켜 단돈 얼마라도 받기 위한 위장전입자로 보인다. 하지만 속단은 금물이며 권리분석 후 직접 물건지에 찾아가 만나볼 필요가 있다.

위장전입자를 가려내는 가장 좋은 방법은 직접 찾아가 만나보는 것이다. 가끔 인근 부동산중개소에서 월세만 내고 싸게 들어가라며 사람을 섭외(?)해 경매로 나온 부동산에 거주하게 하는 경우도 있다. 혹은 집은 부인 명의로 해놓고 자신은 전입신고를 한 후 아는 동생까지 방 1개에 전입신고가 된 것처럼 조작해 이사비를 챙기려는 사람도 있으니 주의하자.

우선적으로 소유자와 법적인 혼인관계에 있는 사람이 임대차계약을 맺은 것은 인정되지 않는다. 다만, 동생의 경우에는 조금 다르다. 부모나 자식, 친인척 사이에는 실제로 임대차계약을 맺더라도 인정될 수 있다. 따라서 세입자가 위장전입자로 보이면 직접 만나보고 자기 동생이 살고 있다고 하면 임대차계약서를 가지고 있는지, 통장에 돈이 오간 흔적이 남아 있는지 넌지시 물어보는 게 좋다.

슈퍼임차인이 끼여 있는 물건의 배당금

이번에도 마찬가지로 등기부상의 권리관계부터 정리해보자.

사건번호	2008-38×× 강제	물건용도	다세대	진행여부	진행
감정평가액	110,000,000원	채권자	황○○	개시결정일	2008.03.11
최저경매가	(80%) 88,000,000원	채무자	방○○	감정기일	2008.03.17
입찰보증금	(10%) 8,800,000원	소유자	방○○	배당종기일	2008.06.05
청구금액	54,814,794원	유찰횟수	1회	차기예정	2008.12.26
경매대상	토지, 건물 일괄 매각	건물총면적	38.79㎡(11.73평)	토지총면적	25.95㎡(7.85평)

소재지	면적(단위 : ㎡)	경매 진행결과	임차관계	등기부상 권리관계

(122-070) 서울 은평구 역촌동 5-× 한양○○○ 5층 5××호	대지	유찰 2008.10.23
		80% ↓88,000,000
			이○○
			전입 2003.11.19
			확정 2003.11.19
			배당 2008.04.24
			점유 방 2칸 전부
			6,000만 원
			점유 2003.11.18~
				*건물등기
				소유 방○○
				  2005.08.31
				  전 소유자: 김○○
				  매매(2005.08.31)

■감정평가서 요약■
• 철근콘크리트조
• 철근콘크리트
• 6세대
• 구산역 남동측 200m 지점
• 단독 및 다세대, 다가구 형성
• 차량출입 용이
• 버스정류장 및 구산역인근
• 도시가스 개별난방
• 장방형 평탄지
• 2종일반주거지역(7층 이하)
• 대공방어협조구역
• 상대정화구역
	• 25.95/187.7(7.85평)
	건물
	• 38.79(11.37평, 13.81평)
	(방2)
	총 5층 중 5층
	보존등기 2003.04.09
	대지감정
	  44,000,000원
	건물감정
	  66,000,000원
	감정기관 대신감정
			■동사무소 직접확인■
			이××
			전입 2003.11.19
			열람일 2008.10.13
			
			배당종기일
			2008.06.05
			■관할동사무소■
			역촌동사무소
			역촌동 62-26
			☎02-383-9871
				가압 조○○
				  2005.09.22
				  900만 원
				근저 ㅁㅁ주류
				  2006.04.14
				  2,000만 원
				가압 황○○
				  2007.09.06
				  51,684,931원
				강제 황○○
				  2008.03.11
				청구액 54,814,794원
				열람일 2008.09.30

출처: 디지털 태인

일자	권리관계	금액
2005.08.31	매매 소유권이전 전 소유자 김○○	
2005.09.22	가압류 조○○	900만 원
2006.04.14	근저당 ㅁㅁ주류	2,000만 원
2007.09.06	가압류 황○○	5,168만 4,931원
2008.03.11	강제경매 황○○	청구액 5,481만 4,794원

이 물건의 말소기준권리는 무엇인가? 2005년 9월 22일 조○○ 씨의 900만 원이 말소기준권리가 되며 그 뒤의 권리들은 모두 말소된다. 그런데 임차관계를 보니 "이○○ 씨 전입 2003년 11월 19일, 확정 2003년 11월 19일, 배당 2008년 4월 24일 6천만 원"이 복병이다.

3초 권리분석을 해보면 이○○ 씨는 말소기준권리보다 앞선 전입일을 가지는 데다가 확정일자도 완벽하고 배당 요구까지 했다. 슈퍼임차인이므로 피해야 한다. 여기서는 감정가 대비 80%의 최저가를 가진 물건에 입찰해서 계산하기 편하게 1억 원에 낙찰받았다고 가정해보자.

낙찰금 1억 원에서 가장 먼저 배당해야 하는 금액은 얼마인가? 경매집행비용을 제외하고 일단 임차인이 최우선변제요건에 해당하는지 확인해야 한다.

주택소액보증금 최우선변제액을 떠올리며 임차인 이○○ 씨의 전입일을 살펴보자. 이○○ 씨는 2003년 11월 19일에 전입했다고 기재되어 있다. 왜 이때를 기준으로 최우선변제액을 지급해야 할까? 최우선변제액의 지급 기준은 최초의 물권설정일이기 때문이다. 그렇다면 최우선순위인 이○○ 씨의 전입일 2003년 11월 19일을 기준으로 역산해서 후순위인 2006년 ㅁㅁ주류의 근저당권을 따라가야 하지 않을까?

그렇지 않다. 만약 이○○ 씨가 전입만 했을 뿐 확정일자를 갖고 있지 않았다면 최우선변제액의 지급 기준은 2006년 □ □주류의 근저당권 설정일이 되는 것이 옳다. 그러나 이 경우에는 이○○ 씨가 확정일자를 갖고 있기에 이씨의 전입일이 최우선변제액의 지급 기준이 된다. 사실 확정일자를 갖고 있으면 배당 요청을 할 수 있으며 낙찰자에 대한 대항력도 갖기에 최우선변제액의 계산은 실익이 없다. 임차인이 전입한 2003년 11월 수도권에서 보장해줄 수 있는 임차보증금은 4천만 원일 경우 1천600만 원까지다. 임차인 이○○ 씨의 전세보증금은 6천만 원이므로 최우선변제요건에 해당되지 않는다.

그렇다면 이제 정상적인 권리관계로 들어가 배당을 집행하면 된다. 자, 가장 빠른 날짜는 임차인 이○○ 씨의 2003년 11월 19일자 확정일자다. 만약 이○○ 씨가 확정일자가 없었거나 2005년 10월경이었다면 배당 순서가 달라졌겠지만 영리한 임차인 이○○ 씨는 전입과 동시에 확정일자를 신청했기에 보호를 받을 수 있다.

1순위로 2003년 11월 19일자 확정일자에 기해 임차인 이○○ 씨는 6천만 원 전액을 배당받을 수 있다. 다음으로 빠른 일자는 2005년 9월 22일 가압류권을 가진 조○○ 씨의 900만 원이다. 그런데 가압류는 채권이다. 만약 물권이었다면 순서대로 배당되겠지만 채권인 가압류가 먼저 나왔다. 이런 경우에는 선순위권리자가 먼저 배당받고 일반 채권자는 채권액에 비례해 배당받게 되는

데, 이를 안분배당이라 부른다. 채권은 물권보다 약하기 때문에 전액을 배당받을 수 없으며 다른 사람들이 배당받을 돈에 비례해서 n분의 1로 나눠 받게 된다.

남은 권리관계는 조〇〇 씨의 가압류 900만 원, ㅁㅁ주류의 근저당 2천만 원, 황〇〇 씨의 가압류 5천168만 원이다. 낙찰금 1억 원 중 6천만 원은 임차인 이〇〇 씨에게 배당되었고 이제 남은 금액은 4천만 원이다. 가압류권자 조〇〇 씨를 비롯한 일반 채권자는 남은 4천만 원을 채권액에 비례해 안분배당을 받게 된다.

가압류권자 조〇〇 씨의 배당금

$$① \, 40{,}000{,}000 \times \frac{② \, 9{,}000{,}000}{③ \, (9{,}000{,}000+20{,}000{,}000+51{,}680{,}000)}$$

$$=40{,}000{,}000 \times 0.1116 \left(= \frac{9{,}000{,}000}{80{,}680{,}000}\right)$$

$$=4{,}464{,}000$$

위의 수식에서 ①4천만 원은 남은 배당금을, ②900만 원은 가압류권자 조〇〇 씨의 가압류 금액을 말한다. ③은 조〇〇 씨의 가압류 900만 원+ㅁㅁ주류의 근저당 2천만 원+황〇〇 씨의 가압류 5천168만 원을 나타낸다. 위의 계산에 따라 가압류권자 조〇〇 씨는 안타깝지만 446만 4천 원을 받고 퇴장한다.

근저당권자 □□주류의 배당금

$$① 40,000,000 \times \frac{② 20,000,000}{(90,000,000+20,000,000+51,680,000)}$$

$$=40,000,000 \times 0.2479 \left(= \frac{20,000,000}{80,680,000}\right)$$

$$=9,915,716$$

앞과 수식은 같고 채권자가 배당받을 금액인 ②번만 다르다. 근저당권자 □□주류는 약 990만 원을 배당받는데 근저당권은 물권이므로 □□주류는 아직 퇴장하지 않는다.

가압류권자 황○○ 씨의 배당금

$$40,000,000 \times \frac{51,680,000}{(9,000,000+20,000,000+51,680,000)}$$

$$=40,000,000 \times 0.6406 \left(= \frac{51,680,000}{80,680,000}\right)$$

$$=25,622,211$$

강제경매를 신청한 황○○ 씨는 2천500만 원가량 배당받는다.

가압류를 포함한 후순위 권리자에게는 일단 이렇게 안분배당이 이뤄진다. 조○○ 씨의 가압류 446만 4천 원은 배당받고 소멸되나 □□주류의 근저당 991만 5천716원은 물권이기에 나머지 채권액을 등기순위가 떨어지는 권리보다 더 받아갈 수 있다. 따라서

□□주류의 전체 채권액 2천만 원에서 안분배당을 받은 991만 원을 제한 나머지 1천9만 원은 뒤의 권리 황○○ 씨의 가압류가 받을 금액에서 빼앗아오게 되는데, 이를 흡수배당이라 부른다. 결국 근저당권자 □□주류는 2천만 원 전액을 배당받게 된다.

이제 남은 것은 황○○ 씨의 가압류이다. 안분배당에 의하면, 2천562만 2천211원을 배당받을 수 있는데 선순위인 □□주류의 근저당에 의해 1천9만 원을 빼앗겼다. 따라서 황○○ 씨가 배당받을 수 있는 금액은 약 1천553만 원이다.

지금까지 설명한 내용을 정리해보면 다음과 같다. 이 물건은 낙찰자가 인수해야 하는 권리가 없어 안전하다.

일자	권리관계	인수 여부
2003.11.19	임차권 이○○ 씨의 6,000만 원	× - 전액 배당
2005.09.22	가압류 조○○ 씨의 900만 원	× - 446만 원 배당 후 말소
2006.04.14	근저당 □□주류의 2,000만 원	× - 전액 배당
2007.09.06	가압류 황○○ 씨의 5,168만 원	× - 1,553만 원 배당 후 말소

※법원에서 받을 배당금은 고려하지 않았기에 실제 배당 시 몇십만 원 안팎의 차이가 날 수 있다.

3초 권리분석으로 살펴볼 때에는 단순히 말소기준권리와 임차인의 전입·확정일을 기준으로 분석했으므로 이 물건은 약간 위험한 물건으로 판단되었다. 그런데 실제 배당금을 분석해보니 낙찰자가 인수해야 하는 권리가 없어서 안심해도 될 물건이다. 이렇듯 실제로 배당금을 분석해보면 투자해도 되는 물건인지 여부에 대해 좀 더 정확하게 알 수 있다. 그런데 선순위 전세권이나 선순위 임차인도 겁낼 필요가 없다고 했는데 정말 아무 문제가 없을까? 고려해야 할 사항들이 전혀 없을까?

우리는 앞에서 낙찰금을 1억 원으로 가정했다. "만약 1억 원에 낙찰받는다면……"이라는 전제조건이 있었기에 위와 같은 배당이 가능했다. 만약 집값이 더욱 폭락하고 입찰을 원하는 사람은 더더욱 없어 감정가의 64%까지 떨어진 상황에서 입찰해 8천만 원에 낙찰받았다면 어떻게 될까? 1억 원에 낙찰받는 것보다 싸게 낙찰받았다고 좋아할 수 있을까? 마냥 좋아할 수만은 없을 것이다. 8천만 원에 낙찰받았다고 해도 선순위 임차인은 6천만 원을 모두 배당받기에 낙찰자가 인수해야 할 권리는 없다.

그런데 배당금을 다시 계산해봤을 때 강제경매를 신청한 황○○ 씨에게 돌아갈 금액이 전혀 없다면 어떻게 될까? 민사집행법 제102조의 "남을 가망이 없을 경우의 경매취소"*의 경우에 해당되어 이 물건은 낙찰되지 않고 법원의 직권으로 취소된다. 싸게 낙찰을 받는다고 무조건 좋은 것은 아니다.

같은 이야기로, 선순위 임차인이 받아갈 수 있는 배당금은 8천만 원인데 이보다 낮은 5천만 원에 낙찰받게 된다면 선순위 임차인이 배당받지 못하는 3천만 원은 낙찰자가 고스란히 인수를 해야 한다.

＊민사집행법

제102조(남을 가망이 없을 경우의 경매취소) ①법원은 최저매각가격으로 압류채권자의 채권에 우선하는 부동산의 모든 부담과 절차비용을 변제하면 남을 것이 없겠다고 인정한 때에는 압류채권자에게 이를 통지하여야 한다.

②압류채권자가 제1항의 통지를 받은 날부터 1주 이내에 제1항의 부담과 비용을 변제하고 남을 만한 가격을 정하여 그 가격에 맞는 매수신고가 없을 때에는 자기가 그 가격으로 매수하겠다고 신청하면서 충분한 보증을 제공하지 아니하면, 법원은 경매절차를 취소하여야 한다.

③제2항의 취소 결정에 대하여는 즉시항고를 할 수 있다.

최우선변제액의 지급 기준

사실 권리분석에서 가장 많이 헷갈리는 부분이 최우선변제액의 지급 기준이다. 입찰할 물건이 소유주가 거주하고 있는 물건이라면 관계없지만 임차인이 거주하고 있으며 인수해야 할 금액이 있는 물건이라면 최우선변제액에 따라 세입자의 배당액과 낙찰자의 인수액이 달라진다. 또 세입자 입장에서도 자신이 배당받을 금액이 얼마인지를 알아야 하기 때문에 최우선변제액의 지급 기준에 대해서는 확실히 정리해둘 필요가 있다.

1. 최초의 물권설정일

최우선변제액은 기본적으로 최초의 물권설정일을 기준으로 지급된다. 물권이기에 저당·근저당은 해당되지만 가압류·압류는 해당되지 않음에 유의해야 한다(담보가등기도 해당된다).

① 2003.9.1　　가압류 1억 원

② 2008.10.1　　근저당 5천만 원

③ 2008.11.2　　임차인 3천만 원(전입일자는 있고 확정일자는 없음)

위와 같은 경우 최우선변제금의 지급기준일은 2008년 10월 1일이 된다.

2. 확정일자부 임차인

만약 아무런 담보물권 저당권이 없는 상태에서 강제경매가 신청되어 경매가 진행되었다면 임차인은 무엇을 기준으로 최우선변제를 받을 수 있을까? 예를 들어 다음의 경우를 생각해보자.

① 2003.9.1　　임차인 A 1억 원(확정일자와 전입일자가 동일함)

② 2005.10.3　　임차인 B 5천만 원(전입일자는 있으나 확정일자는 없음)

③ 2008.7.1　　강제경매기입등기일

위와 같을 경우 임차인 B의 최우선변제액 지급 기준일은 임차인 A의 확정일자에 기한다. 그러나 다음의 경우에는 강제경매기입신청일을 기준으로 최우선변제액 지급기준일을 정한다.

① 2003.9.1　임차인 A　1억 원(전입일자는 있으나 확정일자는 없음)
② 2005.10.3　임차인 B　5천만 원(전입일자는 있으나 확정일자는 없음)
③ 2008.7.1　강제경매기입등기일

확정일자와 대항력이 배당에 주는 영향

확정일자는 없는데 대항력만 있는 임차인이 살고 있는 집이 경매로 넘어가 낙찰될 경우에는 어떻게 될까? 의외로 실생활에서 전입신고를 하고 확정일자를 받아놓지 않은 사람들을 자주 볼 수 있다. 전입신고로 얻게 되는 대항력은 임차인 입장에서 집을 비우지 않아도 되는 권리라고 했다. 그렇다면 낙찰자 입장에서 대항력은 꼼짝없이 인수해야 하는 권리가 된다. 만약 임차인이 그 어떤 권리보다도 먼저 전입했는데 확정일자를 받아놓지 않았다면 어떻게 될까? 예를 들어 다음의 경우를 생각해보자.

① 2008.3.21　임차인 김 ○ ○ 씨 전입, 보증금 5천만 원
② 2008.5.30　하나은행 저당권 7천만 원

③2008.8.20 우리은행 저당권 3천만 원

위와 같은 경우 임차인 김○○ 씨의 보증금 5천만 원은 낙찰자가 인수해야 한다.

만약 확정일자와 대항력이 둘 다 있는데 후순위권리자라면 어떻게 될까?

①2008.3.20 하나은행 저당권 7천만 원

②2008.5.20 임차인 김○○ 씨 전입신고 및 확정일자일 동일,
　보증금 5천만 원

③2008.8.20 우리은행 저당권 3천만 원

이런 경우 앞에서 배웠듯이 임차인의 임차권은 물권에 준하게 판단되어 하나은행이 먼저 배당받고 남은 금액이 있다면 임차인과 우리은행의 순으로 배당된다.

이번에는 다소 애매한 경우를 생각해보자.

①2008.3.20 하나은행 저당권 7천만 원

②2008.5.20 임차인 김○○ 씨 전입일, 보증금 5천만 원

③2008.8.20 우리은행 가압류 3천만 원

④2008.9.20 임차인 김○○ 씨 확정일자

두 번째 사례와 달리 우리은행의 가압류가 들어왔다. 알다시 피, 가압류는 채권이다. 이런 경우 임차인 김○○ 씨의 운명은 어 떻게 될까? 이 물건이 1억 원에 낙찰되었다고 가정하면 1순위 배 당은 하나은행의 7천만 원 저당권이 된다. 남은 금액 3천만 원은 확정일자가 가압류보다 앞섰다면 임차인의 소유가 되었을 테지 만 확정일자 자체가 가압류보다 늦었다. 따라서 임차인과 우리은 행의 가압류는 안분하여 배당받게 된다.

극히 드물지만 다음과 같은 경우도 생각해볼 수 있다. A가 자 기 소유의 아파트를 10억 원에 친구 B에게 매도하며 2년만 거주 하게 해달라고 부탁해왔다. 인정 많은 B는 A와 임대차계약을 맺 은 후 2년간 거주할 수 있게 해줬다. 그런데 B의 사업이 잘 안 돼 서 해당 아파트가 경매로 넘어가게 되었다. 이런 경우 권리관계 는 어떻게 될까?

①2005.3.2　A의 소유권이전등기에 따라 전입, 확정일자 2005년 3월 2일

②2008.2.10　A의 부동산을 B에게 10억 원에 매도

③2008.2.11　B의 소유권이전등기 완료

A의 전입일자는 2005년 3월 2일이 될까? 정답은 아니다. 주택 임대차보호법상의 주민등록은 '임차인'의 경우에 해당하는 것으

로 2005년 3월 2일은 A가 소유자로서 소유권이전등기를 완료한 날짜이기 때문에 인정받을 수 없다. A가 주택임차인으로서 대항력이 발생하는 것은 B가 소유권이전등기를 마친 2008년 2월 11일의 다음날인 2월 12일부터다.

■ 배당금 실전 연습

문제 1) 1998.5.2　　　　A의 가압류 5천만 원

　　　　2000.7.1　　　　B의 근저당 6천만 원

B가 경매를 신청하여 1억 원에 낙찰되었을 경우 가압류와 근저당은 각각 얼마를 배당받을 수 있을까?

정답은 동순위로 처리된다. 가압류는 채권이므로 안분배당이 이뤄진다.

①A의 가압류: 1억 원 $\times \dfrac{5천만\ 원}{1억\ 1천만\ 원}$ (5천만 원+6천만 원)

　＝약 4천500만 원

②B의 근저당: 1억 원 $\times \dfrac{6천만\ 원}{1억\ 1천만\ 원}$ (5천만 원+6천만 원)

　＝약 5천400만 원

문제 2) 1998.5.2　　　　A의 가압류 5천만 원

　　　　2000.7.1　　　　B의 근저당 6천만 원

　　　　2000.10.15　　　C의 가압류 2천만 원

C가 경매를 신청했고 1억 원에 낙찰되었다. A, B, C는 각각 얼마를 배당받을 수 있을까?

A의 가압류에 기해 안분배당이 먼저 이뤄진다.

①A의 가압류: 1억 원 × $\dfrac{\text{5천만 원}}{\text{1억 3천만 원}}$ (5천만 원+6천만 원+2천만 원)=약 3천846만 원

②B의 근저당: 1억 원 × $\dfrac{\text{6천만 원}}{\text{1억 3천만 원}}$ (5천만 원+6천만 원+2천만 원)=약 4천615만 원

③C의 가압류: 1억 원 × $\dfrac{\text{2천만 원}}{\text{1억 3천만 원}}$ (5천만 원+6천만 원+2천만 원)=약 1천538만 원

근저당권자 B는 우선변제권이 있으므로 모자란 금액을 C의 가압류가 배당받을 금액에서 가져올 수 있다. 따라서 최종 배당은 다음과 같다.

①A의 가압류: 약 3천846만 원

②B의 근저당: 6천만 원

③C의 가압류: 약 154만 원

문제 3) 2001.5.2　　　A의 가압류 5천만 원

2002.1.3　　　대항력과 확정일자를 갖춘 임차인 B 4천만 원

2003.7.1　　　C의 근저당 6천만 원

마찬가지로 1억 원에 낙찰되었다고 가정했을 때 A, B, C는 각각 얼마를 배당받을 수 있을까?

A의 가압류에 기해 안분배당이 이루어진다. 그러나 2002년 1월 3일이면 다음 표에서 보듯이 최우선변제요건 '4천만 원→1천600만 원'에 해당되기에 임차인은 1천600만 원을 먼저 배당받는다. 따라서 다음과 같이 된다.

낙찰금 1억 원−최우선변제금 1천600만 원=8천400만 원

8천400만 원이 안분배당된다.

소액보증금 최우선변제액

담보설정일	지역	보증금 범위	최우선변제액
2001.09.15~현재	수도권	4,000만 원	1,600만 원
	광역시(인천광역시 제외)	3,500만 원	1,400만 원
	기타 지역	3,000만 원	1,200만 원

안분배당

2001.5.2　　　A의 가압류 5천만 원

2002.1.3　　　전입과 확정일자를 모두 갖춘 임차인 B 2천4백

만 원(1천600만 원은 먼저 배당받았기 때문에 제외

한다)

2003.7.1　　　C의 근저당 6천만 원

①A의 가압류: 8천400만 원 $\times \dfrac{5천만\ 원}{1억\ 3천400만\ 원}$ (5천만 원+2천400

만 원+6천만 원)=약 3천134만 원

②임차인 B: 8천400만 원 $\times \dfrac{2천400만\ 원}{1억\ 3천400만\ 원}$ (5천만 원+2천400만

원+6천만 원)=약 1천504만 원

③근저당 C: 8천400만 원 $\times \dfrac{6천만\ 원}{1억\ 3천400만\ 원}$ (5천만 원+2천400만

원+6천만 원)=약 3천761만 원

최종 배당

①A의 가압류: 약 3천134만 원

②임차인 B: 약 4천만 원(1천600만 원+1천504만 원+896만 원: 흡수

배당)

③근저당 C: 약 2천865만 원(3천761만 원-896만 원)

03

고수들만 아는 고급 권리분석

복잡한 권리 물건을 겁내지 마라 • 지상권은 법정지상권의 애피타이저 • 선순위 지역권은 인수, 후순위 지역권은 말소 • 예고등기는 위험 속에 수익이 있다 • 환매등기는 낙찰돼도 소멸되지 않는다 • 단순 임대차계약할까 전세권 설정할까 • 전 소유자의 가압류는 특히 조심하라 • 가처분이 있으면 종류부터 확인하라 • 유치권은 새로 지은 건물에 많다 • 법정지상권은 관습상의 권리를 꼼꼼히 따져라 • 무덤에도 권리가 있다 • 권리분석 굳히기 한판, 실전 스킬!

✓ "유치권 성립 여지 있음"이라고 기재된 물건들이라고 모두가 기피대상인 것은 아니다. 공사대금에 기한 유치권 중에는 실제 공사대금이 아닌 신고한 회사와 소유자 간에 협약을 맺고 허위로 유치권을 신고하여 고의로 물건 가격을 떨어뜨리거나 낙찰자에게 유치권을 받아내려는 경우가 있다. 이와 같은 허위 유치권을 정복하면 다른 사람보다 많은 수익을 올릴 수 있다.

복잡한 권리 물건을
겁내지 마라

고급 권리분석은 간단하게 권리관계를 논해보기 어려운, 즉 3초 권리분석으로는 파악하기 어려운 복잡한 권리관계를 분석하는 과정을 말한다. 복잡한 권리관계에서는 선순위인 경우 인수해야 할 뿐 아니라 후순위인 경우에도 인수해야 하는 권리가 생길 수 있다. 혹은 온전한 소유자가 되었는데도 불구하고 도리어 더 큰돈을 인수하거나 소유권을 포기해야 하는 경우가 생기기도 한다.

특히 복잡한 권리관계가 있는 물건일수록 위험성이 높아 감정가 3억 원의 물건이 몇 번의 유찰을 거쳐 1억 원에 가깝게 떨어지기도 한다. 그러다 보니 경매를 제대로 공부하지 않은 사람들이 무턱대고 도전했다가 보증금을 모두 날리는 일이 허다하다. 이런 물건들은 무조건 피하는 것만이 능사가 아니다. 어떤 식으로 처리해야 할지를 충분히 고민하고 분석한 다음 투자에 나서면 좋은 수익을 올릴 수 있다.

권리에는 등기부상에 표시되는 권리와 표시되지 않는 권리가 있다. 등기부는 갑구와 을구로 나눠 권리관계를 표시하는데 갑구에는 경매기입등기, (가)압류, 가처분, 담보가등기, 소유권이전청구권보전가등기, 예고등기, 환매등기가 표시되고 을구에는 (근)저당권, 전세권, 지역권, 지상권, 등기된 임차권, 임차권등기명령 임차권이 표시된다. 한편 등기부에 표시되지 않는 권리에는 법정지상권과 유치권이 있다.

등기부상에 나타나는 권리들 중 약간 복잡한 권리로는 지상권, 지역권, 예고등기, 환매등기, 전세권, 가압류, 가처분 등이 있다. 이 권리들은 직접적인 저당권적 효력은 없지만 그에 준하는 효력을 가지기에 경매투자에 앞서 반드시 이해하고 넘어가야 한다. 그렇다고 외우라는 의미는 아니며 책을 곁에 두고 찾아볼 정도면 충분하다.

등기부상에 표시되는 권리와 표시되지 않는 권리

구분		권리
등기부상 표시되는 권리	갑 구	경매기입등기, (가)압류, 가처분, 담보가등기, 소유권이전청구권보전가등기, 예고등기, 환매등기
	을 구	(근)저당권, 전세권, 지역권, 지상권, 등기된 임차권, 임차권등기명령 임차권
등기부상에 표시되지 않는 권리		법정지상권, 유치권

여기서 말하는 저당권적 효력이란 쉽게 말하면 이런 것이다. 저당권을 가지고 있는 사람은 경매의 경우를 예로 들면 매각된 물건에 대해서 우선변제를 받을 수 있다. 다시 말해 A아파트에 5천만 원의 저당권을 가지고 있는데 이 아파트가 경매로 넘어가 1억 원에 낙찰되었다면, 다른 권리보다 우선하여 5천만 원을 변제받을 수 있는 권리가 있음을 의미한다.

지상권은
법정지상권의 애피타이저

‘지상권’이라는 말을 들으면 무엇이 떠오르는가? 지상에 대한 권리? 그러고 보니 ‘지하’보다는 ‘지상’과 관련 있을 것 같다. 실제로 경매물건을 찾다보면 지상권보다 ‘법정지상권’의 성립 여지가 있는 물건은 좀 더 고민하게 된다. 법정지상권은 성공한다면 확실한 수익이 보장되지만 이에 대해 잘 모르는 초보자의 경우 지레 겁먹고 실수를 연발해 돈을 잃기 쉽다. 사정이 이러하다 보니 법정지상권이 아닌 지상권만 나와도 금방 다른 물건으로 눈을 돌리게 된다.

여기서는 먼저 지상권이 무엇이고 권리분석은 어떻게 해야 하는지를 확실히 이해한 다음 법정지상권을 통해 고급 권리분석을 익히도록 하자.

지상권자는 배당받을 수 없다

민법 제279조에 의하면, 지상권자는 타인의 토지에 건물 기타 공작물이나 수목을 소유하기 위하여 그 토지를 사용하는 권리가 있다. 여기서 말하는 '타인의 토지'는 지표나 지상에 한하지 않고 지하 사용을 내용으로 할 수도 있다.

그렇다면 지상권은 왜 설정하는 것일까? 보통 나대지(지상물이 아무것도 없는 땅을 말한다)를 대상으로 대출을 받을 때 은행에서 근저당권을 설정한다. 그런데 만약 근저당권을 설정한 후 땅주인이 은행에 알리지 않고 건물을 짓는다면 향후 경매절차가 진행될 때 은행은 불이익을 얻게 된다. 일례로, 경매로 땅을 샀는데, 주차장으로 쓸 수도 있고 건물을 지어 임대수익을 올릴 수도 있을 것이다. 그런데 나도 모르는 사이에 땅 위에 건물이 지어졌다면 어떻게 되겠는가? 권리 행사가 제한되므로 땅을 사고자 하는 사람 입장에서는 꺼리게 되며 그렇게 되면 당연히 가격은 떨어지게 된다.

이런 경우 은행은 대출을 해주면서 근저당권 설정과 더불어 지상권을 설정해 은행 자신의 권리를 보호하려 한다. 은행이 땅에 근저당권과 지상권을 설정해두면 향후 땅주인이 그 땅에 건물을 짓는다 해도 건축물을 담보가치에 포함시킬 수 있으며 건축물의 소유주가 바뀌더라도 권리관계를 보호받을 수 있다('법정지상권' 부분 참조).

권리분석에서 말소기준권리보다 선순위로 설정된 지상권은 낙찰 후에도 소멸하지 않는다. 소멸하지 않는다는 것은 낙찰된 후에도 지상권을 가지고 있는 사람이 계속해서 토지를 사용할 수 있다는 의미다. 낙찰자 입장에서는 애써 낙찰받은 땅의 일부를 다른 사람이 마음대로 사용하는 사태가 벌어질 수 있다.

그렇다면 배당은 어떨까? 지상권자도 배당을 받을 수 있을까? 정답은 지상권자는 배당을 받을 수 없다. 지상권은 '토지에 대한 사용'이 목적이기에 배당에 포함될 수 없고 후순위일 경우 말소된다.

법 조항만 잘 봐도 지상권이 보인다

다른 권리도 그렇지만 특히 지상권은 민법 조항을 살펴보는 것이 중요하다. 민법 제279조부터 제290조까지를 이해하는 것이 지상권을 이해하는 무엇보다도 빠른 길이다.

민법
제280조 (존속기간을 약정한 지상권) ① 계약으로 지상권의 존속기간을 정하는 경우에는 그 기간은 다음 연한보다 단축하지 못한다.
  1. 석조, 연회조, 연와조 또는 이와 유사한 견고한 건물이나 수목의 소유를 목적으로 하는 때에는 30년
  2. 전호 이외의 건물의 소유를 목적으로 하는 때에는 15년
  3. 건물 이외의 공작물의 소유를 목적으로 하는 때에는 5년
② 전항의 기간보다 단축한 기간을 정한 때에는 전항의 기간까지 연장한다.

지상권은 영원히 존재하는 것이 아니라 일시적인 사용을 목적으로 한다. 따라서 민법 제280조의 연한을 따르는데(30년, 15년, 5년) 대부분의 건물은 30년을 따른다. 하지만 이는 최소한으로 인정해주는 존속기간이므로 당사자의 합의에 따라 50년으로 하거나 그 이상으로 연장할 수 있다.

민법

제281조(존속기간을 약정하지 아니한 지상권) ①계약으로 지상권의 존속기간을 정하지 아니한 때에는 그 기간은 전조의 최단 존속기간으로 한다.
②지상권 설정 당시에 공작물의 종류와 구조를 정하지 아니한 때에는 지상권은 전조 제2호의 건물의 소유를 목적으로 한 것으로 본다.

만약 계약 당사자 사이에 지상권의 존속기간을 따로 정하지 않았다면 민법 제280조에 의해 30년, 15년, 5년으로 최소한의 기한을 인정해준다.

민법

제282조(지상권의 양도, 임대) 지상권자는 타인에게 그 권리를 양도하거나 그 권리의 존속 기간 내에서 그 토지를 임대할 수 있다.

민법 제282조에 의해 지상권자는 소유자의 동의 없이도 타인에게 권리를 양도하거나 임대할 수 있다. 이 부분이 일반적인 임대차와 다른 점이다.

민법

제283조(지상권자의 갱신청구권, 매수청구권) ①지상권이 소멸한 경우에 건물 기타 공작물이나 수목이 현존한 때에는 지상권자는 계약의 갱신을 청구할 수 있다.
②지상권설정자가 계약의 갱신을 원하지 아니하는 때에는 지상권자는 상당한 가액으로 전항의 공작물이나 수목의 매수를 청구할 수 있다.

만약 지상권의 기한이 지나 소멸했는데도 아직 땅 위에 건물이나 수목이 남아 있다면 지상권자는 소유권자에게 계약 연장을 청구할 수 있다. 이때 소유권자가 거절하면 건물이나 수목의 금액을 평가해 소유권자(지상권설정자)에게 매수해줄 것을 요구할 수 있다.

민법

제284조(갱신과 존속기간) 당사자가 계약을 갱신하는 경우에는 지상권의 존속기간은 갱신한 날로부터 제280조의 최단 존속기간보다 단축하지 못한다. 그러나 당사자는 이보다 장기의 기간을 정할 수 있다.
제285조(수거의무, 매수청구권) ①지상권이 소멸한 때에는 지상권자는 건물 기타 공작물이나 수목을 수거하여 토지를 원상에 회복하여야 한다.
②전항의 경우에 지상권설정자가 상당한 가액을 제공하여 그 공작물이나 수목의 매수를 청구한 때에는 지상권자는 정당한 이유 없이 이를 거절하지 못한다.

모든 빌려 쓰는 권리에는 원상복구의 의무가 있으며 지상권도 예외는 아니다. 따라서 지상권이 소멸한 경우 지상권자는 토지를 복구시켜줄 의무가 있으며, 만약 지상권설정자가 건물을 철거하거나 수목을 뽑지 않고 이를 매수하고자 한다면 지상권자는 무턱대고 거절할 수 없다.

민법

제286조(지료증감청구권) 지료가 토지에 관한 조세 기타 부담의 증감이나 지가의 변동으로 인하여 상당하지 아니하게 된 때에는 당사자는 그 증감을 청구할 수 있다.

제287조(지상권소멸청구권) 지상권자가 2년 이상의 지료를 지급하지 아니한 때에는 지상권설정자는 지상권의 소멸을 청구할 수 있다.

민법 제287조는 매우 재미있는 부분이다. 2년 이상 지료를 지급하지 않으면 지상권설정자가 지상권의 소멸을 청구할 수 있다는 것을 명시하고 있어, 법정지상권 물건의 경우 직접적으로 활용할 수 있는 조항이다. 하지만 지료는 당사자의 합의하에 지급하는 것이며 반드시 지급해야 하는 것은 아니다.

민법

제288조(지상권소멸청구와 저당권자에 대한 통지) 지상권이 저당권의 목적인 때 또는 그 토지에 있는 건물, 수목이 저당권의 목적이 된 때에는 전조의 청구는 저당권자에게 통

지한 후 상당한 기간이 경과함으로써 그 효력이 생긴다.

제289조(강행규정) 제280조 내지 제287조의 규정에 위반되는 계약으로 지상권자에게 불리한 것은 그 효력이 없다.

제289조의2(구분지상권) ①지하 또는 지상의 공간은 상하의 범위를 정하여 건물 기타 공작물을 소유하기 위한 지상권의 목적으로 할 수 있다. 이 경우 설정행위로써 지상권의 행사를 위하여 토지의 사용을 제한할 수 있다.

②제1항의 규정에 의한 구분지상권은 제3자가 토지를 사용·수익할 권리를 가진 때에도 그 권리자 및 그 권리를 목적으로 하는 권리를 가진 자 전원의 승낙이 있으면 이를 설정할 수 있다. 이 경우 토지를 사용·수익할 권리를 가진 제3자는 그 지상권의 행사를 방해하여서는 안 된다.

이렇게 법 조항만 살펴봐도 될 정도로 경매에서 순수하게 지상권만 얽혀 있는 사례는 많지 않다. 중요한 것은 등기부등본에 나타나지 않는 법정지상권이다. 이는 뒤에서 좀 더 자세히 알아보기로 하자.

지상권자가 근저당을 설정하는 이유

[사례 12]와 같이 땅에 관련된 물건에 흔히 나타나는 것이 지상권이다. 이 물건의 말소기준권리는 무엇일까? 지상권은 말소기준권리가 될 수 없으므로 2003년 4월 7일 일동농협의 근저당권이 말소기준권리가 된다. 이 물건은 지상권이 말소기준권리보다 앞서기 때문에 낙찰자에게 인수된다.

사건번호	2008-103×× 임의	물건용도	임야	진행여부	진행
감정평가액	65,301,600원	채권자	일동농협	개시결정일	2008.03.27
최저경매가	(64%) 41,793,000원	채무자	김○○	감정기일	2008.04.08
입찰보증금	(10%) 4,179,300원	소유자	허○○	배당종기일	2008.07.01
청구금액	25,700,507원	유찰횟수	2회	차기예정	2008.12.19
경매대상	토지 매각	건물총면적		토지총면적	12,558m²(3,798.8평)

소재지	면적(단위 : m²)	경매 진행결과	임차관계	등기부상 권리관계
(487-862) 경기 포천시 이동면 도평리 산 ×-×호 ■감정평가서 요약■ • 수목 포함 • 자등고개 남동측 인근 • 축사 및 농경지, 임야 등 형성 • 인근까지 차량 출입 가능 • 버스정류장 소재하나 교통사정 불편 • 부정형서하향 경사지 • 지적도상맹지 • 군사시설보호구역(3사단) • 보전산지, 성장관리권역 • 배출시설설치제한지역 • 농림지역 • 토지거래허가구역	임야 • 12,558(3,798.8평) 표준공시　　580원 감정지가　　5,200원 대지감정 　　65,301,600원 감정기관 □□감정	유찰 2008.09.05 80% ↓52,241,000원 유찰 2008.10.23 64% ↓41,793,000원	배당종기일 　2008.07.01	*토지등기 소유　허○○ 　　2002.03.25 　　매매 　　(2002.03.23) 지상권 일동농협 　　(이동) 　　2002.04.22 　　30년 근저　일동농협 　　(이동) 　　2003.04.07 　　3,300만 원 가압　일동농협 　　2007.11.22 　　34,950,322원 가압　농협중앙회 　　(일동농협) 　　2008.03.25 　　79,961,377원 임의　일동농협 　　2008.03.28 청구액 25,700,507원 **열람일 2008.08.12**

출처 : 디지털 태인

그런데 한 가지 의심스러운 점이 있다. 지상권자와 근저당권자
가 동일한데 이것은 무엇 때문일까?

토지에 지상권을 설정해놓으면 원 소유자가 토지 위에 건물을
짓고자 할 때 지상권자의 동의서를 첨부하여 건축허가를 받아야
한다. 따라서 이 물건에 지상권을 설정해놓은 일동농협에서는 원
소유자가 건물을 짓고자 할 경우 그 사실을 사전에 알 수 있다.

선순위 지역권은 인수, 후순위 지역권은 말소

지역권이란 지역에 대한 권리로 간단히 지역을 이용할 수 있는 권리라고 기억해두자. 가령, A라는 사람의 땅과 B라는 사람의 땅이 서로 붙어 있는데 A의 땅을 통하지 않고서는 절대로 B의 땅으로 들어갈 수 없다고 하자. B의 입장에서는 일정한 대가를 치르고서라도 A 땅의 일부를 빌려야 자기 땅을 정상적으로 이용할 수 있다. 이때 A 땅의 일부를 이용할 수 있는 권리를 '지역권'이라 한다.

이런 목적을 위해서라면 토지의 일부만을 따로 떼어 임대차계약을 맺으면 되지 않느냐며 반문할 수 있다. 하지만 그렇게 되면 임차인은 계약기간에 빌린 땅을 자신의 땅처럼 이용할 수 있으므로 별 문제없겠지만, 소유자 입장에서는 임차인에게 빌려준 땅을 자신도 반드시 사용해야 한다면 다시 또 임차인에게 허락을 구해야 하는 복잡한 권리관계가 형성된다. 그래서 이런 경우에는 임대차계약이 아닌 지역권을 설정한다.

민법 제291조에 의하면, 지역권자는 일정한 목적을 위해 타인의 토지를 자기 토지의 편익에 이용하는 권리가 있다. 그런데 이 조항의 내용은 잘 읽어보면 지역권자의 권리이지 지역권설정자의 권리가 아니다. 따라서 지역권자가 반드시 그 땅을 이용하지 않고서는 본인의 땅을 활용할 수 없다면 지역권자는 지역권설정자에게 땅을 이용할 수 있는 권리를 요구할 수 있다.

민법 제292조*를 보면 '요역지'와 '승역지'라는 용어가 나오는데 승역지는 편익을 제공하는 토지, 요역지는 편익을 받는 토지의 의미한다. 여기서는 간단하게 승역지는 토지의 사용을 '승낙해주는 토지', 요역지는 '승낙을 필요로 하는 토지'로 이해해두자.

지역권은 한 번 설정하면 그 지역에만 한정되며 상황이 바뀌었다고 같은 땅의 다른 지역에 임의로 설정할 수 없다. 또한 지역권은 토지의 사용을 목적으로 하기에 배당에 참여할 수 없고 우선변제적인 효력도 없다. 따라서 선순위 지역권은 인수되고 후순위 지역권은 말소된다.

민법

제292조(부종성) ①지역권은 요역지소유권에 부종하여 이전하며 또는 요역지에 대한 소유권 이외의 권리의 목적이 된다. 그러나 다른 약정이 있는 때에는 그 약정에 의한다.
②지역권은 요역지와 분리하여 양도하거나 다른 권리의 목적으로 하지 못한다.

제293조(공유관계, 일부 양도와 불가분성) ①토지공유자의 1인은 지분에 관하여 그 토지를 위한 지역권 또는 그 토지가 부담한 지역권을 소멸하게 하지 못한다.
②토지의 분할이나 토지의 일부 양도의 경우에는 지역권은 요역지의 각 부분을 위하여 또는 그 승역지의 각 부분에 존속한다. 그러나 지역권이 토지의 일부분에만 관한 것인 때에는 다른 부분에 대하여는 그러하지 아니하다.

제294조(지역권취득기간) 지역권은 계속되고 표현된 것에 한하여 제245조의 규정을 준용한다.

제295조(취득과 불가분성) ①공유자의 1인이 지역권을 취득한 때에는 다른 공유자도 이를 취득한다.
②점유로 인한 지역권취득기간의 중단은 지역권을 행사하는 모든 공유자에 대한 사유가 아니면 그 효력이 없다.

제296조(소멸시효의 중단, 정지와 불가분성) 요역지가 수인의 공유인 경우에 그 1인에 의한 지역권소멸시효의 중단 또는 정지는 다른 공유자를 위하여 효력이 있다.

제297조(용수지역권) ①용수승역지의 수량이 요역지 및 승역지의 수요에 부족한 때에는 그 수요정도에 의하여 먼저 가용에 공급하고 다른 용도에 공급하여야 한다. 그러나 설정행위에 다른 약정이 있는 때에는 그 약정에 의한다.
②승역지에 수개의 용수지역권이 설정된 때에는 후순위의 지역권자는 선순위의 지역권자의 용수를 방해하지 못한다.

제298조(승역지 소유자의 의무와 승계) 계약에 의하여 승역지 소유자가 자기의 비용으로 지역권의 행사를 위하여 공작물의 설치 또는 수선의 의무를 부담한 때에는 승역지 소유자의 특별승계인도 그 의무를 부담한다.

제299조(위기에 의한 부담면제) 승역지의 소유자는 지역권에 필요한 부분의 토지소유권을 지역권자에게 위기하여 전조의 부담을 면할 수 있다.

제300조(공작물의 공동사용) ①승역지의 소유자는 지역권의 행사를 방해하지 않는 범위 내에서 지역권자가 지역권의 행사를 위해 승역지에 설치한 공작물을 사용할 수 있다.
②전항의 경우에 승역지의 소유자는 수익정도의 비율로 공작물의 설치, 보존의 비용을 분담하여야 한다.

제301조(준용규정) 제214조의 규정은 지역권에 준용한다.

제302조(특수지역권) 어느 지역의 주민이 집합체의 관계로 각자가 타인의 토지에서 초목, 야생물 및 토사의 채취, 방목 기타의 수익을 하는 권리가 있는 경우에는 관습에 의하는 외에 본장의 규정을 준용한다.

예고등기는 위험 속에 수익이 있다

말 그대로 풀이하면 예고등기*는 어떤 사건을 '예고'하는 등기로 영화로 치면 예고편에 해당한다. 다만, 영화의 예고편이 영화 자체의 흥행을 보장해주지 않듯이, 예고등기 역시 부동산에 대해 어떤 사건이 있다는 사실을 알려줌으로써 제3자에게 경고하는 효과를 발휘할 뿐 그 자체만으로는 권리관계의 변동을 가져오지 못한다.

법률 알기

*** 부동산등기법**

제4조(예고등기) 예고등기는 등기원인의 무효나 취소로 인한 등기의 말소 또는 회복의 소가 제기된 경우(패소한 원고가 재심의 소를 제기한 경우를 포함한다)에 한다. 그러나 그 무효나 취소로써 선의의 제3자에게 대항할 수 없는 경우에는 그러하지 아니하다.

이러한 예고등기를 아무나 할 수 있다면 너도나도 남발할 수 있다. 가령, 경매로 넘어가는 부동산이 있다고 하자. 이 부동산의 소유자가 예고등기를 걸어 다른 사람이 소유권을 가져갈 수 있다고 경고한다면 입찰자 수가 크게 줄어들 것이다. 그래서 예고등기를 하는 주체는 법원으로 한정된다.

예고등기가 무서운 것은 예고등기의 실행으로 소유권 변동이 생기면 낙찰자가 소유권을 상실하게 되는 위험 때문이다. 예고등기에 관한 소송이 진행되는 동안에도 경매절차는 진행되므로 예고등기를 설정해놓고 별도의 소송을 건 A가 승소한 뒤 낙찰자를 상대로 '소유권이전등기 말소청구 소송'을 제기하면 낙찰자는 꼼짝없이 당해야 하는 상황에 처한다.

또한 예고등기는 선순위, 후순위를 가리지 않으며 말소기준권리보다 후순위이라 해도 소멸되지 않는다. 위의 예에서 A가 승소한 경우 낙찰자는 이미 납부한 낙찰대금을 어떻게 돌려받아야 할까? 억울하지만 그 돈은 돌려받을 수 없다. 낙찰자가 납부한 대금은 이미 배당절차를 통해 채권자들끼리 사이좋게 나눠 가졌다. 따라서 낙찰자는 채권자들을 상대로 '부당이득 반환 청구의 소'를 제기해 회수할 수밖에 없다.

그렇다면 예고등기가 된 물건으로 수익을 올리는 것이 가능할까? 앞에서 예고등기의 원인이 된 소송을 제기한 원고가 승소할 경우 문제된다고 했으므로 원고가 패소할 경우 낙찰자는 아무런 문제가 없게 된다. 따라서 예고등기가 된 물건으로 수익을 올리기 위해서는 어떤 경우에 예고등기를 등재하게 되는지에 대한 원인분석이 필요하다.

예를 들어, A가 B에게 아파트를 매매하기 했다고 하자. B의 간곡한 부탁으로 A는 잔금 지급이 완료되기 전에 미리 이전등기를 해줬다. 그런데 B가 변심하여 계속해서 잔금 지급을 미룬다면 A는 매매계약을 해지하고 B의 소유권이전등기를 말소시키는 '소유권말소청구 소송'을 제기할 것이다.

단순하게 생각해도 A의 주장이 정당하지만, 만약 B가 잔금을 치룬 상황이었다면 권리관계는 어떻게 변할까? B가 승소할 경우 아무런 문제가 없게 된다. 이 문제는 여기에 포인트가 있다. 이런 경우 등기부등본에서 사건번호를 확인한 후 대법원 홈페이지 등에서 소송결과를 조회해 예고등기의 추이를 지켜보는 것이 좋다.

> (Tip) 예고등기는 소유권에 기한 경우가 많지만 간혹 근저당권에 관한 경우도 있다. 만약 근저당권 말소예정등기가 된 경우 말소하고자 하는 근저당이 현재 경매를 신청한 근저당이라면 경매절차는 무효가 되지만, 후순위 근저당에 대한 말소예정등기라면 말소기준권리에 영향을 주지 않는다. 따라서 이런 경우에는 권리분석을 다시 해보는 것이 좋다.

[사례 13]의 물건은 '소유권말소예고등기'가 되어 있기에 감정가의 33%까지 가격이 떨어졌다. 경매정보지를 잘 살펴보면 감정

사건번호	2007-172×× 임의	물건용도	근린상가	진행여부	낙찰
감정평가액	136,000,000원	채권자	신라저축은행	개시결정일	2007.08.31
최저경매가	(33%) 44,565,000원	채무자	김○○	감정기일	2007.09.10
입찰보증금	(10%) 4,456,500원	소유자	김○○	배당종기일	2007.11.30
청구금액	478,800,025원	유찰횟수	5회	차기예정	2008.11.04
경매대상	토지, 건물 일괄 매각	건물총면적	63.19㎡(19.11평)	토지총면적	13.94㎡(4.22평)

소재지	면적(단위: ㎡)	경매 진행결과	임차관계	등기부상 권리관계
(412-220) 경기 고양시 덕양구 행신동 94×-× 아이○○○ 6층 6××호 ■감정평가서 요약■ • 철근콘크리트조 • 철근콘크리트 • 행신초등교 북서측 인근 • 대규모 아파트단지, 학교, 근린공원 혼재 • 차량 진출입 용이, 대중교통사정 양호 • 난방설비 • 오각형유사부정형평탄지 • 남서측승전로 46~48m, 북서측충장로 30m, 동측 8m 도로 접함 • 도시계획시설대로 1류 및 2류, 중로 3류 접함 • 일반상업지역 • 1종지구단위계획구역	대지 • 13.94/1713.8(4.22평) 건물 • 63.19(19.11평) (현재 공실) 총 8층 중 6층 보존등기 2005.03.21 대지감정 27,200,000원 건물감정 108,800,000원 감정기관 □□감정	유찰 2008.05.06 80% ↓108,800,000원 유찰 2008.06.10 64% ↓87,040,000원 유찰 2008.07.08 51% ↓69,632,000원 유찰 2008.08.12 41% ↓55,706,000원 유찰 2008.09.09 33% ↓44,565,000원 낙찰 2008.10.07 50,550,000원 (37.17%) 김○○ 응찰 5명 허가 2008.10.14	조사된 임차내역 없음 배당종기일 2007.11.30 ■관할동사무소■ 행신3동사무소 행신동 901 ☎031-961-6619	*건물등기 근저 한국저축은행 (일산) 2006.07.25 5억 8,500만 원 소유 김○○ 2006.12.11 전 소유자 김○ 매매(2006.12.01) 근저 박○○ 2007.03.20 3억 원 가처분 김○ 2007.05.15 예고등기 의정부지방법원고양○○ 2007.05.21 (김○○소유권말소예고등기) 가압 이○○ 2007.08.06 12,192,606원 임의 신라저축은행 (관리부) 2007.09.03 청구액 478,000,025원 열람일 2008.04.14

가의 37%에 김○○ 씨가 최고가로 낙찰을 받았는데 단독 입찰이 아닌 5명이 경합을 벌였다. 그들은 왜 위험하다고 알려진 예고등기 물건에 입찰한 걸까?

예고등기 물건에 입찰하는 투자자의 심리는 두 가지로 생각해볼 수 있다. 첫째, 다른 사람은 모르는 이 물건의 비밀을 알고 있다. 둘째, 이만큼 저가로 떨어진 물건이라면 욕심을 내서라도 입찰할 만한 가치가 있다.

첫 번째 경우라면 앞에서 이야기했듯이 사건번호를 확인해 대법원 홈페이지 등을 활용해 예고등기의 추이를 지켜보면서 원고 패소가 확실할 것으로 판단되는 시점에 입찰한다. 그러나 두 번째 경우에는 큰 손실을 가져올 수 있으니 주의해야 한다. 싸다고 다 먹으려 해서는 안 된다.

반면 [사례 14]는 예고등기 물건인데도 단 한번도 유찰되지 않고 9명이 응찰하여 그 중 1명이 감정가의 150%에 낙찰을 받았다. 같은 예고등기 물건인데도 이처럼 차이가 나타나는 이유는 무엇

Point

- 예고등기는 제3자에게 경고를 줄 뿐 그 자체만으로는 권리관계의 변동을 가져오지 못한다.
- 예고등기는 선순위, 후순위에 관계없이 소멸되지 않는다.
- 예고등기 물건은 대법원 홈페이지 등에서 소송결과를 조회해 진행상황을 파악해야 한다.

사건번호	2008-23×× 강제	물건용도	아파트	진행여부	낙찰
감정평가액	70,000,000원	채권자	대한생명보험	개시결정일	2008.01.15
최저경매가	(100%) 70,000,000원	채무자	지○○	감정기일	2008.01.21
입찰보증금	(10%) 7,000,000원	소유자	지××	배당종기일	2008.03.31
청구금액	17,081,188원	유찰횟수	0회	차기예정	
경매대상	토지, 건물 일괄 매각	건물총면적	40.24㎥(12.17평)	토지총면적	29.16㎥(8.82평)

소재지	면적(단위 : ㎡)	경매 진행결과	임차관계	등기부상 권리관계
(402-200) 인천 남구 주안동 8××-× 102 ○○ 나동 1층 1××호 ■감정평가서 요약■ • 철근콘크리트조 • 슬래브(평) • 학익여고등교 북서측 인근 • 아파트단지 및 다세대 혼재 • 버스정류장 인근 • 도시가스개별난방	대지 • 29.16/3,598(8.82평) 건물 • 40.24(12.17평) 총 5층 중 1층 보존등기 2005.03.21 대지감정 　35,000,000원 건물감정 　35,000,000원 감정기관 □□감정	낙찰 2008.07.14 105,400,000원 (150.57%) 이○○ 응찰 9명	국명불상 전입 2006.02.14 (현황조사서상) ■동사무소 직접확인■ 지○○ 전입 2003.05.10 국○○ 전입 2006.02.14 열람일 2008.07.09 배당종기일 　2008.03.31 ■관할동사무소■ 주안3동사무소 주안동 867-9 ☎032-880-4680	*집합건물등기 근저 국민은행 　(구월남지원센타) 　2001.04.03 　2,080만 원 　(구 주택은행) 가압 대우캐피탈 　2003.12.17 　16,678,008원 가압 대한생명보험 　(채권관리과) 　2004.04.28 　10,771,432원 가압 씨티은행 　2004.08.12 　4,506,173원 가압 프란시아 　2004.08.31 　35,284,141원 소유 지×× 　2005.07.08 　전 소유자: 지○○ 　매매(2005.07.07) 예고 인천지방법원 등기 2005.08.01 　(신○○ 가등기회 　복예고등기) 강제 대한생명보험 　2008.01.15 청구액 17,081,188원 열람일 2008.06.18

출처 : 디지털 태인

일까?

　[사례 13]의 예고등기가 소유권 말소에 관련한 예고등기였다면 이번 예고등기는 가등기 회복에 관련한 예고등기다. 자세한 내용은 법원에서 확인해야겠지만, 응찰자의 수로 보아 신○○ 씨의 가등기가 예고등기에 의해 회복된다 해도 낙찰에는 크게 영향을 미치지 못했을 것으로 보인다.

환매등기는 낙찰돼도 소멸되지 않는다

　'환매還買'는 판 물건을 다시 사들인다는 뜻이다. 따라서 환매등기*란 다시 매매할 것을 약속하는 등기라고 할 수 있다. 환매등기와 저당권은 모두 부동산을 담보로 돈을 빌린다는 공통점이 있다. 차이점이라면, 저당권의 경우 A씨가 은행에서 돈을 빌리고 저당권을 설정하더라도 A씨가 부동산을 계속 소유하고 사용하는 데 아무런 지장이 없다. 향후 A씨가 은행에서 빌린 돈을 다 갚으면 저당권은 말소된다. 하지만 환매등기의 경우 A씨가 부동산을 담보로 B씨에게 돈을 빌리고 저당권 대신 환매등기를 설정했다면 일단 부동산의 소유권은 B씨에게 넘어간다. 그리고 향후 A씨가 B씨에게 빌린 돈을 모두 갚으면 소유권을 되찾게 된다.

＊민법

제590조(환매의 의의) ①매도인이 매매계약과 동시에 환매할 권리를 보류한 때에는 그 영수한 대금 및 매수인이 부담한 매매비용을 반환하고 그 목적물을 환매할 수 있다.
②전항의 환매대금에 관하여 특별한 약정이 있으면 그 약정에 의한다.
③전2항의 경우에 목적물의 과실과 대금의 이자는 특별한 약정이 없으면 이를 상계한 것으로 본다.

제591조(환매기간) ①환매기간은 부동산은 5년, 동산은 3년을 넘지 못한다. 약정기간이 이를 넘는 때에는 부동산은 5년, 동산은 3년으로 단축한다.
②환매기간을 정한 때에는 다시 이를 연장하지 못한다.
③환매기간을 정하지 아니한 때에는 그 기간은 부동산은 5년, 동산은 3년으로 한다.

환매등기 역시 주의해야 할 점은 경매로 낙찰되더라도 소멸되지 않는다는 것이다. 가령, A씨가 소유한 감정가 3억 원짜리 아파트에 B씨가 1억 원의 환매등기를 설정해두었다고 하자. 이 경우 아파트의 원래 소유자는 B씨가 된다.

이해가 잘 안 된다면 이렇게 생각해보자. 원래 소유자는 B씨인데 A에게 돈을 빌리면서 아파트의 소유권을 넘기고 그 위에 환매등기를 해준 상황이다. A씨 소유 아파트가 경매로 나와 C씨가 2억 원에 낙찰을 받았다. 만약 B씨가 A씨에게 갚아야 할 환매대금이 모두 준비되어 현 소유자인 C씨에게 주었을 경우 C씨는 1억 원을 받고 아파트 소유권을 B씨에게 넘겨줘야 한다. C씨에게는 매우 황당한 일일 것이다.

그런데 투자할 때는 역으로 생각해보는 것도 중요하다. 만약 B씨의 환매대금이 1억 원이 아닌 2억 2천만 원이라고 해보자. 그렇게 되면 C씨는 2억 원에 낙찰받은 집을 B씨의 환매대금 상환으로 2억 2천만 원, 즉 낙찰받은 금액보다 2천만 원을 더 받고 소유권을 이전해주는 것이 가능하다는 얘기가 된다. 낙찰자 입장에서는 실수요자가 아니라면 한 번의 투자로 2천만 원을 벌 수 있다. 따라서 환매등기라고 해서 무조건 피하기보다는 공략할 수 있는 방안을 찾아보는 것이 좋다.

한편 환매기간은 무한정 허용하는 것이 아니라 5년으로 한정하며 5년이 경과된 환매등기의 환매권자는 권리를 행사할 수 없다. 민법 제591조제1항을 보면, 환매기간은 부동산의 경우 5년을 넘지 못하는 것과 연장하지 못함을 알 수 있다. 말소기준권리보다 후순위로 설정된 환매등기는 고민할 필요 없이 소멸된다.

정리하자면, 환매등기 물건의 투자 포인트는 두 가지로 압축된다. 첫째, 낙찰가보다 환매대금이 높은가, 둘째 환매등기의 시점으로부터 5년이 지난 물건인가.

Point

- 환매등기란 다시 매매할 것을 약속하는 등기다.
- 환매등기 물건에 투자할 때 고려해야 할 점은 두 가지다. 첫째, 낙찰가보다 환매대금이 높은가, 둘째 환매등기의 시점으로부터 5년이 지난 물건인가.

188

단순 임대차계약할까, 전세권 설정할까

　알다시피, 전세권은 우리나라에만 있는 매우 독특한 제도다. 외국은 '렌트rent'가 일반화되어 외국인들이 우리나라에서 집을 빌릴 때면 일명 '깔세'를 주로 이용한다. 만약 매월 50만 원의 월세를 내는 집이라면 외국인들은 보증금 없이 1년치 월세를 선불로 내고 살다가 계약기간이 끝나면 깔끔하게 이사를 나간다.

　이에 반해 우리나라의 전세권은 전세금이라고 하는 목돈을 처음 입주할 때 집주인에게 주었다가 1년이든 2년이든 계약기간이 끝나고 이사할 때 다시 돌려받는다. 집주인 입장에서는 집을 남에게 빌려주고 한꺼번에 목돈을 받는 것 이외에는 추가 수익을 올릴 방법이 없다.

　남의 집을 빌려 살다가 이사를 가면서 맡겨놓은 돈을 그대로 돌려받는다. 이런 경우가 어디에 있을까? 물론 그 돈을 은행에 넣어두면 이자라도 붙겠지만 2년간 집을 사용한 대가를 조금도 치르지 않은 채 돌려받는 것은 매우 이례적인 일이다.

소유자 입장에서 보면 집을 담보로 조금이라도 대출을 받았다면 집을 전세로 임대하는 것은 마이너스 수익률로 이어질 수 있다. 그래서 대개 월세로 임대하고 매월 임대료를 받아 대출금 이자를 충당하곤 한다. 전세로 계약하고 받은 보증금 이자로는 대출금 이자를 부담할 수 없기에 마이너스 수익률이 되는 것이다.

목돈으로 받은 전세보증금이 적어도 매매가의 80%는 되어야 소유자가 그 돈을 은행에 넣어두고 이자를 받거나 아니면 또 다른 투자의 자본금으로 활용할 수 있다. 그런데 현실은 그렇지 못하다. 특히 서울의 경우 아파트 값이 10억 원이라고 해서 전세가가 8억 원까지 가는 경우는 없다. 지방의 경우에는 일부 아파트의 매매가와 전세가가 70~80% 비율로 형성된 곳도 있지만 실제로 확인해봐야 알 수 있다.

어쨌든 전세권은 주택의 임대차와 밀접한 관계가 있다. 법적 의미의 '전세권'과 일반적인 의미의 '전세'는 다른 개념이라고 앞에서 설명했다. 여기서 말하는 전세권은 법적 의미의 전세권이다. 경매물건을 찾다보면 전세권이 설정되었거나 혹은 선순위 전세권이 설정된 물건을 자주 볼 수 있다.

다른 권리도 마찬가지이지만, 전세권 역시 법 조항에서 많은

것이 파생되므로 일단 전세권에 관련된 법 조항*을 살펴보고 실
무적인 얘기를 해보자.

＊민법

제303조(전세권의 내용) ①전세권자는 전세금을 지급하고 타인의 부동산을 점유하여 그
부동산의 용도에 좇아 사용·수익하며, 그 부동산 전부에 대하여 후순위권리자 기타 채권
자보다 전세금의 우선변제를 받을 권리가 있다. [개정 1984.4.10]
②농경지는 전세권의 목적으로 하지 못한다.

제304조(건물의 전세권, 지상권, 임차권에 대한 효력) ①타인의 토지에 있는 건물에 전
세권을 설정한 때에는 전세권의 효력은 그 건물의 소유를 목적으로 한 지상권 또는 임차
권에 미친다.
②전항의 경우에 전세권설정자는 전세권자의 동의 없이 지상권 또는 임차권을 소멸하게
하는 행위를 하지 못한다.

제306조(전세권의 양도, 임대 등) 전세권자는 전세권을 타인에게 양도 또는 담보로 제공
할 수 있고 그 존속기간 내에서 그 목적물을 타인에게 전전세 또는 임대할 수 있다. 그러
나 설정행위로 이를 금지한 때에는 그러하지 아니하다.

제311조(전세권의 소멸청구) ①전세권자가 전세권설정계약 또는 그 목적물의 성질에 의
하여 정하여진 용법으로 이를 사용, 수익하지 아니한 경우에는 전세권설정자는 전세권의
소멸을 청구할 수 있다.
②전항의 경우에 전세권설정자는 전세권자에 대하여 원상회복 또는 손해배상을 청구할
수 있다.

제312조의2(전세금 증감청구권) 전세금이 목적 부동산에 관한 조세·공과금 기타 부담의
증감이나 경제사정의 변동으로 인하여 상당하지 아니하게 된 때에는 당사자는 장래에 대

하여 그 증감을 청구할 수 있다. 그러나 증액의 경우에는 대통령령이 정하는 기준에 따른 비율을 초과하지 못한다. [본조신설 1984.4.10]

제316조(원상회복의무, 매수청구권) ①전세권이 그 존속기간의 만료로 인하여 소멸한 때에는 전세권자는 그 목적물을 원상에 회복하여야 하며 그 목적물에 부속시킨 물건은 수거할 수 있다. 그러나 전세권설정자가 그 부속물건의 매수를 청구한 때에는 전세권자는 정당한 이유 없이 거절하지 못한다.
②전항의 경우에 그 부속물건이 전세권설정자의 동의를 얻어 부속시킨 것인 때에는 전세권자는 전세권설정자에 대하여 그 부속물건의 매수를 청구할 수 있다. 그 부속물건이 전세권설정자로부터 매수한 것인 때에도 같다.

제318조(전세권자의 경매청구권) 전세권설정자가 전세금의 반환을 지체한 때에는 전세권자는 민사집행법의 정한 바에 의하여 전세권의 목적물의 경매를 청구할 수 있다. [개정 1997.12.13, 2001.12.29]

전세권등기는 보증금 지키는 안전장치

사실 경매에서 권리분석은 물건을 낙찰받아 수익을 올리고자 하는 '공격자' 입장에서는 당연히 해야 하는 것이지만, 살고 있는 집을 경매로 빼앗기는 '소유자'나 임대차계약으로 전세 혹은 월세로 살고 있는 '방어자' 입장에서도 충분히 고려해야 하는 중요한 부분이다.

가령, 당신이 전세로 아파트를 얻으려 한다고 해보자. 이 책을 읽다보니 혹은 주변 사람들의 말을 들어보니, 전세금이 한두 푼도 아니고 해서 법적으로 보호를 받을 수 있는 방법이 없는지 궁금해졌다. 그때 떠오른 것이 전세권이었다. 이제 당신은 단순 임대차계약을 할 것인지, 아니면 전세권을 설정할 것이지 고민되기 시작한다. 막상 전세권을 설정하려 하니 도대체 전세권이 무엇이고 임대차계약과 어떤 차이가 있는지도 모르겠다.

결국 당신의 선택은 보통 사람들이 그렇듯 부동산중개소를 신뢰하고 집주인을 믿으며 일반 임대차계약을 체결했다. 나쁜 예감은 틀리지 않다고 했던가. 몇 달 후에 아파트는 경매로 넘어갔고 당신은 후순위권리자로 전세보증금의 절반도 돌려받지 못하게 되었다.

이번에는 경매 입찰자 입장에서 두 차례 유찰된 물건을 찾던 중 '선순위 전세권'이 설정된 물건을 발견하게 되었다고 해보자. 저가에 낙찰받을 수 있는 절호의 기회이긴 한데 선순위 전세권이 마음에 걸린다.

이런 고민들을 해결하기 위해서는 전세권에 관한 기본적인 법률지식을 갖춰야 한다. 이해를 돕기 위해 전세권과 임차권이 어떻게 다르며 전세권만이 가지는 권리에는 무엇이 있는지 알아보자.

〈브리태니커 백과사전〉에 따르면, 전세권이란 전세금을 지급하고 타인의 부동산을 점유하며 그 부동산의 용도에 따라 사용·수익하며, 그 부동산 전부에 대해 후순위 권리자나 기타 채권자보다 전세금의 우선변제를 받을 수 있는 권리다.

전세권을 설정했을 때 세입자가 얻을 수 있는 가장 큰 혜택은 무엇일까? 사실 전세권을 설정하는 가장 큰 이유는 '불안감'을 해소하기 위해서라고 생각한다. 집주인을 믿지 못하는 데서 오는 불안감 때문에 세입자들은 전세권을 설정하곤 한다.

이런 불안감을 해소하기 위해 법은 전세권자(전세권을 설정받은 사람, 세입자)에게 전세권설정자(전세권을 설정해준 사람, 집주인)가 해당 기간 내에 보증금을 제대로 돌려주지 못할 기미가 보인다면 당장이라도 경매를 신청할 수 있는 권리(임의경매)를 주고 있다.

세입자 입장에서는 단순한 임대차계약서만 작성했을 경우, 집주인이 보증금을 돌려주지 않을 때 반환청구소송을 하고 임대차계약을 등기하는 시간이 걸리는 데 반해 전세권을 설정해두면 훨씬 강력하게 보증금을 변제받을 수 있다. (만약 전세권을 설정해뒀다가 집을 경매로 넘긴 후 싸게 낙찰을 받는다면 금상첨화일 것이다.) 집주인 입장에서는 괜시리 문제를 일으키지 않기 위해 피하고 싶은 권리가 바로 전세권이다.

그러나 전세권이라 해도 만능은 아니다. 전세권은 아파트처럼 구분등기된 건물에 설정되고 선순위 전세권자가 경매신청을 했거나 전세권자가 배당을 요구하는 경우에 효력을 발휘한다.

선순위 전세권도 돈이 된다

선순위 전세권은 모든 권리에 우선하여 설정된 전세권을 말한다. 만약 경매가 진행되었는데 선순위 전세권이 설정되어 있다면 어떻게 해야 할까? 당연히 포기해야 한다. 어려운 물건은 확신이 서기 전까지는 일단 피하는 것이 좋다. 그런데 선순위 전세권이라 해도 입찰 가능한 경우가 있다. 이는 선순위 전세권자가 경매를 신청한 경우로 [사례 15]를 통해 좀 더 자세히 알아보자.

사례에서 보듯이, 전세권자 황○○ 씨가 2006년 5월 10일로 등기일자가 가장 빠르다. 그후 신용보증기금에서 강제경매를 신청했지만 가압류는 2007년 3월 13일로 전세권에 비해 늦다. 게다가 황○○씨는 전입일과 확정일자를 2006년 4월 3일로 갖춘 임차인이기도 하다.

이런 물건은 배당 요구를 한 황○○ 씨가 9천500만 원을 전액 배당받게 된다면 아무 문제가 없지만, 낙찰가가 계속 떨어져 9천500만 원 이하에서 낙찰될 경우 황○○ 씨의 모자란 배당금을 낙찰자가 인수해야 한다.

하지만 이런 경우 경매신청자인 신용보증기금은 배당을 받지 못하게 되므로 무잉여 경매로 취소될 가능성이 높다. 또한 황○○ 씨가 상계처리하여 낙찰을 받을 확률도 높다.

사건번호	2008-284×× 강제	물건용도	주상복합(주거)	진행여부	신건
감정평가액	130,000,000원	채권자	신용보증기금	개시결정일	2008.07.10
최저경매가	(100%) 130,000,000원	채무자	송○○	감정기일	2008.08.05
입찰보증금	(10%) 13,000,000원	소유자	송○○	배당종기일	2008.10.02
청구금액	256,616,038원	유찰횟수	0회	차기예정	2009.01.30
경매대상	토지, 건물 일괄 매각	건물총면적	84.9㎡(25.68평)	토지총면적	15.96㎡(4.83평)

소재지	면적(단위 : ㎡)	경매 진행결과	임차관계	등기부상 권리관계
(604-020) 부산 사하구 하단동 88×-× 세양 ○○○○○ 3층 3××호 ■감정평가서 요약■ • 철근콘크리트조 • 슬래브(평) • 하단중교 남측 인근 • 부근 아파트단지 및 단독주택, 중소규모 공동주택, 근린시설 형성 • 차량 출입 가능 • 인근 시내버스정류장 및 지하철 하단역 소재 • 제반 교통사정 양호 • 도시가스 개별난방 설비	대지 • 15.96/757.2(4.83평) 건물 • 84.9(25.68평) 총 15층 중 3층 보존등기 2002.06.14 대지감정 　　39,000,000원 건물감정 　　91,000,000원 감정기관　ㅁㅁ감정		황○○ 전입 2006.04.03 확정 2006.04.03 배당 2008.08.11 점유 3××호 전부 9,500만 원 (점유: 2006.3.21~) ■관리비 체납내역■ • 체납액:0 • 확인일자: 　2008.12.10 • 2008.10까지 미납 없음 ☎ 051-257-0421 ■동사무소 직접확인■ 황○○ 전입 2006.04.03 **열람일 2008.12.16** 배당종기일 　　2008.10.02 ■관할동사무소■ 하단2동사무소 하단2동 1161-3 ☎051-220-4907	*건물등기 소유　송○○ 　　2002.10.17 　　전 소유자:세양종합건설 　　매매 2002.10.04 전세권황○○ 　　2006.05.10 　　9,500만 원 　　존속기간: 　　2008.03.30 가압　신용보증기금 　　(사하) 　　2007.03.13 　　255,000,000원 가압　서울보증보험 　　(부산신용관리지원단) 　　2007.04.19 　　3,000만 원 가압　부산은행 　　(여신관리부) 　　2007.10.16 　　3,985,952원 강제　신용보증기금 　　(사하) 청구액 265,616,038원 **열람일 2008.11.25**

출처 : 디지털 태인

우선 선순위 전세권과 관련된 법 조항[*]부터 살펴보자.

*** 민사집행법**

제91조(인수주의와 잉여주의의 선택 등) ①압류채권자의 채권에 우선하는 채권에 관한 부동산의 부담을 매수인에게 인수하게 하거나, 매각대금으로 그 부담을 변제하는 데 부족하지 아니하다는 것이 인정된 경우가 아니면 그 부동산을 매각하지 못한다.

②매각부동산 위의 모든 저당권은 매각으로 소멸된다.

③지상권·지역권·전세권 및 등기된 임차권은 저당권·압류채권·가압류채권에 대항할 수 없는 경우에는 매각으로 소멸된다.

④제3항의 경우 외의 지상권·지역권·전세권 및 등기된 임차권은 매수인이 인수한다. 다만, 그중 전세권의 경우에는 전세권자가 제88조에 따라 배당요구를 하면 매각으로 소멸된다.

⑤매수인은 유치권자에게 그 유치권으로 담보하는 채권을 변제할 책임이 있다.

선순위 전세권과 관련해서 반드시 기억해둬야 할 것은 두 가지다. 첫째, 선순위 전세권은 인수가 원칙이다. 둘째, 전세권자가 배당 요구를 한 경우는 낙찰에 의해 소멸되며 이때에는 직접 경매를 신청했다고 봐도 무방하다.

이쯤에서 "아, 그럼 선순위 전세권 물건만 찾아 입찰해도 괜찮겠구나." 하고 생각하는 사람들도 있을 것이다. 그런데 투자할 때는 항상 이익보다 리스크를 먼저 생각해야 한다. 선순위 전세권이 돈 되는 것임에 분명하지만 잘 보면 리스크를 갖고 있다.

만약 선순위 전세권자가 전입신고까지 마친 상태라면 어떻게 될까? 이때에는 전세권뿐만 아니라 임차권도 취득하게 되어 그야말로 슈퍼임차인이 된다. 이들은 전세권자로서 경매를 신청하고 낙찰로 배당이 다 이뤄지지 않을 경우 전세권은 소멸하게 되지만, 남아 있는 임차권에 기해 낙찰자에게 부족한 보증금을 요구할 수 있으니 주의해야 한다.

이왕 선순위 전세권에 대한 얘기가 나왔으니 한 가지 더 살펴보고 넘어가자. 위의 사례에서 보면 특이한 점을 한 가지 발견할 수 있는데 바로 '법인'의 선순위 전세권이라는 것이다. 주택임대차보호법에서 설명했듯이, 법인의 경우에는 주택임대차보호법의 보호 대상이 되지 못한다. 그렇다면 이 물건에서 선순위 전세권에 기해 경매를 신청한 법인의 경우 비록 배당을 다 받지 못하더라도 주택임대차보호법의 대상이 아니므로 전세권이 말소되는 것일까?

불행히도 그렇지 않다. 비록 법인은 주택임대차보호법의 보호 대상에 포함되지 않지만 전세권 설정은 주택임대차보호법과 관계없이 선순위 임차보증금의 배당금이 부족하면 낙찰자가 부담해야 한다. 다만, 전세권과 주택임대차보호법이 둘 다 적용되지 않은 전세권의 경우, 전세권자가 경매를 신청했다가 낙찰가가 낮아 배당금이 부족하더라도 전세권은 소멸되며 낙찰자는 전세권에 대한 추가부담을 지지 않는다(대법원 판례 93다39676, 부록의 판례 4 참조)

여기까지 오면 처음에 던졌던 "임대차계약을 할 때 단순 임대차계약을 하고 전입신고와 확정일자를 받을 것인가, 아니면 전세권 설정을 할 것인가?"라는 질문에 대한 답을 얻었을 것이다. 둘 다 하면 좋겠지만 실제로 전세권 설정을 해주는 경우는 드물다. 하지만 집주인이 어딘지 모르게 매우 불안해 보인다면 무슨 수를 써서라도 전세권 설정을 하는 것이 좋다.

후순위 전세권은 전세권 설정 불가

확정일자를 갖춘 임차권은 직접 경매를 청구할 수 없다. 따라서 살고 있는 집이 경매로 넘어갔을 때 보증금을 받기 위해서는 '소'를 제기하여 법원으로부터 승소판결을 받은 후 이에 기해 강제집행을 해야 한다. 그러나 전세권을 등기한 경우에는 승소판결을 받지 않아도 경매를 청구할 수 있다.

임차권자가 대항요건을 갖추기 위해서는 주택을 인도받는 것과 주민등록의 두 가지 요건이 필요하다. 전세권설정등기를 하는 데는 별다른 요건이 필요하지 않다. 집주인의 동의를 얻어 관할 구역의 등기소에 가서 직접 신청하면 된다. 그렇다고 전세권설정등기만 하는 것은 좋지 않으며 확정일자까지 함께 받아둬야 한다. 확정일자를 받은 임차권은 경매할 때 주택에 대한 부분 외에 대지 부분에서도 우선변제를 받을 수 있지만 전세권 등기는 보통 주택에만 설정해두므로 대지 부분에서는 우선변제를 받을 수 없다.

그렇다면 전세권자는 오히려 불안한 지위에 있는 것이 아닐까? 간단히 설명하면, 아파트 등의 집합건물은 전세권이 설정되어 있으면 건물과 토지 모두에서 배당을 받을 수 있지만, 단독주택 등은 건물에만 전세권의 효력이 미쳐 대지 부분에 대해서는 우선변제를 받을 수 없다. 이 부분에 대해서는 '집합건물의소유및권리에관한법률' 제20조[*]를 보며 좀 더 정리해보자.

＊집합건물의소유및관리에관한법률

제20조(전유부분과 대지사용권의 일체성) ①구분소유자의 대지사용권은 그가 가지는 전유부분의 처분에 따른다.

②구분소유자는 그가 가지는 전유부분과 분리하여 대지사용권을 처분할 수 없다. 다만, 규약으로써 달리 정한 때에는 그러하지 아니하다.

③제2항 본문의 분리처분금지는 그 취지를 등기하지 아니하면 선의로 물권을 취득한 제3자에 대하여 대항하지 못한다.

④제3조제3항의 규정은 제2항 단서의 경우에 이를 준용한다.

집합건물의소유및관리에관한법률 제20조에 의하면, 집합건물의 경우 구분 소유자는 자신이 가지는 전유 부분과 분리하여 대지사용권을 처분할 수 없기에 대지와 건물 모두에서 배당받는 것이 가능하다.

　　그럼, 이런 경우를 한번 생각해보자. 2005년 7월 2일 임대차계약을 맺고 전입한 갑은 깜빡 잊고 확정일자를 받지 못했다. 어떻게 할까 고민하다가 좀 더 안정적인 임차인의 지위를 얻기 위해 집주인을 설득해 전세권을 설정했다. 그런데 전세권 설정일인 2005년 12월 21일보다 앞서 2005년 11월 15일 은행의 근저당이 설정되어 있었다. 앞으로 경매가 진행되었을 때 갑은 어떻게 보호받을 수 있을까? 2001다51725를 살펴보자.

판례 보기

대법원 2002. 11. 8. 선고 2001다51725 판결 【구상금】
[공2003.1.1.(169),19]

【판시사항】

[1] 주택에 관하여 임대차계약을 체결한 임차인이 자신의 지위를 강화하기 위한 방편으로 따로 전세권설정계약서를 작성하고 전세권설정등기를 한 경우, 전세권설정계약서를 임대차계약서로 볼 수 있는지 여부(적극) 및 전세권설정계약서가 첨부된 등기필증에 찍힌 접수인이 주택임대차보호법 소정의 확정일자에 해당하는지 여부(적극)

【판결요지】

[1] 주택에 관하여 임대차계약을 체결한 임차인이 자신의 지위를 강화하기 위한 방편으로 따로 전세권설정계약서를 작성하고 전세권설정등기를 한 경우에, 따로 작성된 전세권설정계약서가 원래의 임대차계약서와 계약일자가 다르다고 하여도 계약당사자, 계약목적물 및 보증금액(전세금액) 등에 비추어 동일성을 인정할 수 있다면 그 전세권설정계약서 또한 원래의 임대차계약에 관한 증서로 볼 수 있고, 등기필증에 찍힌 등기관의 접수인은 첨부된 등기원인계약서에 대하여 민법 부칙 제3조 제4항 후단에 의한 확정일자에 해당한다고

할 것이므로, 위와 같은 전세권설정계약서가 첨부된 등기필증에 등기관의 접수인이 찍혀 있다면 그 원래의 임대차에 관한 계약증서에 확정일자가 있는 것으로 보아야 할 것이고, 이 경우 원래의 임대차는 대지 및 건물 전부에 관한 것이나 사정에 의하여 전세권설정계약서는 건물에 관하여만 작성되고 전세권등기도 건물에 관하여만 마쳐졌다고 하더라도 전세금액이 임대차보증금액과 동일한 금액으로 기재된 이상 대지 및 건물 전부에 관한 임대차의 계약증서에 확정일자가 있는 것으로 봄이 상당하다.

따라서 임대차계약일보다 뒤늦은 전세권 설정일 역시 확정일자로 인정되므로 만약 낙찰대금에서 갑이 보증금의 전부를 배당받지 못할 때에는 낙찰자가 이를 인수해야 한다. 확정일자에 의한 임차권은 배당 요구를 해야만 배당받을 수 있지만 전세권은 순위에 따라 배당되므로 따로 배당 요구를 요하지 않는다.

그렇다면 전세권 설정 비용은 얼마나 들까? 전세계약자의 입장에서는 어떻게든 부동산중개료라도 아끼고 싶게 마련인데 전세권 설정 비용 역시 만만찮다. 전세권설정등기를 하는 데 있어 우선적으로 필요한 것은 임대인(전세권설정자, 집주인)의 동의다. 그런 다음 임대인의 등기필증, 인감증명, 인감도장의 날인 등의 절차를 거쳐야 한다. 금액은 대략 전세금의 0.2%인 등록세와 등록세의 20%인 교육세, 그리고 각종 공과금이 부과된다. 모두 합치면 전세금의 0.24%가량 된다. 그렇다면 전세권을 1억 원으로 설정한다면 50만 원이 조금 넘는 돈이 든다.

후순위 전세권도 전세권 설정이 가능할까? 결론부터 말한다면 불가능하다. 선순위 전세권이 설정된 건축물은 후순위 전세권을 설정할 수 없다. 그러나 선순위 저당권이 설정된 건축물에는 후순위 전세권 설정도 가능하다.

전세권의 경우 말소기준권리가 될 수 있다고 했다. 그럼, 어떤 경우에 전세권이 말소기준권리가 될까? 만약 전세권이 아파트와 같이 구분등기가 된 건물에 설정되어 있고 경매를 신청한 사람이 전세권자라면 전세권은 말소기준권리가 된다. 그러나 일반 주택이나 건물의 일부에 전세권이 설정되었다면 말소기준등기에 해당

- 말소기준권리보다 후순위의 전세권은 배당을 받은 후 말소된다. 이때 보증금 전액을 배당받지 못하더라도 마찬가지로 소멸된다.
- 말소기준권리보다 우선하는 전세권은 소멸하지 않고 인수된다. 단, 배당을 위해 채권계산서를 제출했다면 배당을 받고 말소된다.
- 선순위 전세권자가 경매신청을 했다면 말소기준권리가 되어 이후 권리들은 모두 말소된다. 건물 일부에 설정된 전세권은 전세권만으로는 임의경매를 신청할 수 없다.
- 아파트 등 집합건물의 전세권자는 건물 부분과 토지 부분에서 모두 배당받을 수 있다.
- 단독주택 등에 전세권이 설정되었다면 건물경매대금에서만 우선변제를 받을 수 있다.
- 전세권에 의한 임의경매 신청 시 배당 요구한 것으로 판단되어 전세권자는 전액을 낙찰받지 못하더라도 낙찰자의 매각대급이 완납되면 소멸된다.
- 집합건물과 달리 일반 건물은 등기부등본이 토지와 건물로 각각 구분되어 있다. 따라서 일반 건물의 경우 건물에만 전세권을 설정했다면 전세권의 효력은 건물에만 미친다.

되지 않는다.

구 민사소송법에서는 경매개시결정일로부터 6개월 이내에 기간이 만료되는 전세권 혹은 이미 기간이 만료된 전세권의 경우에는 선순위일지라도 배당을 받고 당연히 소멸되는 것으로 규정되어 있다. 그러나 2002년 7월부터 발효된 신 민사집행법에 의하면, 간단히 말소기준등기보다 선순위이고 별다른 배당 요구를 하지 않았다면 인수하고 후순위이면 무조건 말소로 처리된다.

전 소유자의 가압류는
특히 조심하라

사실 부동산을 매매할 때 전 소유자의 가압류를 남겨놓고 매매가 진행되는 경우는 흔치 않다. 아니, 거의 없다고 봐도 무방하다. 그런데 가끔 물건을 찾다보면 '이건 뭐야?' 하는 생각이 절로 드는 물건 중 하나가 전 소유자의 가압류다. 특히 이런 물건은 보통의 가압류로 생각하고 권리분석을 했다가는 낭패 볼 수 있으니 주의해야 한다(인수해야 하는 경우).

전 소유자의 가압류가 무엇인지 설명하기에 앞서 다음과 같은 경우를 생각해보자. 2005년 7월 3일 집을 산 A는 1년 후 2006년 8월 10일에 집을 담보로 B에게 돈을 빌렸다. B는 돈을 빌려준 날 A의 집에 가압류를 걸었다. 그런데 A가 B에게 빌린 돈을 갚기도 전에 2006년 12월 3일에 C에게 집을 팔아버렸다. C는 A의 집을 사면서 D은행에서 대출을 받았으며 현재 이 집에는 2006년 12월 7일자로 D은행의 근저당이 설정되어 있다

이 경우 B가 강제경매를 신청한다면 어떻게 될까? B의 가압류는 말소기준권리가 되므로 배당을 받고 소멸된다. 아주 간단한 경우로 이런 물건만 나온다면 전 소유자의 가압류 물건을 두려워할 필요가 없다.

그렇다면 만약 C에게 근저당을 설정해준 D은행이 경매를 신청했다면 어떻게 될까? 사실 이 부분에 대해서는 의견이 분분하다. 경매 투자자의 한 사람으로서 또 권리분석에 관한 책을 쓰는 저자로서 명쾌한 답변을 하지 못하는 점은 안타깝다. 하지만 전 소유자의 가압류는 "말소가 된다." 혹은 "말소되지 않는다."고 한 마디로 잘라 말하기가 어렵다.

그 이유는 민사집행법 제148조를 보면 알 수 있다. 이 경우에는 A로 인한 권리가 아닌 현 소유자인 C를 대상으로 경매신청을 한 것이다. 따라서 B의 전 소유자의 가압류는 채권 신고를 했다면 배당받은 후 말소되고 채권 신고가 없다면 배당받을 금액을 공탁한 후 말소 처리하는 것이 옳다. 문제는 전 소유자의 가압류가 말소되지 않은 채 낙찰자에게 그대로 인수될 경우다. 민사집행법 제148조에는 분명 "가압류채권자 역시 배당을 받게 된다."[*] 라고 명시되어 있다.

＊ 민사집행법

제148조(배당받을 채권자의 범위) 제147조제1항에 규정한 금액을 배당받을 채권자는 다음 각호에 규정된 사람으로 한다.

1. 배당요구의 종기까지 경매신청을 한 압류채권자
2. 배당요구의 종기까지 배당요구를 한 채권자
3. 첫 경매개시결정등기 전에 등기된 가압류채권자
4. 저당권·전세권, 그 밖의 우선변제청구권으로서 첫 경매개시결정등기 전에 등기되었고 매각으로 소멸하는 것을 가진 채권자

판례 역시 가압류채권자가 강제경매를 신청할 때에는 총 배당액에서 먼저 가압류채권자가 전액을 배당받은 후 우선순위에 따라 배당이 이뤄진다고 했다(서울지법 북부지원 93가합11481, 부록의 판례 5 참조). 따라서 소유권이전등기 후 설정된 근저당 등의 채권자와 안분배당을 하지 않고 언제나 우선배당이 이뤄진다고 판단할 수 있다.

다음의 판례도 마찬가지다.

대법원 2006.7.28. 선고 2006다19986 판결 【배당이의】
[공2006.9.1.(257),1524]

【판시사항】
가압류집행 후 가압류목적물의 소유권이 제3자에게 이전된 경우 가압류의 처분금지적 효

력이 미치는 범위 및 제3취득자의 채권자가 신청한 경매절차에서 가압류채권자가 배당받을 수 있는지 여부(적극)

【판결요지】

부동산에 대한 가압류집행 후 가압류목적물의 소유권이 제3자에게 이전된 경우 가압류의 처분금지적 효력이 미치는 것은 가압류결정 당시의 청구금액의 한도 안에서 가압류목적물의 교환가치이고, 위와 같은 처분금지적 효력은 가압류채권자와 제3취득자 사이에서만 있는 것이므로 제3취득자의 채권자가 신청한 경매절차에서 매각 및 경락인이 취득하게 되는 대상은 가압류목적물 전체라고 할 것이지만, 가압류의 처분금지적 효력이 미치는 매각대금 부분은 가압류채권자가 우선적인 권리를 행사할 수 있고 제3취득자의 채권자들은 이를 수인하여야 하므로, 가압류채권자는 그 매각절차에서 당해 가압류목적물의 매각대금에서 가압류결정 당시의 청구금액을 한도로 하여 배당을 받을 수 있고, 제3취득자의 채권자는 위 매각대금 중 가압류의 처분금지적 효력이 미치는 범위의 금액에 대하여는 배당을 받을 수 없다.

위의 판례를 정리해보면 다음과 같다.

①1998.5.16　　A의 가압류 1억 원

②1999.7.20　　B에게 소유권이전

③2002.7.2　　C은행 근저당 2억 원

2003년 6월 7일 C은행의 근저당에 기한 임의경매가 진행되어 1억 원에 낙찰되었다고 가정해보자. 배당은 대략 A의 가압류에 4천만 원, C은행에 6천만 원이 이뤄졌다.

이 경우 가압류권자인 A는 6천만 원을 배당받지 못해 배당기일에 이의를 제기했다. 법원은 "가압류채권자는 그 매각절차에서 당해 가압류목적물의 매각대금에서 가압류 결정 당시의 청구금액을 한도로 하여 배당을 받을 수 있고, 제3취득자의 채권자는 위 매각대금 중 가압류의 처분금지적 효력이 미치는 범위의 금액에 대하여는 배당을 받을 수 없다."라는 의견으로 가압류채권자가 전액을 배당받은 후 C가 배당을 받을 수 있도록 했다.

따라서 앞으로 전 소유자의 가압류 물건은 두려워할 필요가 없다. 그렇다고 전 소유자의 가압류는 전액 배당받을 수 있고 무조건 말소되므로 고수익을 올릴 수 있는 물건이라고 말할 수도 없다. 그 이유는 대법원 판례를 보면 알 수 있다(대법원 2005다8682, 부록의 판례 6 참조).

판례에 따르면, 전 소유자를 채무자로 하는 가압류등기가 이뤄진 부동산에 대해 매각절차가 진행되었다는 사정만으로 위 가압류의 효력이 소멸했다고 단정할 수 없다. 구체적인 매각절차를 살펴 집행법원이 위 가압류등기의 부담을 매수인이 인수하는 것을 전제로 하여 매각절차를 진행했는가 여부에 따라 위 가압류 효력의 소멸 여부를 판단해야 한다.

이것은 결국 전 소유자의 가압류의 경우 집행법원이 어떻게 판단하고 매각절차를 진행하고 있느냐에 따라 접근법을 달리해야 한다는 의미다. 이와 같은 무책임한 사태로 질책받는 것을 피하

기 위한 조치의 일환인지 모르겠으나, 전 소유자의 가압류가 말
소되지 않고 인수되면 매각물건명세서에 '특별매각 조건'으로 명
시되니 확인하고 입찰하는 것이 좋다.

가처분이 있으면 종류부터 확인하라

말 그대로 풀이하면 가처분은 가+처분으로 직접적인 처분 전에 권리관계를 위해 임시(가)로 설정했음을 의미한다. 사전적인 의미로는 "민사소송법에서 금전 채권이 아닌 청구권에 대한 집행을 보전하거나 권리관계의 다툼에 대하여 임시적인 지위를 정하기 위해 법원이 행하는 일시적인 명령"을 말한다. 쉽게 말하면 가처분은 임시 지위 설정을 위한 일시적 명령으로 실질적으로는 권리관계에 있어서 무언가 다툼이 생겼을 때 가처분이 이뤄진다.

점유이전금지가처분 vs. 처분금지가처분

가처분은 명도를 위해서 꼭 알아야 할 '점유이전금지가처분'과

경매물건을 찾아 권리분석을 할 때 필요한 '처분금지가처분'으로 나눌 수 있다.

점유이전금지가처분이란 점유를 이전하는 것을 금지하는 가처분을 말한다. 이전 책에서도 기술했듯이, 명도 소송을 진행하던 도중에 명도 대상자가 다른 사람에게 점유를 넘긴다면(임차인이 다른 사람에게 집을 넘긴다면) 명도 소송에서 승소하더라도 살고 있는 사람이 바뀌었기에 다시 소송을 해야 한다. 이러한 불편함을 없애기 위해 점유이전금지가처분을 신청하며 이는 명도 대상자에 대한 압박을 위해서도 사용된다.

법률적인 해석에서 점유이전금지가처분은 "특정 물건에 대한 채무자의 점유를 풀고 집행관에게 보관시키는 가처분이며, 집행은 집행관이 채무자로부터 물건을 빼앗아 보관인에게 인도시키거나 스스로 보관시킨다."라고 한다. 부동산은 빼앗거나 보관인에게 인도하기 어려우므로 잘 보이는 곳에 서류를 붙여놓는 것으로 끝낸다.

권리분석에서 중요한 것은 처분금지가처분이다. 이는 처분을 금지하는 가처분으로, 다른 사람에게 매매하지 못하게 하는 조치라고 생각하면 이해하기 쉽다.

이런 경우를 생각해보자. B는 2008년 3월 2일에 부동산공인중개소를 통해 살고 있는 아파트를 3억 원에 내놓았다. 마침 집을 구하던 A가 이 사실을 알고 매입 의사를 표시했으며, 2008년 3월

10일에 계약금을 입금하고 두 달 뒤인 2008년 5월 10일에 잔금을 모두 입금했다. 그런데 B가 잔금을 수령하고도 이런저런 이유를 들어 집을 비워주지 않는 것은 물론 등기 이전조차 해주지 않았다. 참다못한 A가 2008년 6월 10일에 집으로 찾아갔더니 험악한 얼굴의 C가 나와서 자기 집이라고 주장하는 것이다. 황당한 A는 등기부등본을 확인해보니 C의 명의로 2008년 5월 25일에 등기 이전이 완료되어 있었다. A는 어떻게 해야 할까?

물론 위의 사례는 가정으로, 대출승계 없이 순수 본인 자금만으로 A가 모든 잔금을 지불한 경우를 말한다. B가 아파트를 담보로 대출받은 상태였으며 이를 A가 승계했다면 바로 등기부등본에 올라간다. 따라서 이런 경우는 거의 없다고 봐도 무방하다. 이는 대출승계를 하면서 바로 등기부상에 등재하는 경우로 정말 제대로 사기를 당하면 소유권이전등기를 받지 못하고 대출만 승계할 수도 있다. 이런 일을 막기 위해서는 부동산 거래를 할 때 실무적인 일 처리를 법무사에게 위임하는 것이 좋다.

그런데 만약 현실에서 이런 일이 발생한다면 A는 B와 C 사이의 계약 무효를 주장할 수 있을까? 정답부터 말한다면, 무효화하기 어렵다. 만약 A가 C에게 허위로 소유권의 명의만 넘긴 것이라면 무효화할 수 있겠지만, 실제로 매매나 증여 등을 통해 이전해준 것이라면 계약의 무효를 주장할 수 없다. 이런 일이 발생하는 것을 막기 위한 조치가 바로 처분금지가처분이다.

 가압류와 처분금지가처분은 채무자의 재산에 대한 강제집행을 위한 선행과정으로, 채무자가 재산을 함부로 처분하지 못하게 한다는 면에서 공통점을 가진다. 그러나 실행방식에 있어서는 약간의 차이를 보인다. 가압류는 결국 돈에 관련된 것으로, 채무자에게 빌려준 돈을 못 받았을 때 가압류 대상물을 경매에 넘겨 빌려준 돈을 회수하기 위함인데 반해 처분금지가처분은 해당 목적물에 대한 권리를 가져오기 위함이다.

후순위 가처분은 모두 소멸된다?

가처분은 선순위면 인수되지만 후순위라면 소멸되므로 안심해도 좋다. 그렇다고 후순위 가처분이 모두 소멸되는 것은 아니며 다음의 두 가지 경우에는 주의해야 한다.

첫째, 토지와 건물의 소유자가 다른 경우다. 예를 들어, A라는 사람이 주차장을 가지고 있다고 하자. 어느 날 B라는 사람이 와서 이곳은 주차장으로만 쓰기에는 아까운 곳이라며, 자신이 3층짜리 건물을 세우고 그 대가로 지료를 많이 주겠다고 설득했다. 결국 B는 A의 땅에 건물을 세우고 등기한 후 임대차 사업을 시작하게 되었다. 그런데 언제부터인가 지료가 조금씩 밀리기 시작하더니 이제는 그것조차 끊겨버렸다. 차일피일 미루면서 지료를 지급하지 않은 지 벌써 3개월이 지났다.

불안한 A는 다시 주차장이나 해야겠다고 결심하고 B의 지료 미납을 이유로 건물의 철거를 정식으로 신청하면서 B가 다른 사람에게 건물을 넘기는 것을 방지하기 위해 처분금지가처분을 해 두었다. 그런데 B는 A의 지료뿐 아닌 K은행에서 대출받은 대출금 이자 역시 연체한 상태였으며, K은행에서 채권 회수를 위해 신속하게 집을 경매로 넘겼다.

이 물건의 경우 지금은 K은행의 근저당이 말소기준권리가 되며 처분금지가처분의 경우에는 후순위가 된다. 하지만 향후 A가 건물의 철거 소송에서 승소하게 된다면 누가 낙찰을 받던 간에 그 건물은 철거될 수 있다. 따라서 이런 경우에는 후순위 가처분이라 해도 인수됨에 유의해야 한다.

둘째, 대위변제일 경우다. 선순위 근저당은 실질적인 근저당권자의 배당 부분이 훨씬 적을 수 있다. 따라서 후순위 권리들은 선

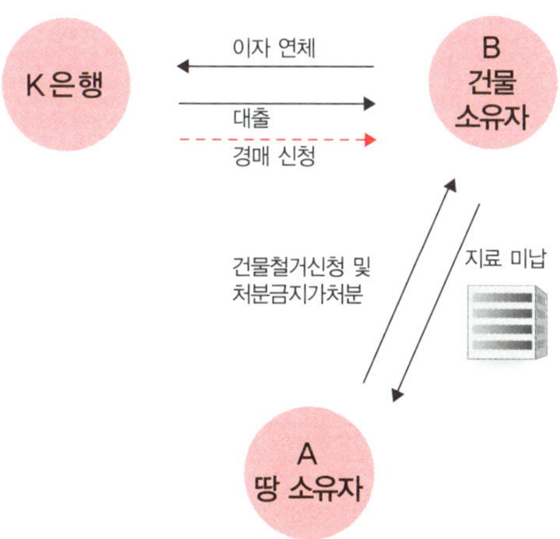

순위 근저당권자의 실제 배당액이 적다면 채무자를 '대신하여' 선순위 권리자의 채무를 갚아주고 자신의 순위를 올리기도 한다.

마찬가지로 이번에도 사례를 들어보자. 가령, A의 아파트가 경매 진행 중이며 다음과 같이 권리관계가 파악되었다.

① 2007.3.5   근저당 국민은행 1천만 원
② 2008.2.10   가처분 신한은행
③ 2008.7.1   근저당 신협 8천만 원

정상적인 경우라면 말소기준권리는 2007년 3월 5일자 국민은행의 근저당권이 되어 후순위인 가처분은 고려할 필요가 없다. 그런데 만약 신한은행에서 2007년 3월 5일자 국민은행의 근저당 채권액 1천만 원을 대신 갚아버렸다면 어떻게 될까? 근저당'은 '저당'과는 다르게 돈의 일부를 갚았더라도 등기부등본상에는 원래 금액을 계속 표시해둔다. 그렇다면 만약 A가 국민은행의 1천만 원 대출금을 2007년 말까지 모두 갚았었는데 아직 등기부등본상에 삭선이 되지 않았다면 어떻게 될까?

첫 번째 경우에는 대위변제가 되며 말소기준권리는 2008년 7월 1일자 신협의 근저당권이 된다. 따라서 신한은행의 가처분은 선순위로 낙찰자에게 인수된다. 두 번째 경우 국민은행 대출금의 미납액이 전혀 없다면 마찬가지로 후순위 가처분은 낙찰자에게 인수된다. 위의 두 가지 경우를 제외하고 후순위 가처분은 모두 소멸된다.

 경매물건을 찾다보면 가압류나 가처분 물건이 심심찮게 등장하는데 어떤 이유 때문일까? 가압류나 가처분은 여타의 소송과는 달리 어느 한쪽 당사자의 신청만으로 진행되기 때문이다. 명도 소송의 경우 상대방이 사전통고를 하지만 가압류나 가처분은 상대방의 동의나 사전통고 없이 법원의 판단에 따라 진행된다.

유치권은
새로 지은 건물에 많다

유치권은 어렵기 때문에 피할 수 있다면 피하는 것이 상책이다. 하지만 경매물건을 검색하다보면 유치권 물건이 시세의 절반도 안 되는 금액에 나와 마음을 뒤흔든다. 유치권 물건에 관심이 있다면 이에 대한 충분한 공부가 뒤따라야 한다.

사실 많은 사람들이 유치권이 가져다주는 수익률에 현혹되어 낙찰을 받은 뒤 해결하지 못해 입찰보증금을 날린다. 유치권은 법으로 해결해야 하지만 특별한 경우가 너무 많아 한 가지 사례로 일반화하여 적용하기 힘들다. 그렇기에 기본을 충실히 익혀 활용하는 것 외에는 뚜렷한 방법이 없다. 여기서는 유치권이 무엇인지부터 활용법까지 제대로 익혀 언제든지 활용할 수 있도록 대비하자.

유치권이 문제되는 이유는 낙찰자가 인수해야 하는 권리이기 때문이다. 예를 들어, 감정가 3억 원의 아파트에 1억 원의 유치권이 설정되어 있다고 하자. 유치권 1억 원에 대해서는 성립 여부가 불투명하다고 나왔지만 만약 성립된다면 낙찰자는 1억 원을 추가로 부담해야 한다. 따라서 이 물건은 적어도 감정가의 50%까지 가격이 떨어질 확률이 높다. 이때 낙찰을 받은 사람이 유치권이 성립되지 않는다는 것을 밝힐 수 있다면 감정가의 50%로 낙찰받을 수 있으므로 고수익을 올릴 수 있다.

유치권에 관한 내용은 민법의 제7장 제320조부터 제328조에 나와 있다.

민법

제320조(유치권의 내용) ①타인의 물건 또는 유가증권을 점유한 자는 그 물건이나 유가증권에 관하여 생긴 채권이 변제기에 있는 경우에는 변제를 받을 때까지 그 물건 또는 유가증권을 유치할 권리가 있다.
②전항의 규정은 그 점유가 불법행위로 인한 경우에 적용하지 아니한다.

제321조(유치권의 불가분성) 유치권자는 채권전부의 변제를 받을 때까지 유치물 전부에 대하여 그 권리를 행사할 수 있다.

제322조(경매, 간이변제충당) ①유치권자는 채권의 변제를 받기 위하여 유치물을 경매할 수 있다.
②정당한 이유 있는 때에는 유치권자는 감정인의 평가에 의하여 유치물로 직접변제에 충당

할 것을 법원에 청구할 수 있다. 이 경우에는 유치권자는 미리 채무자에게 통지해야 한다.

제323조(과실수취권) ①유치권자는 유치물의 과실을 수취하여 다른 채권보다 먼저 그 채권의 번제에 충당할 수 있다. 그러나 과실이 금전이 아닌 때에는 경매해야 한다.
②과실은 먼저 채권의 이자에 충당하고 그 잉여가 있으면 원본에 충당한다.

제324조(유치권자의 선관의무) ①유치권자는 선량한 관리자의 주의로 유치물을 점유하여야 한다.
②유치권자는 채무자의 승낙없이 유치물의 사용, 대여 또는 담보제공을 하지 못한다. 그러나 유치물의 보존에 필요한 사용은 그러하지 아니하다.
③유치권자가 전2항의 규정에 위반한 때에는 채무자는 유치권의 소멸을 청구할 수 있다.

제325조(유치권자의 상환청구권) ①유치권자가 유치물에 관하여 필요비를 지출한 때에는 소유자에게 그 상환을 청구할 수 있다.
②유치권자가 유치물에 관하여 유익비를 지출한 때에는 그 가액의 증가가 현존한 경우에 한하여 소유자의 선택에 좇아 그 지출한 금액이나 증가액의 상환을 청구할 수 있다. 그러나 법원은 소유자의 청구에 의하여 상당한 상환기간을 허여할 수 있다.

제326조(피담보채권의 소멸시효) 유치권의 행사는 채권의 소멸시효의 진행에 영향을 미치지 아니한다.

제327조(타담보제공과 유치권소멸) 채무자는 상당한 담보를 제공하고 유치권의 소멸을 청구할 수 있다.

제328조(점유상실과 유치권소멸) 유치권은 점유의 상실로 인하여 소멸한다.

유치권이 성립되기 위한 4가지 조건

유치권이란 무엇일까? 먼저 유치권이 왜 생겼으며 어떤 경우에 성립되는지에 대해 유치권자의 입장에서 생각해보자. 이 과정을 거쳐야 유치권을 정복하고 경매로 수익을 얻을 수 있다.

부동산이 아닌 '시계'를 생각해보자(시계는 민법에 나오는 가장 간단한 사례다). 당신이 정말 좋아하는 시계가 있는데 어느 날 길을 가다 실수로 떨어뜨려 시계가 멈춰버렸다. 무언가 단단히 고장이 난 듯했다. 시계 전문점에 수리를 맡겼는데 수리비가 너무 많이 나오는 바람에 시계를 찾지 못하고 있다. 이 경우 시계전문점 사장은 당신이 시계 수리비를 지불하기 전까지 물건을 '유치'할 수 있는 권리를 갖는다.

본론으로 돌아가서 그렇다면 부동산에서 유치는 무엇인가? 위의 예에서 시계전문점 사장이 시계를 고쳐준 것에 기해 유치했듯이, 부동산에서도 해당 부동산을 수리해줬거나 처음 지을 때 일한 대가를 받지 못한 경우를 생각해볼 수 있다. 실제로 유치권 관련해서 가장 많은 물건이 공사대금에 기한 유치권이다. 집을 지을 때 어떤 사람들이 필요할까? 목수는 물론이거니와 도배공, 장판업자부터 전기공사 담당자에 이르기까지 수많은 사람들이 연관된다. 이들이 받을 수 있는 돈은 합당한 유치권이 된다.

그럼 공사대금에 기한 유치권은 모두 피해야 하는 걸까? "유치권 성립 여지 있음."이라고 기재된 물건들은 모두 기피대상 1호인가? 그렇지 않다. 공사대금에 기한 유치권 중에는 실제 공사대금이 아닌 신고한 회사와 소유자 간에 협약을 맺고 허위로 유치권을 신고하여 고의로 물건 가격을 떨어뜨리거나 낙찰자에게 유치권을 받아내려는 경우가 있다. 이와 같은 허위 유치권을 정복하면 다른 사람보다 많은 수익을 올릴 수 있다.

유치권이 성립하려면 네 가지가 요건을 갖춰야 한다.

조건 1: 목적물에 관해 생긴 채권일 것

첫째, 채권은 유치하고 있는 목적물에 관해 생긴 것이어야 한다. 시계를 수리해서 생긴 유치권은 그 시계에 대한 수리비를 받을 권리가 있기 때문에 인정된다.

가령, 시계전문점 주인인 김모씨가 시계 주인 정모양과 원래부터 아는 사이였는데 몇 달 전에 정모양에게 빌려준 5천만 원을 아직 돌려받지 못하고 있는 상황이라고 해보자. 정모양의 시계는 부모님의 소중한 유품으로 시계 수리비는 3만 원이다. 정모양은 김모씨에게 3만 원을 내고 시계를 돌려달라고 했다. 그러자 김모씨는 "일전에 빌려준 5천만 원을 갚지 않으면 시계를 돌려주지 않겠다."라며 시계를 돌려주지 않고 있다.

이 경우에는 목적물인 시계에 대해 성립하는 채권이 아니기에 유치권이 성립한다고 볼 수 없다. 민법 제330조제1항에 따르면

"타인의 물건 또는 유가증권을 점유한 자는 그 물건이나 유가증권에 관하여 생긴 채권이 변제기에 있는 경우에는 변제를 받을 때까지 그 물건 또는 유가증권을 유치할 권리가 있다."라고 했다. 따라서 유치권은 '타인의 물건'에만 주장이 가능하며 '자신의 물건'에는 주장할 수 없다(너무 당연한 이야기가 아닌가).

아울러, 이렇게도 생각해볼 수 있다. 만약 전세나 월세로 살고 있는 임차인의 경우, 계약만기일에 기해 이사를 가겠다고 집주인에게 얘기해놓았는데 집주인이 차일피일 보증금 지급을 미룬다면 유치권을 행사할 수 있을까? 정답은 행사할 수 없다. '임차'에서 말하는 보증금은 물건에 관한 직접적인 것이 아닌 집주인과의 관계에서 발생하는 것이므로 유치권이 성립되지 않는다.

조건 2: 목적물을 점유하고 있을 것

둘째, 유치권이 성립하기 위해서는 목적물을 점유하고 있어야 한다. 민법 제328조에 따르면, 유치권은 점유의 상실로 인해 소멸하므로 목적물을 점유하고 있어야 할 뿐 아니라 그 점유가 지속되어야 한다. 따라서 시계전문점 주인이 자리를 비운 사이에 다시 시계를 손에 넣었다면 유치권은 성립되지 않는다. 그렇다면 부동산은 어떻게 해야 할까? 목적물을 점유해야 하기 때문에 유치권이 걸린 집에는 아무도 들어오지 못하도록 대문에 "유치권자 점유 중"이라고 크게 써놓고 문을 잠가놓거나 회사의 직원을 시켜 거주하게 해야 한다(간접점유도 가능하다).

그렇다고 항상 대문 앞에 "유치권자 점유 중"이라는 표시해둬야 하는 것은 아니다. 굳이 표시해두지 않더라도 유치권자는 목적물에 점유하면서 낙찰받은 사람이나 기타 권리관계에 있는 사람들에게 자신의 유치권을 주장할 수 있다.

시계의 경우 다시 손에 넣으면 되지만 부동산은 어떨까? 낙찰을 받고 실제로 거주하는 곳에 가보니 아무도 없고 문만 잠겨 있었다. 열쇠수리공을 불러 강제로 문을 열고 들어가 그 집에 산다면 이것 역시 유치권자가 점유를 잃었으므로 성립하지 않는다고 볼 수 있을까? 그럴 수도 있다. 하지만 만약 진정한 유치권이 성립된다면 유치권자는 낙찰자를 상대로 유치권회복청구소송과 유치권확인청구소송을 할 수 있으므로 문제가 된다.

재미있는 것은, 직접적인 점유뿐만 아니라 간접적인 점유도 점유에 해당된다. 다시 말해, 공사하고 대금을 받을 권리가 있는 회사의 경우 직원을 보내 점유를 시켜도 된다. 공장의 경우 직원을 보내 공장에 유치권을 설정해놓았음을 안내하는 현판을 세우고 용역회사와 계약을 체결해 경비까지 한다면 이는 유치권자가 점유하고 있는 것으로 판단한다.

조건 3: 채권 변제기에 있을 것

셋째, 유치권이 성립하기 위해서는 채권 변제기, 즉 돈을 돌려받을 시기에 해당되어야 한다. 예를 들어, 1월 20일 현재 집을 지으면서 공사대금을 11월 8일까지 주기로 약속했다면 11월 8일 전까지는 유치권을 행사할 수 없다. 이것은 별도의 약정이 없었다면 점유와 동시에 성립한다.

조건 4 : 유치권 배제특약이 없을 것

넷째, 유치권이 성립하기 위해서는 유치권을 배제하는 특약이 없어야 한다. 당사자 간의 협의하에 배제특약을 내세웠다면 유치권은 성립하지 않는다. 민법 제320조제2항의 "점유가 불법행위로 인한 경우에 적용하지 아니한다."라는 규정에 의해, 유치권이 존재하지 않는다는 혹은 유치권을 주장하지 않겠다는 특약을 내세웠는데도 유치권자가 물건을 점유한다면 이것은 명백한 불법행위로 유치권의 성립을 인정하지 않는다.

민법 제324조에도 재미있는 내용이 나온다. 유치권자에게는 선량한 관리자의 의무가 있다. 따라서 목적물을 불량하게 사용했다면 이에 기해 유치권의 소멸을 청구할 수 있다. 여기서 불량하게 사용했다는 말은 향후 사용할 수 없을 정도로 기물을 파손하는 경우를 의미한다.

민법 제324조제2항*에는 "채무자의 승낙 없이 유치물의 사용, 대여 또는 담보제공을 하지 못한다."라는 내용이 나온다. 예를 들어, 유치권이 설정된 오피스텔 201호에 가보았더니 버젓이 사람이 살고 있었다. 얘기를 들어보니 관리사무소를 통해 구두계약을 하고 매달 월세까지 지급하고 있었다. 이 경우 "오호, 승낙 없이 사용, 대여를 하고 있으니 유치권이 성립하지 않겠구나."라고 판단하고 경매를 진행하면 오판이다.

＊민법
제324조(유치권자의 선관의무) ①유치권자는 선량한 관리자의 주의로 유치물을 점유해야 한다.
②유치권자는 채무자의 승낙 없이 유치물의 사용, 대여 또는 담보제공을 하지 못한다. 그러나 유치물의 보존에 필요한 사용은 그러하지 아니하다.
③유치권자가 전2항의 규정에 위반한 때에는 채무자는 유치권의 소멸을 청구할 수 있다.

민법 제324조제2항의 뒷부분을 보면 그 이유를 알 수 있다. 이 조항에는 "유치물의 보존을 위해 사용한 경우에는 그러하지 아니하다."라고 명시되어 있다. 이에 대해 판례에서는 부동산에 거주하는 경우 이를 보존하는 행위로 간주하기 때문에 소멸을 청구할 수 없다고 했다(서울고법 판례 72나1978, 부록 판례 7 참조).

단, 월세에 해당하는 금액은 '부당한 이득'으로 간주되므로 부당이득으로 반환된다.

민사집행법

제91조(인수주의와 잉여주의의 선택 등) ①압류채권자의 채권에 우선하는 채권에 관한 부동산의 부담을 매수인에게 인수하게 하거나, 매각대금으로 그 부담을 변제하는 데 부족하지 아니하다는 것이 인정된 경우가 아니면 그 부동산을 매각하지 못한다.

②매각부동산 위의 모든 저당권은 매각으로 소멸된다.

③지상권·지역권·전세권 및 등기된 임차권은 저당권·압류채권·가압류채권에 대항할 수 없는 경우에는 매각으로 소멸된다.

④제3항의 경우 외의 지상권·지역권·전세권 및 등기된 임차권은 매수인이 인수한다. 다만, 그중 전세권의 경우에는 전세권자가 제88조에 따라 배당요구를 하면 매각으로 소멸된다.

⑤매수인은 유치권자에게 그 유치권으로 담보하는 채권을 변제할 책임이 있다.

인테리어 비용도 유치권에 포함될까

보통 유치권은 건축업자가 공사비를 청구하면서 발생하기에 공장이나 신축 건물은 '진짜 유치권'이 주장되는 경우가 많다. 그런데 물건을 찾다보면 임차인이 주장하는 유치권, 특히 상가의 경우 임차인이 유치권을 주장하는 경우가 많은데 어떤 경우일까? 이때는 대부분 임차인이 영업하면서 공사한 인테리어 비용에 대한 것이다. 이런 비용에 대해서는 임차인 입장에서는 안타깝지만 인정되지 않는 경우가 많다.

여기서 생각해봐야 할 것이 민법 제626조제1항과 제2항[*]에 나오는 '필요비'와 '유익비'다. 필요비는 건물 유지를 위해 지출한 비용을, 유익비는 건물의 가치를 증가시키기 위해 지출한 비용을 말한다.

법률 알기

＊ 민사집행법

제626조(임차인의 상환청구권) ①임차인이 임차물의 보존에 관한 필요비를 지출한 때에는 임대인에 대하여 그 상환을 청구할 수 있다.

②임차인이 유익비를 지출한 경우에는 임대인은 임대차 종료시에 그 가액의 증가가 현존한 때에 한하여 임차인의 지출한 금액이나 그 증가액을 상환해야 한다. 이 경우에 법원은 임대인의 청구에 의하여 상당한 상환기간을 허여할 수 있다.

인테리어 공사비는 필요비와 유익비로 인정되어야 유치권이 성립한다. 그렇다면 인테리어 공사비가 과연 필요비와 유익비로 인정될 수 있을까? 결론부터 말한다면, 인정되기 힘들다. 왜냐하면 필요비와 유익비는 둘 다 건물의 유지나 가치를 증진시키기 위한 것인데, 영업을 위한 내부 시설공사나 경영에 필요한 시설공사의 경우 건물보다는 자신의 편리함과 이익을 위한 것으로 볼 수 있기 때문이다. 또한 보통의 임대차계약서에는 '원상복귀의무'가 기재되어 있으므로 인테리어 비용은 유치권으로 인정되기 힘들다.

228

유치권 물건을 정복하기 위한 틈새전략

조금 어렵지만 유치권 물건에 도전하기 전에 알아둬야 할 점이 있다.

먼저, 유치권자가 점유하고 있는 곳이 어디인지를 확인해야 한다(간접점유도 점유에 해당한다는 점을 기억하라). 그런 다음 힘들더라도 반드시 유치권자를 직접 만나서 확인한다. 법원에서 해당 서류를 찾아보면 유치권자가 신고한 금액과 누가 신고했는지에 대해 자세히 나와 있다. 물건에 따라 다르지만 어느 건축업체에서 한 일인지 대표자 명과 함께 전화번호까지 자세히 기재된 경우도 있으니 반드시 확인한다. 전화번호가 나와 있지 않다면 인터넷이나 전화번호부를 뒤져서라도 유치권을 설정한 사람의 연락처와 거주지를 찾아내야 한다. 이것마저도 어렵다면 건축물 대장을 확인해 신고한 사람을 찾자.

유치권자를 만난 다음에는 어떻게 해야 할까? 유치권자를 만나러 갈 때는 사전에 시나리오를 구상해둬야 한다. 만나는 목적이 해당 유치권의 진위를 확인하기 위함이므로 물건에 대한 분석은 필수다. 유치권에 해당하는 공사시점과 범위를 미리 확인하고 해당 물건의 임차인이 있다면 직접 만나 어떤 내용인지 얘기를 들어보자. 이때에 임차인에게 허위 유치권 신고에 가담했을 경우 형사 고발될 수 있음을 경고해두는 것이 좋다. 또한 채권자에게도 정보를 확인한다. 경매 채권자는 대부분 은행이므로 은행 직원을 만나 얘기를 들어본다.

이렇게 생각해보자. 2000년에 건축된 건물에 2002년이 되어서야 유치권 1억 원이 설정되었고 그 뒤에 우리은행에서 근저당권 2억 원이 설정되었다면 한번쯤 의심해볼 만하다. 먼저 공사업자가 유치권을 설정했다면 미수한 공사대금 때문이라고 짐작할 수 있지만 이 경우는 완공하고 2년이 지나서 설정했다. 그리고 우리은행에서는 유치권이 설정된 사실을 알았을 텐데도 2억 원을 빌려줬다. 유치권이 허위 유치권이고 은행에서 대출받을 때 '유치권 배제특약'을 해놓았을지도 모르는 일이다.

모든 준비가 끝나고 유치권자를 만나고 난 후에도 입찰해야겠다는 생각이 든다면 유치권자는 '인도명령 대상'이 아닌 '명도소송 대상'임을 명심해야 한다. 즉 2주일로 끝나는 인도명령이 아니라 6개월이 걸리는 소송이 될 수도 있음을 충분히 감안해야 한다. 리스크를 줄이고 싶다면 낙찰 전후에 유치권자와 합의해 비용을 줄이는 것도 한 가지 방법이다.

허위 유치권의 경우 적발되면 처벌받게 되므로 협상할 때 이 점을 강조하는 것이 좋다.

금액이 그리 크지 않은 아파트나 상가 등 간단한 유치권의 경우에는 스스로 제반사항을 고려하여 입찰해도 무방하다. 하지만 공장처럼 금액이 크고 복잡한 권리관계를 가진 물건이라면 전문가의 도움을 받는 것이 좋다. 여기서 전문가는 '변호사'나 '법무사'만을 말하는 것이 아니라 실질적으로 그런 물건을 많이 다뤄본 사람을 의미한다.

"내 담보물인데…" 경매 방해 50대 징역형

광주지법 형사9단독 김현수 판사는 13일 특정 건물에 대한 허위 유치권을 주장하며 경매를 방해한 혐의로 기소된 이모씨(57, 여)에 대해 징역 10월에 집행유예 2년, 사회봉사명령 80시간을 선고했다.

김 판사는 판결문에서 "피고인이 동종전과가 없고 범행을 뉘우치기는 하나, 친동생이 경매물건을 낮은 가격에 낙찰받도록 하기 위해 허위로 유치권 신고를 하는 등 죄질이 가볍지 않고 유치권 신고금액이 거액인 점으로 미뤄 이 같은 선고한다."고 양형 이유를 밝혔다.

이씨는 2004년 2월 광주 서구 화정동에 있는 A씨 소유의 지상 5층, 지하 2층짜리 온천건물에 대해 임의경매 개시 결정이 내려지자 본인이 3억 5천900만 원 상당을 들여 개·보수 공사를 한 것처럼 속인 뒤 '공사대금 변제기간 중'이라는 허위 사실을 빌미로 담보물권을 신고하고 건물 앞에 '유치권 행사 중'이라는 현수막을 내건 혐의로 지난 1월 기소됐다.

출처: 〈뉴시스〉, 2007.6.13

법정지상권은 관습상의 권리를 꼼꼼히 따져라

법정지상권*이라는 말을 들으면 '지상권'이 떠오른다. 지상권은 앞에서 설명했듯이 "타인의 토지에 건물 등 공작물이나 수목을 소유하기 위해 그 토지를 사용하는 물권"이다. 그렇다면 '법정'이란 무엇을 의미하는 것일까? 쉽게 말하면 법정지상권은 토지를 사용할 권리가 있다고 볼 수 없지만 법률에서 정하는 요건을 충족했을 경우 지상권을 가진 것으로 인정해주는 제도다.

예를 들어, A라는 사람이 가지고 있는 땅 위에 건물을 짓고 살다가 건물을 담보로 B에게 돈을 빌렸다고 하자. 사정이 어려워져 이자도 못 내게 되자 B가 건물에 설정한 저당권을 토대로 경매에 넘겼다. 이 경우 만약 지상권 설정계약이 이뤄지지 않았다 해서 낙찰받은 사람이 B의 지상권을 인정해주지 않는다면 건물은 지상권자에 의해 철거될 수 있는데, 이는 B에게 너무 가혹한 처사다.

법정지상권은 아무 때나 인정해주는 것은 아니고 일정한 요건을 갖추었을 경우에 한해 법으로 그 성립을 인정해준다. 역으로 경매에서는 "법정지상권 성립 여지 있음."으로 나오는 물건은 이

*** 민법**

제305조(건물의 전세권과 법정지상권) ①대지와 건물이 동일한 소유자에 속한 경우에 건물에 전세권을 설정한 때에는 그 대지소유권의 특별승계인은 전세권설정자에 대하여 지상권을 설정한 것으로 본다. 그러나 지료는 당사자의 청구에 의하여 법원이 이를 정한다.
②전항의 경우에 대지소유자는 타인에게 그 대지를 임대하거나 이를 목적으로 한 지상권 또는 전세권을 설정하지 못한다.

제366조(법정지상권) 저당물의 경매로 인하여 토지와 그 지상건물이 다른 소유자에 속한 경우에는 토지소유자는 건물소유자에 대하여 지상권을 설정한 것으로 본다. 그러나 지료는 당사자의 청구에 의하여 법원이 이를 정한다.

**** 가등기담보등에관한법률**

제10조 토지 및 그 지상의 건물이 동일한 소유자에게 속하는 경우 토지 또는 건물에 대하여 담보권의 실행을 통해 소유권을 취득하거나 담보가등기에 기한 본등기가 행해진 경우에는 그 건물의 서유를 목적으로 그 토지 위에 지상권이 설정된 것으로 본다.

**** 입목에관한법률**

제6조 입목의 경매 기타 사유로 인하여 토지와 그 입목이 각각 다른 소유자에게 속하게 되는 경우에는 토지소유자는 입목 소유자에 대하여 지상권을 설정한 것으로 본다.

요건들이 충족되는지 따져보고, 충족되지 않는다면 대지를 취득하여 지상권이 성립되지 않는 건물을 상대로 여러 가지 방법을 통해 수익을 얻을 수 있다.

법정지상권과 관련된 법 조항에는 민법 제305조와 세366조[*], 가등기담보등에관한법률 제10조[**] 입목에관한법률 제6조[**]가 있다.

법정지상권의 성립요건부터 살펴라

법정지상권의 성립요건은 크게 네 가지가 있다.

첫째, 위에서 살펴본 민법 제305조에 기한다. 만약 토지와 지상의 건물을 소유한 A가 B에게 건물의 전세권을 설정해주었고 C에게 토지를 매매했을 경우 법정지상권은 성립한다.

둘째, 토지와 건물이 A의 소유였는데 토지 또는 건물에만 저당권이 설정되었다가 경매로 토지 또는 건물이 매각되어 소유주가 다르게 된 경우, 위의 사례처럼 민법 제366조에 의한 법정지상권이 인정된다.

셋째, 토지와 건물이 A의 소유였는데 토지 또는 건물에 대해 담보가등기를 갖고 있던 사람이 본등기를 설정해 소유자가 바뀐 경우 법정지상권이 성립된다.

넷째, 토지와 입목(나무 등을 생각할 것)이 A의 소유였는데, 이 역시 토지나 입목 중 하나가 경매 등의 이유로 다른 사람에게 속하게 되었을 경우 법정지상권을 인정해준다.

법정지상권이 성립하지 않는 물건을 찾기 위해서는 위의 네 가지 요건에 해당하지 않는 물건을 찾으면 된다. 어떤가? 네 가지 요건이 어려운가? 이해하기 쉽게 공통점부터 찾아보자. 네 가지 모두 처음부터 같은 사람의 소유이었어야 한다는 점이다. 만약 토지와 건물이 각각 다른 사람의 소유였더라면 법정지상권은 성립하지 않는다. 마찬가지로, 최초 토지에 대한 근저당 설정시 토지 위에 아무런 건물도 존재하지 않았더라면 법정지상권은 성립하지 않는다. 이 관계를 좀 더 간단하게 정리해보면 다음과 같다.

① 지상권 설정 당시에 토지 위에 이미 건물이 존재하고 있어야 한다.
② 저당권 설정 당시에 토지와 건물이 동일인에게 속하고 있어야 한다.
③ 토지와 건물의 어느 한쪽에만 또는 토지와 건물이 동시에 저당권이 설정되어 있어야 하고, 경매 결과 그 소유자를 달리하게 되어야 한다.

법정지상권이 인정된다 하더라도 지료는 내야 한다. 쉽게 말하면 땅값을 내야 한다는 뜻인데, 당사자 간에 협의가 우선이며 협의가 되지 않을 경우에는 법원에 요청하여 법원에서 지료를 정하게 된다. 이때의 지료는 땅에 원래 건물이 없었을 때를 가정해 정한다.

건물주가 지료를 내지 않은 상태로(판결 전후 모두) 2년 이상이 지속될 경우 토지 소유자는 민법 제287조에 의해 지상권의 소멸을 청구할 수 있다. 여기서 말하는 2년은 2년 연속해서가 아니라 연체된 지료의 총액이 2년분이 됨을 의미한다.

민법 제287조에 따르면, 지상권자가 2년 이상의 지료를 지급하지 않은 때에는 지상권설정자는 지상권의 소멸을 청구할 수 있다. 이 말을 어떻게 이해해야 할까? 이제까지는 "법정지상권 성립 여지 있음."이라는 물건에 접근하여 법정지상권을 정복하고 수익을 올리는 것에 초점을 맞추었다면, 이제 역으로 법정지상권이 실제로 존재하는 대지를 낙찰받아 지료를 받는 것을 생각해보자.

건물주가 꼬박꼬박 지료를 냈다면 꽤 짭짤한 수익을 올릴 수 있으며(연 4~6%가량), 건물주가 2년을 넘게 지료를 지불하지 않았다면 지상권의 소멸을 청구한 뒤 건물을 철거해버릴 수 있다. 그렇다면 건물주 입장에서는 어떻게 대응하는 게 유리한지 진지하게 고민해보자. 단, 법원에 의해 혹은 협의가 되지 않은 상태에서 2년 이상 지료를 미지급한 것은 연체로 볼 수 없으니 유의하자.

관습상의 법정지상권은 판례가 기준

법정지상권과 비슷하면서도 다른 권리로 관습상의 법정지상권을 들 수 있다. 이는 관습상 인정되는 법정지상권이라는 의미로,

'관습'이란 한 사회에서 오랫동안 지켜져와 사회의 구성원들이 널리 인정하는 질서나 풍습을 말한다.

법정지상권은 법에 의해 성립되는 강행규정이므로 지상권을 배제하기로 하는 특약을 설정했다 하더라도 인정되지 않는다. 하지만 관습상의 법정지상권은 임의규정으로 건물 철거의 특약이 있다면 이를 인정한다.

가령, 지상에 미등기 건물이 있는 땅과 건물을 소유하고 있던 A가 급하게 B에게 돈을 빌리면서 땅에 저당권을 설정해주기로 약속했다고 하자. 평소 법에 관심 많던 B는 미등기 건물이 있어 자신의 저당권이 제약받을 수 있다는 생각에 A에게 "저당권의 실행 시 미등기 건물에 있어서는 어떠한 권리도 주장하지 못한다."는 각서를 받았다. 이 경우에도 법정지상권을 배제하는 특약은 무효가 되어 B는 미등기 건물을 강제 철거시킬 수 없다.

(Tip) 미등기 건물이라 해도 최소한의 지붕과 기둥, 벽이 있다면 독립된 부동산으로 인정한다.

법정지상권이 법에 의해 성립된다면 관습상의 법정지상권은 '판례'에 의해 인정된다. 가장 큰 차이점은, 법정지상권의 성립요건이 처음에는 대지나 건물이 같은 사람의 소유였다가 둘 중 하나에 설정된 저당권 등의 실행에 의해 다른 사람의 소유가 되는 것이라면, 관습상의 법정지상권은 전세권이나 저당권의 성립을 전제하지 않는다.

관습상의 법정지상권의 성립요건은 세 가지다. 첫째, 법정지상권과 마찬가지로 토지와 건물이 '동일 소유자'에게 속해야 한다. 관습상의 법정지상권은 처음부터 토지와 건물이 한 사람의 소유일 필요는 없고 처분될 당시에만 동일 소유자이면 된다(미등기 건물이거나 무허가 건물이어도 상관없다). 둘째, 토지와 건물 중 어느 한쪽이 매매, 증여, 경매 등으로 소유자가 변경되어야 한다. 셋째, 건물 철거의 특약이 없어야 한다.

법정지상권과 관련해 반드시 기억해야 할 점이 있다. 만약 땅과 미등기 건물을 가진 A로부터 땅과 건물을 함께 매수한 B가 땅에 대해서는 이전등기를 했으나, 건물은 미등기 상태로 가지고 있다가 땅이 경매로 넘어가 C가 소유권을 취득한 경우 B는 건물에 대해 법정지상권을 주장할 수 없다.

토지 건물 소유자별로 법정지상권 성립 여부 가려내는 법

법정지상권과 관습상의 법정지상권의 개념을 보다 명확하게 이해하기 위해 실제 사례를 몇 가지 풀어보자.

사례 1: 토지와 건물의 소유자가 다른 경우

A가 소유한 나대지에 B은행의 근저당이 설정되었으며 이후 지상에 건물이 신축되었다. 이 사실을 몰랐던 B은행은 나대지에 한해 경매신청을 했고 C가 낙찰받아 소유권을 취득했다. 그 결과 건물은 A의 소유, 토지는 C의 소유가 되었는데 이 경우 A는 법정지상권을 주장할 수 있을까?

자, 앞에서 설명했던 법정지상권의 성립요건을 떠올려보자. 분명 저당권을 설정할 당시 토지와 건물이 모두 한 사람의 소유여야 한다고 했다. 그렇다면 이 경우는 어떤가? 비록 토지와 건물이 모두 A 소유였지만 B은행이 근저당을 설정할 당시에는 건물이 없었다. 따라서 경매로 토지와 건물의 소유자가 달라진 경우에 해당되어 법정지상권이 인정되지 않는다.

그럼 C는 이 토지를 어떻게 활용할 수 있을까? 첫째, 철거 요청을 할 수 있다. 둘째, A의 건물을 매수한다. 셋째, A에게 토지를 매각한다. 첫 번째보다는 협상을 통해 두 번째와 세 번째로 진행하는 것이 옳다.

사례 2: 토지와 건물의 소유자가 중도에 변경된 경우

위와 같은 시나리오지만 이번에는 B은행이 토지와 건물을 일괄경매를 신청했고 C가 낙찰받아 토지와 건물의 소유자가 되었다고 가정해보자. 이 경우 B은행의 일괄경매신청은 정당하지만 배당을 받는 것은 토지 대금에서만 가능하다. 경매 결과 C는 토지와 건물 둘 다 소유권을 취득했기에 법정지상권을 거론할 여지가 없어진다.

문제는 건물에 임차인 D라는 복병이 있을 경우다. 다시 처음으로 돌아가 이 물건의 권리관계를 정리해보자.

① 2005.1.3   A의 토지에 B은행 근저당 3억 원 설정

② 2006.2.7   A의 토지에 빌라를 짓고 D에게 1억 원에 임대

③ 2006.5.7   A의 빌라에 E은행이 근저당 5천만 원을 설정

④ 2007.8.10   A의 빌라 2층에 F가 5천만 원에 임차

⑤ 2008.5.12   경매로 C가 토지와 건물을 낙찰받음

이전보다 훨씬 복잡해졌다. 1억 원에 빌라를 빌린 임차인 D는 건물과 토지의 낙찰자 C에게 대항할 수 있다. 빌라 2층에 살고 있는 5천만 원의 임차인 F는 토지의 근저당, 건물의 근저당권자보다 후순위이기에 낙찰자 C에게 대항할 수 없다. 최우선변제는 토지 부분이 아닌 건물 부분의 매각대금에서 우선변제를 받을 수 있다.

사례 3: 지상권 설정 당시 이미 건물이 존재한 경우

이번에는 A의 토지에 저당권을 설정할 당시 이미 건물이 존재

한 경우를 생각해보자. A는 토지와 건물을 소유하고 있으며 어느 날 B은행에서 A 소유의 토지에 저당권을 설정했다. 이후 A는 건물을 친구 C에게 매각했으며 B은행에서 토지에 대해 경매를 신청해 D가 낙찰을 받았다. 따라서 토지의 소유권자는 D가 되었다. 이 경우 친구 C는 법정지상권을 가질 수 있을까?

결론부터 말한다면, 친구 C는 법정지상권을 가질 수 있다. 이유는 법정지상권이라는 것 자체가 건물을 철거한다는 등의 공익을 침해하는 큰 사건으로 번지는 것을 미연에 방지하기 위해 존재하기 때문이다. 또한 A 소유의 토지에 이미 건물이 존재했는데도 B은행이 토지에만 저당권을 설정했다는 것은 건물이 있더라도 매각 시 B은행 자신의 저당액을 보존받을 수 있다고 생각하기 때문이다.

따라서 토지 소유자인 D가 수익을 올리기 위해서는 사례 1과 다르게 접근해야 한다. 사례 1은 법정지상권이 성립하지 않았지만 이 물건은 법정지상권이 성립하기 때문에 건물을 사거나, 토지를 팔거나, 지료를 청구하는 방법을 택해야 한다. 이 경우 토지를 싸게 사서 건물에서 지료를 받는 것만으로도 은행이자보다 높은 수익을 올릴 수 있다면 그 방법을 시도해볼 만하다. 또한 2년 이상 지료를 내지 않을 경우 '지상권 소멸'을 청구할 수 있으니 장기적인 시각으로 접근해볼 만한 물건이다.

단, 지료의 경우 일방적인 통보에 의해서는 안 되며 협의를 하

거나 법원에 의해 결정되어야 함을 명심해야 한다. 또한 사례 3
에서 건물이 완공되지 않고 건축 중인 상태라도 법정지상권을 갖
게 되는 데에는 문제가 없다.

만약 건물이 없는 토지에 근저당을 설정했는데, 근저당권자가
토지 소유자가 건물을 짓는 데 동의했다면 어떻게 될까? 이런 경
우 법정지상권이 성립되지 않는다.

대법원 2003. 9. 5. 선고 2003다26051 판결 【건물등철거등】
[공2003.10.15.(188),2020]

【판시사항】
지상건물이 없는 토지에 관하여 근저당권 설정 당시 근저당권자가 건물의 건축에 동의한
경우 민법 제366조의 법정지상권의 성립 여부(소극)

【판결요지】
민법 제366조의 법정지상권은 저당권 설정 당시부터 저당권의 목적되는 토지 위에 건물
이 존재할 경우에 한하여 인정되며, 토지에 관하여 저당권이 설정될 당시 그 지상에 토지
소유자에 의한 건물의 건축이 개시되기 이전이었다면, 건물이 없는 토지에 관하여 저당권
이 설정될 당시 근저당권자가 토지소유자에 의한 건물의 건축에 동의하였다고 하더라도
그러한 사정은 주관적 사항이고 공시할 수도 없는 것이어서 토지를 낙찰받는 제3자로서
는 알 수 없는 것이므로 그와 같은 사정을 들어 법정지상권의 성립을 인정한다면 토지 소
유권을 취득하려는 제3자의 법적 안정성을 해하는 등 법률관계가 매우 불명확하게 되므
로 법정지상권이 성립되지 않는다.

무덤에도
권리가 있다

　분묘기지권이란 묘, 즉 무덤에 대한 권리를 말한다. 어느 날 길을 가는데 모르는 사람에게 전화가 왔다고 해보자. 웬 젊은 여자가 "사장님~"하고 부르며 만나자고 한다. 그녀의 전화를 받고 당신이 찾아간 곳은 다름 아닌 기획부동산이었다. 으리으리한 사무실과 친절한 사람들, 화려한 김 부장의 입담에 당신은 1시간 반 만에 양평에 있는 어느 땅을 사기로 하고 계약금을 치렀다. 한 번도 가보지 않았는데 마치 예전부터 잘 아는 땅을 산 것 같은 충만함을 안고 부동산중개소를 나온 당신은 땅주인이 되었다는 기쁨을 감출 수 없었다.

　집에 돌아가 아내에게 이 사실을 털어놓은 후 주말 나들이도 할 겸 구입한 땅에 직접 가보기로 했다. 자동차로 한 시간여를 달려 도착한 곳은 양평의 어느 동네. 지번도 제대로 나와 있지 않은 땅을 여차여차해서 찾았는데 가운데 웬 묘가 서 있는 게 아닌가. 그 순간 찬란했던 봄날의 따스한 햇살은 온데간데없이 사라져버렸다. 묘비는 없었지만 묘는 손질을 잘한 것 같고 묘 뒤로 봉분까지 서 있다.

이런 경우가 생긴다면 어떻게 해야 할까? 첫째, 어차피 내 땅이니 사람을 써서 땅과 묘를 밀어버린다. 둘째, 혹시 모르니 땅 주변 사람들에게 알린 뒤 기한을 두고 묘를 파내고, 제사를 잘 치른 뒤 화장한다.

자, 어떻게 해야 할까? 정답은 없다. 저 묘는 건드릴 수 없다. 그 이유가 무엇일까? 민법은 우리나라의 역사와 함께 성장해온 법으로 그 기반에는 유교에서 전해온 조상에 대한 예의가 자리한다. 비록 남의 땅에 묘를 설치했더라도 민법에서는 그 묘를 유지하기 위한 일정한 범위의 땅에 대해 법적으로 사용권을 인정해주고 있다(등기하지 않아도 인정된다).

그렇다고 분묘기지권을 아무에게나 인정해준다면 대한민국의 전 국토가 묘지로 변할 것이다. 법에서는 특정한 조건을 만족시킨 경우에 한해 분묘기지권을 인정해준다.

첫째, 땅주인의 승낙이 있을 경우다. 승낙을 얻어 묘지터를 정하고 분묘를 했다면 이는 관습법상 분묘기지권이 성립한 것으로 본다(지상권과 유사하다).

244

둘째, 땅주인의 승낙이 없었을지라도 20년간 평온하게 그 분묘를 점유하면 그 정성이 갸륵해서인지 분묘기지권을 인정해준다.

 이 조항에 대해서는 의견이 분분하다. 2000년 1월 21일에 제정되고 1년 후 시행된 '장사등에관한법률'*에 의해 토지 소유자의 승낙 없이 당해 토지에 분묘를 설치한 자는 분묘의 기존에 의한 권리를 주장할 수 없다고 규정하고, 부칙에서 이 법 시행 후 최초로 설치되는 묘지부터 적용된다고 한다. 따라서 2001년 1월부터 생기는 분묘의 경우에는 시효 취득을 인정하지 않음을 알 수 있다. 또한 2008년 3월 28일에 개정된 '장사등에관한법률'에 의해 연고지가 없는 분묘의 경우 강제로 개장하는 것이 가능하다.

셋째, 땅주인이 직접 자신의 땅에 분묘를 했거나 혹은 향후 매각 시 분묘를 이장해가겠다는 특약을 설정하지 않은 경우 땅주인에게 분묘기지권이 있다.

넷째, 분묘 내부에 시신이 있어야 하며 시신이 없다면 분묘기지권을 인정할 수 없다.

다섯째, 분묘는 누가 봐도 분묘임을 알 수 있게 표시되어야 한다. 만약 아무도 알아볼 수 없도록 평평하게 되어 있다면 이 역시 분묘기지권이 인정되지 않는다. 또한 최초의 분묘만을 인정하며 "어머님이 돌아가셨는데 아버님과 함께하고 싶다."라고 해서 합장하는 것은 분묘기지권을 인정하지 않는다. 만약 합장을 허락한다면 남의 땅에 가족 공동묘지를 짓는 꼴이 된다.

기본 명제를 배웠다면 이제 활용해야 한다. 위의 다섯 가지 원칙 중에 한 가지라도 성립되지 않는다면 그것을 바탕으로 경매물건에서 분묘기지권을 정복하면 된다.

＊장사등에관한법률

제27조(타인의 토지 등에 설치된 분묘 등의 처리 등) ①토지 소유재(점유자나 그 밖의 관리인을 포함한다. 이하 이 조에서 같다), 묘지 설치자 또는 연고자는 다음 각 호의 어느 하나에 해당하는 분묘에 대하여 보건복지부령으로 정하는 바에 따라 그 분묘를 관할하는 시장 등의 허가를 받아 분묘에 매장된 시체 또는 유골을 개장할 수 있다.

  1. 토지 소유자의 승낙 없이 해당 토지에 설치한 분묘

  2. 묘지 설치자 또는 연고자의 승낙 없이 해당 묘지에 설치한 분묘

②토지 소유자, 묘지 설치자 또는 연고자는 제1항에 따른 개장을 하려면 미리 3개월 이상의 기간을 정하여 그 뜻을 해당 분묘의 설치자 또는 연고자에게 알려야 한다. 다만, 해당 분묘의 연고자를 알 수 없으면 그 뜻을 공고하여야 한다.

③제1항 각 호의 어느 하나에 해당하는 분묘의 연고자는 해당 토지 소유자, 묘지 설치자 또는 연고자에게 토지 사용권이나 그 밖에 분묘의 보존을 위한 권리를 주장할 수 없다.

④토지 소유자 또는 자연장지 조성자의 승낙 없이 다른 사람 소유의 토지 또는 자연장지에 자연장을 한 자 또는 그 연고자는 당해 토지 소유자 또는 자연장지 조성자에 대하여 토지사용권이나 그 밖에 자연장의 보존을 위한 권리를 주장할 수 없다.

⑤제2항에 따른 통보 및 공고에 관하여 필요한 사항은 보건복지부령으로 정한다.

제28조(무연분묘의 처리) ①시·도지사 또는 시장·군수·구청장은 제11조에 따른 일제조사 결과 연고자가 없는 분묘(이하 '무연분묘'라 한다)에 매장된 시체 또는 유골을 화장하여 일정 기간 봉안할 수 있다.

②시·도지사 또는 시장·군수·구청장은 제1항에 따른 조치를 하려면 보건복지부령으로 정하는 바에 따라 그 뜻을 미리 공고하여야 한다.

③시·도지사 또는 시장·군수·구청장은 제1항에 따라 봉안한 유골의 연고자가 확인을 요구하면 그 요구에 따라야 한다.

④제1항에 따른 봉안에 관하여는 제12조제3항을 준용한다.

(일부개정 2008.3.28)

권리분석 굳히기 한판,
실전 스킬!

지분경매는 협상으로 해결하라

경매물건을 찾다보면 [사례 16]처럼 시세의 2분의 1 가격으로 나온 물건들을 종종 볼 수 있다. 이런 물건을 발견하면 시세보다 저렴하다고 좋아하기보다는 그 물건이 왜 그 가격에 나왔는지에 대해 고민해봐야 한다.

[사례 16]에서 주목해야 할 것은 소유자에 대한 부분과 소재지 정보 중 건물에 대한 부분이다. 먼저 소유자에 대한 부분을 보면 이 물건은 소유자가 임○○ 씨 외 3명으로 되어 있다. 이는 이 집이 한 사람 명의가 아닌 세 사람 공동명의로 되어 있음을 뜻한다. 건물에 대한 부분에서 "이상 입찰 지분 임○○(3/9), 김○(2/9) 지

사건번호	2008-45×× 강제	물건용도	다세대	진행여부	낙찰
감정평가액	58,000,000원	채권자	기술신보기금	개시결정일	2008.03.10
최저경매가	(49%) 28,420,000원	채무자	임○○	감정기일	2008.04.02
입찰보증금	(20%) 5,684,000원	소유자	임○○ 외 3	배당종기일	2008.05.16
청구금액	12,028,179원	유찰횟수	2회	차기예정	허가
경매대상	건물 지분, 토지 매각	건물총면적	41.86㎡(12.66평)	토지총면적	41.05㎡(12.42평)
특이사항	공유자우선매수신고(김○○)				

소재지	면적(단위 : ㎡)	경매 진행결과	임차관계	등기부상 권리관계
(421-191) 경기 부천시 오정구 고강동 3××-×× 강서○○ 지하 1층 ×호	대지	낙찰 2008.06.19 75,000,000원 (129.31%) 유○○ 응찰 1명 허가 2008.06.26 미납 2008.07.26 유찰 2008.09.18 70% ↓40,600,000원 유찰 2008.10.16 49% ↓28,420,000원 낙찰 2008.11.20 36,500,000원 (62.93%) ㈜박○○ 응찰 2명 허가 2008.11.27 미납 2008.12.26	■동사무소 직접확인■ 윤○○ 전입 2008.04.01 **열람일 2008.06.10** 배당종기일 2008.05.16 ■관할동사무소■ 고강본동사무소 고강본동 324-4 ☎032-680-2604	*건물등기 소유 임○○ 외 3 2006.07.26 전 소유자:김○○ 상속(2002.12.11)
■감정평가서 요약■ · 벽돌조 · 슬래브기와 · 고강초등교 남동측 인근 · 단독 및 공동주택, 주상용 건물 혼재 · 차량 출입 가능, 버스정류장 인근 · 도시가스 보일러 난방 · 장방형 등고평탄지 · 서측 10m 도로 접함 · 개발행위허가제한지역 · 재정비촉진지구, 공항소음피해지역 · 1종일반주거지역 · 최고도지구 · 토지거래허가구역	· 246.3(63.167/379) 41.0502/246.3 (12.42평) 건물 · 41.86(12.66평) · (이상 입찰지분 임○○(3/9), 김○(2/9) 지분) 총 2층 중 지하 1층 보존등기 1986.07.05 대지감정 34,800,000원 건물감정 23,200,000원 감정기관 □□감정			가압 신용보증기금 (강서) 2006.07.28 4,800만 원
				가압 기술신용보증 (강서) 2006.08.02 2,400만 원
				가압 수협중앙회 (강서시장) 2007.01.12 9,773,234원 (제6008호)
				가압 수협중앙회 (강서시장) 2007.01.12 400만 원 (제6009호)
				가압 농협중앙회 (성남여신관리) 2007.03.19 4,665,993원
				압류 건강보험공단 (인천남동) 2007.08.10 (임○○ 지분)
				강제 기술신보기금 (강서기술평가) 2008.03.10 청구액 12,028,179원 열람일 2008.05.21

248

분"으로 표시된 것에서 3명 중 2명 소유 지분만 나온 '지분경매'임을 알 수 있다.

따라서 이 건물의 감정가 5천800만 원은 건물 전체에 대한 가격이 아니라 공유지분에 대한 가격임을 알 수 있다. 또한 특이사항에 표시된 "공유자우선매수신고(김○○)"를 통해 이 물건은 공유자가 우선적으로 매수할 수 있는 조건이 붙어 있음을 확인할 수 있다.

이처럼 가격이 저렴한 물건은 분명 이유가 있으니 유의해야 한다. 여기서는 경매로 나오고 한참 후에야 겨우 62%의 가격에 낙찰을 받았는데 그만큼 지분경매로 나온 물건은 처리하기 어렵다.

지분경매는 소유주 가운데 한 사람이 세금을 체납했거나 혹은 다른 분쟁에 휘말렸거나 하는 이유로 집의 일부가 경매로 나오는 경우를 말한다. 이렇게 생각해보자. 당신이 살고 있는 집을 친구와 공동명의로 매입했는데 친구 사업이 망해서 결국 집이 경매로 넘어갔다. 이 경우 그 집은 당신과 친구의 공동명의로 되어 있으므로 집의 절반만 경매로 넘어가게 된다. 분명 우리 집이 맞는데 화장실과 작은방이 다른 사람의 소유가 되었다. 지분의 일부를 팔기도 애매하고 그렇다고 그 사람과 같이 사는 것도 어색한 상황이 연출된 것이다.

한편 지분경매 물건은 '공유지분자 우선매수권' 이라는 특권이 주어지는데 이는 말 그대로 공유지분자에게 우선적으로 매수할 수 있는 권리를 말한다. 만약 5천만 원에 지분경매로 나온 물건을 7천만 원을 주고 낙찰을 받았는데 저쪽 구석에서 웅크리고 앉아 있던 공유지분자가 우선매수권을 행사한다면 어떻게 되겠는가? 다른 지분자는 손가락 하나 까딱 않고 당신이 애써 노력해 낙찰받은 가격에 물건을 매수할 수 있다. 그야말로 재주는 곰이 넘고 돈은 되놈이 받는 꼴이 된다.

분명 제 값을 주고 낙찰을 받았는데 이런 문전박대를 당하는 것이 억울한 사람들도 있을 것이다. 하지만 법은 밀접한 관계가 있는 지분을 각각 다른 사람의 소유로 만들어 생길 수 있는 여러 가지 분쟁을 줄이기 위해 이렇듯 공유지분자 우선매수권을 인정해준다. 그래서 지분경매 물건은 경매에서 그다지 인기 있는 물건은 아니다.

그렇다면 이런 물건에 입찰해서 낙찰을 받는 사람은 무엇을 바라는 걸까? 만약 공유지분자가 공유지분자 우선매수권을 신청하지 않았다면 당신은 비록 절반이지만 시세에 비해 저렴한 가격에 물건을 낙찰받게 된다. 그렇다면 이것을 어떻게 활용해야 할까? 낙찰받아 본인 소유가 된 화장실과 작은방에 들어가 살 것인가, 아니면 하숙을 칠 것인가.

집은 그렇다 치더라도 땅의 경우에는 어떨까? 3명이 공동으로 소유한 땅이라면 오히려 나누기가 더 쉬울까? 그런데 그 땅 위에 건물이 들어서 있으며 일반 나대지가 아니라 상가라면 어떻게 될까? 큰 어학원이 있는데 그 중 3분의 1과 3분의 2 지분이 각각 경매에 나와 저렴한 3분의 1 지분만을 낙찰받았다면 어떻게 활용할 수 있을까?

이렇듯 지분의 일부만을 취득했을 경우 재산권 행사나 매각이 쉽지 않다. 토지 위에 건물을 지으려 해도 지분을 공유하고 있는 사람들이 동의해주지 않으면 본인의 재산권 역시 행사하기 힘들다. 이 경우 가장 좋은 방법은 낙찰받은 건물의 지분을 다른 공유자에게 팔거나 아니면 다른 공유자의 지분을 사들이는 것이다. 특히 집이나 땅을 상속으로 여러 명이 소유하게 된 경우 집이나 땅을 팔아서 현금을 확보한 뒤 나눠 갖는 사람들도 꽤 있다. 이때에도 마찬가지로 지분경매 낙찰자의 동의가 없으면 다른 공유자들 역시 권리 행사가 불가능하다.

토지 별도 등기 있는 물건은 채권 신고부터 체크

"토지 별도 등기 있음. 열람 바랍니다."

집합건물은 토지와 건물에 대한 등기가 하나의 등기부등본에 나오는 것이 보통이다. 그런데 별도의 토지 등기가 있다니 어떻게 하라는 말인가? 이런 물건은 접할 기회가 많지 않지만 처음 접하면 약간 당황스럽다. 권리분석에서 어려운 물건을 마주칠 확률은 20%밖에 안 된다. 따지고 보면 물건을 선택하는 것은 전적

소재지	면적(단위: ㎡)	경매 진행결과	임차관계	등기부상 권리관계
(158-050) 서울 양천구 목동 91×, 91× 510동 13××호 ■감정평가서 요약■ • 철근콘크리트조 • 슬래브(평) • 41개 동 1917세대, 복도식 • 경인초등교 서측 인근 • 대규모 아파트단지, 교육시설, 의료시설, 근린시설 소재 • 버스정류장 인근 • 열병합발전에 의한 지역난방 • 도시계획시설대로 3류, 중로 2류 접함. • 도시지역, 대공방어협조구역 • 학교환경위생정화구역 • 3종일반주거지역 • 지구단위계획구역	대지 • 62.98/179339.8 (19.05평) 건물 • 65.08(19.69평) 총 15층 중 13층 보존등기 1986.10.18 대지감정 　　165,000,000원 건물감정 　　385,000,000원 감정기관 □□감정		■관리비 체납내역■ • 체납액: 0 • 확인일자: 2009.02.06 • 08/12까지 미납없음 ☎02-2647-0049 2009.02.06 배당종기일 2008.01.13 ■관할동사무소■ 목5동사무소 목5동 907-3 ☎02-2654-4020	*집합건물등기 소유　양○○ 　　2000.10.04 　　전 소유자:심○○ 　　매매(2000.07.20) 근저　제일은행 　　(씨에스씨여신운용) 　　2002.09.18 　　6,000만 원 근저　제일은행 　　(씨에스씨여신운용) 　　2002.06.26 　　6,000만 원 근저　제일은행 　　(개인여신팀) 　　2004.09.16 　　6,000만 원 근저　제일은행 　　(담보여신운영) 　　2005.08.09 　　6,000만 원 근저　제일은행 　　(담보여신운영) 　　2005.12.28 　　8,280만 원 근저　제일은행 　　(담보여신운영) 　　2006.04.26 　　9,720만 원 근저　제일은행 　　(담보여신운영) 　　2006.08.29 　　5,040만 원 근저　캘리더스파트너스 　　2008.04.18 　　9,000만 원 임의　제일은행 　　(소매여신사후) 　　2008.11.03 청구액 398,439,912원 토지별도등기 있음 열람바랍니다 열람일 2009.02.04

출처: 디지털 태인

으로 자신의 마음에 달려 있으므로 쉬운 물건만 봐도 상관없다. 그런데 쉬운 물건 중에서 복병처럼 이런 물건들이 등장한다.

말 그대로 풀이하면 "토지 별도 등기 있음"은 건물에는 속하지 않는 별도의 권리가 토지에 설정되어 있다는 의미다. 보통 건물을 짓기 전에 토지 전체에 대해 저당권을 설정하고 돈을 빌리는데, 그런 상황에서 그 위에 아파트나 빌라 같은 건물들을 새로 지은 경우에 자주 발생한다.

만약 토지에 전혀 권리관계가 얽혀 있지 않다면 건물을 다 짓고 난 후 등기를 하면서 건물의 등기부에 대지권에 대한 내용이 함께 기술되어 하나의 등기부에 모든 권리관계가 표시된다. 하지만 만약 토지에 저당권 등의 권리가 남아 있다면 건물을 구입하고자 하는 사람이나 기타 다른 사람들에게 알리기 위해 별도의 토지등기부를 둔다.

그렇다면 입찰하고자 하는 사람의 입장에서는 이런 물건들은 어떻게 구별해야 할까? 토지 별도 등기가 있을 경우 법원에서는 토지의 저당권자(또는 근저당권자)에게 채권을 신고하게 하고 신고된 채권은 낙찰된 후 배당해 말소시킨다. 따라서 이런 물건에 입찰할 때는 저당권자가 채권 신고를 했는지 확인해보는 것이 좋다.

만약 낙찰자가 저당권을 인수해야 하는 물건이라면 '특별매각 조건'을 달아 토지에 대한 저당권을 인수해야 함을 밝힌다. 이런 경우에는 저당권에 따른 금액이 어느 정도 되는지를 판단한 후에 입찰을 고려해야 한다.

대지권 미등기 물건은 대지 감정 여부를 살펴라

대지권 미등기 역시 권리분석이 어렵지는 않은데 조금 번거로운 물건이다. '대지권 없음' 혹은 '대지권 미등기'라는 말을 보면 가장 먼저 감정가에 대지에 대한 감정이 포함되어 있는지 여부를 살펴야 한다. 만약 감정가에 대지에 대한 감정이 포함되어 있다면 낙찰 후에 대지권을 취득하게 되어 큰 문제는 없다.

그렇다면 왜 이런 일들이 발생할까? 아파트를 분양할 때 대지 면적이 어느 정도인지를 확정하지 못해 분양받은 사람들에게 아직 소유권 이전등기를 못 해줬는데 경매가 시작된 경우 미등기가 발생한다. 쉽게 말하면 호수별로 대지권을 부여해줘야 하는데 그 절차가 늦어진 것이다.

'대지권이 없음'으로 나왔는데 감정가에도 역시 대지에 대한 부분 없이 건물에 대한 감정액만 나와 있다면 정말 대지는 다른 사람의 소유로 그에게 지료를 내야 하는 경우가 생길 수도 있으니 주의해야 한다.

임차인 미상 물건은 반드시 거주 여부 확인

점유관계서를 보면 '임차인 미상'으로 나오는 경우가 많다. 사람이 살지 않는다면 오히려 편하다고 생각할 수 있지만, 임차인 미상은 임차인이 없다는 뜻이 아니라 있는지 없는지 모르겠으니 알아서 판단하라는 의미다.

임차인 미상인 물건은 반드시 해당 물건을 직접 방문해 옆집, 윗집, 아랫집에 문의하고 우편물을 확인해 그 집에 누가 살고 있는지 살펴보고, 사람이 살고 있다면 전입세대 열람을 통해 전입한 사람이 있는지를 반드시 확인해야 한다. 아파트는 관리사무소에 물어보면 쉽게 알 수 있다.

이 책을 마치며

이번이 처음이 아닌데도 책을 쓰는 것은 여전히 어렵고도 부끄러운 일입니다. 단순히 혼자 보기 위해 알고 있는 지식을 정리한다면 조금 부족하더라도 '이 정도면 됐어'라며 만족하겠지만, 무언가를 새로 시작하거나 혹은 원대한 꿈을 실현하기 위해 공부하는 분들이 볼 책이기에 어느 것 하나 소홀할 수 없습니다.

자신이 한 번도 가본 적이 없는 길로 다른 사람을 인도할 수는 없습니다. 이 책을 통해 저는 지금껏 제가 경험하고 발견했던 길 가운데 가장 올바른 길로 여러분을 안내하고 싶었습니다. 쉽고 편한 길을 원한다면 그런 길은 얼마든지 있습니다. 하지만 정말 중요한 것은 '홀로서기'를 할 수 있는 힘을 기르는 것입니다. 그러려면 다소 더디더라도 한 단계씩 확실하게 기초를 다져가는 Slow Step이 가장 중요하다는 생각은 변함없습니다.

물론 천천히 가는 길을 선택했다 하더라도 책을 읽고 강의를 들으며 부족한 부분을 채워가는 일을 게을리 해서는 안 됩니다. 시간 핑계를 대는 분들이라면 차라리 투자를 하지 말거나 아니면 모든 것을 투자 전문가에게 맡기고 손해를 보더라도 체념하는 편이 낫습니다.

다시 한 번 말씀드리지만, 권리분석은 '투자해도 좋은 물건'이 아니라 '투자해서는 안 되는 물건'을 찾는 과정입니다. 경매투자에 성공하려면 이 점을 명심해야 합니다. 항간에 떠도는 소문처럼 2009년이 경매투자를 위한 최고의 해가 될지는 아무도 모릅니다. 분명한 것은, 확실하지 않은 물건에 전 재산을 내걸고 베팅하는 무모한 행동은 삼가야 합니다. 지금이 아니라도 인생에서 기회는 반드시 옵니다. 평소에 성실하게 준비한 사람이라면 그 기회를 잡을 수 있을 것입니다.

이번 책 역시 저 혼자 썼다고 생각하지 않습니다. 원고 작업하고 편집하는 동안 많은 질문을 던지며 응원해주신 더난출판 여러분들, 완성된 원고를 감수해주신 김병조 변호사님, 자기 일처럼 발 벗고 나서서 내용을 검토해주신 송 사무장님, 언제나 정신적 지주가 되어주시는 요셉, 죠수아, 새벽샘 선생님, 5월 이후로 평생 제 곁을 지켜줄 가영이까지 많은 분들이 계셨기에 또 한 권의 책이 세상에 나올 수 있었습니다. 이번에도 보잘것없는 이 책이 여러분의 가슴속에 불을 지펴 더 많은 배움과 도전으로 연결되었으면 하는 바람입니다.

I. 주택임대차보호법

[일부개정 2008.3.21 법률 제8923호]

　제1조(목적) 이 법은 주거용 건물의 임대차(賃貸借)에 관하여 「민법」에 대한 특례를 규정함으로써 국민 주거생활의 안정을 보장함을 목적으로 한다.
　[전문개정 2008.3.21]

　제2조(적용 범위) 이 법은 주거용 건물(이하 "주택"이라 한다)의 전부 또는 일부의 임대차에 관하여 적용한다. 그 임차주택의 일부가 주거 외의 목적으로 사용되는 경우에도 또한 같다.
　[전문개정 2008.3.21]

　제3조(대항력 등) ①임대차는 그 등기(登記)가 없는 경우에도 임차인이 주택의 인도와 주민등록을 마친 때에는 그 다음 날부터 제삼자에 대하여 효력이 생긴다. 이 경우 전입신고를 한 때에 주민등록이 된 것으로 본다.
　②국민주택기금을 재원으로 하여 저소득층 무주택자에게 주거생활 안정을 목적으로 전세임대주택을 지원하는 법인이 주택을 임차한 후 지방자치

단체의 장 또는 그 법인이 선정한 입주자가 그 주택을 인도받고 주민등록을 마쳤을 때에는 제1항을 준용한다. 이 경우 대항력이 인정되는 법인은 대통령령으로 정한다.

③임차주택의 양수인(讓受人)(그 밖에 임대할 권리를 승계한 자를 포함한다)은 임대인의 지위를 승계한 것으로 본다.

④이 법에 따라 임대차의 목적이 된 주택이 매매나 경매의 목적물이 된 경우에는 「민법」 제575조제1항·제3항 및 같은 법 제578조를 준용한다.

⑤제4항의 경우에는 동시이행의 항변권(抗辯權)에 관한 「민법」 제536조를 준용한다.

[전문개정 2008.3.21]

제3조의2(보증금의 회수) ①임차인(제3조제2항의 법인을 포함한다. 이하 같다)이 임차주택에 대하여 보증금반환청구소송의 확정판결이나 그 밖에 이에 준하는 집행권원에 따라서 경매를 신청하는 경우에는 집행개시요건에 관한 「민사집행법」 제41조에도 불구하고 반대의무의 이행이나 이행의 제공을 집행개시의 요건으로 하지 아니한다.

②제3조제1항 또는 제2항의 대항요건(對抗要件)과 임대차계약증서(제3조제2항의 경우에는 법인과 임대인 사이의 임대차계약증서를 말한다)상의 확정일자를 갖춘 임차인은 「민사집행법」에 따른 경매 또는 「국세징수법」에 따른 공매를 할 때에 임차주택(대지를 포함한다)의 환가대금에서 후순위권리자나 그 밖의 채권자보다 우선하여 보증금을 변제받을 권리가 있다.

③임차인은 임차주택을 양수인에게 인도하지 아니하면 제2항에 따른 보증금을 받을 수 없다.

④제2항에 따른 우선변제의 순위와 보증금에 대하여 이의가 있는 이해

관계인은 경매법원이나 체납처분청에 이의를 신청할 수 있다.

⑤제4항에 따라 경매법원에 이의를 신청하는 경우에는 「민사집행법」 제152조부터 제161조까지의 규정을 준용한다.

⑥4항에 따라 이의신청을 받은 체납처분청은 이해관계인이 이의신청일부터 7일 이내에 임차인을 상대로 소(訴)를 제기한 것을 증명하면 해당 소송이 끝날 때까지 이의가 신청된 범위에서 임차인에 대한 보증금의 변제를 유보하고 남은 금액을 배분하여야 한다. 이 경우 유보된 보증금은 소송의 결과에 따라 배분한다.

[전문개정 2008.3.21]

제3조의3(임차권등기명령) ①임대차가 끝난 후 보증금을 반환받지 못한 임차인은 임차주택의 소재지를 관할하는 지방법원·지방법원지원 또는 시·군 법원에 임차권등기명령을 신청할 수 있다.

②임차권등기명령의 신청서에는 다음 각 호의 사항을 적어야 하며, 신청의 이유와 임차권등기의 원인이 된 사실을 소명(疎明)하여야 한다.

1. 신청의 취지 및 이유

2. 임대차의 목적인 주택(임대차의 목적이 주택의 일부분인 경우에는 해당 부분의 도면을 첨부한다)

3. 임차권등기의 원인이 된 사실(임차인이 제3조제1항 또는 제2항에 따른 대항력을 취득하였거나 제3조의2제2항에 따른 우선변제권을 취득한 경우에는 그 사실)

4. 그 밖에 대법원규칙으로 정하는 사항

③ 다음 각 호의 사항 등에 관하여는 「민사집행법」 제280조제1항, 제281조, 제283조, 제285조, 제286조, 제288조제1항·제2항 본문, 제289조, 제

290조제2항 중 제288조제1항에 대한 부분, 제291조 및 제293조를 준용한다. 이 경우 "가압류"는 "임차권등기"로, "채권자"는 "임차인"으로, "채무자"는 "임대인"으로 본다.

  1. 임차권등기명령의 신청에 대한 재판

  2. 임차권등기명령의 결정에 대한 임대인의 이의신청 및 그에 대한 재판

  3. 임차권등기명령의 취소신청 및 그에 대한 재판

  4. 임차권등기명령의 집행

④임차권등기명령의 신청을 기각(棄却)하는 결정에 대하여 임차인은 항고할 수 있다.

⑤임차인은 임차권등기명령의 집행에 따른 임차권등기를 마치면 제3조제1항 또는 제2항에 따른 대항력과 제3조의2제2항에 따른 우선변제권을 취득한다. 다만, 임차인이 임차권등기 이전에 이미 대항력이나 우선변제권을 취득한 경우에는 그 대항력이나 우선변제권은 그대로 유지되며, 임차권등기 이후에는 제3조제1항 또는 제2항의 대항요건을 상실하더라도 이미 취득한 대항력이나 우선변제권을 상실하지 아니한다.

⑥임차권등기명령의 집행에 따른 임차권등기가 끝난 주택(임대차의 목적이 주택의 일부분인 경우에는 해당 부분으로 한정한다)을 그 이후에 임차한 임차인은 제8조에 따른 우선변제를 받을 권리가 없다.

⑦임차권등기의 촉탁(囑託), 등기공무원의 임차권등기 기입 등 임차권등기명령을 시행하는 데에 필요한 사항은 대법원규칙으로 정한다.

⑧임차인은 제1항에 따른 임차권등기명령의 신청과 그에 따른 임차권등기와 관련하여 든 비용을 임대인에게 청구할 수 있다.

  [전문개정 2008.3.21]

제3조의4(「민법」에 따른 주택임대차등기의 효력 등) ①「민법」 제621조에 따른 주택임대차등기의 효력에 관하여는 제3조의3제5항 및 제6항을 준용한다.

②임차인이 대항력이나 우선변제권을 갖추고 「민법」 제621조제1항에 따라 임대인의 협력을 얻어 임대차등기를 신청하는 경우에는 신청서에 「부동산등기법」 제156조의 사항 외에 다음 각 호의 사항을 적어야 하며, 이를 증명할 수 있는 서면(임대차의 목적이 주택의 일부분인 경우에는 해당 부분의 도면을 포함한다)을 첨부하여야 한다.

1. 주민등록을 마친 날

2. 임차주택을 점유(占有)한 날

3. 임대차계약증서상의 확정일자를 받은 날

[전문개정 2008.3.21]

제3조의5(경매에 의한 임차권의 소멸) 임차권은 임차주택에 대하여 「민사집행법」에 따른 경매가 행하여진 경우에는 그 임차주택의 경락(競落)에 따라 소멸한다. 다만, 보증금이 모두 변제되지 아니한, 대항력이 있는 임차권은 그러하지 아니하다.

[전문개정 2008.3.21]

제4조(임대차기간 등) ①기간을 정하지 아니하거나 2년 미만으로 정한 임대차는 그 기간을 2년으로 본다. 다만, 임차인은 2년 미만으로 정한 기간이 유효함을 주장할 수 있다.

② 임대차기간이 끝난 경우에도 임차인이 보증금을 반환받을 때까지는 임대차관계가 존속되는 것으로 본다.

[전문개정 2008.3.21]

제5조 삭제〈1989.12.30〉

제6조(계약의 갱신) ①임대인이 임대차기간이 끝나기 6개월 전부터 1개월 전까지의 기간에 임차인에게 갱신거절(更新拒絕)의 통지를 하지 아니하거나 계약조건을 변경하지 아니하면 갱신하지 아니한다는 뜻의 통지를 하지 아니한 경우에는 그 기간이 끝난 때에 전 임대차와 동일한 조건으로 다시 임대차한 것으로 본다. 임차인이 임대차기간이 끝나기 1개월 전까지 통지하지 아니한 경우에도 또한 같다.

②제1항의 경우 임대차의 존속기간은 정하지 아니한 것으로 본다.

③2기(期)의 차임액에 달하도록 연체하거나 그 밖에 임차인으로서의 의무를 현저히 위반한 임차인에 대하여는 제1항을 적용하지 아니한다.

[전문개정 2008.3.21]

제6조의2(묵시적 갱신의 경우 계약의 해지) ①제6조제1항의 경우 임차인은 언제든지 임대인에게 계약해지(契約解止)를 통지할 수 있다.

②제1항에 따른 해지는 임대인이 그 통지를 받은 날부터 3개월이 지나면 그 효력이 발생한다.

[전문개정 2008.3.21]

제7조(차임 등의 증감청구권) 당사자는 약정한 차임이나 보증금이 임차주택에 관한 조세, 공과금, 그 밖의 부담의 증감이나 경제사정의 변동으로 인하여 적절하지 아니하게 된 때에는 장래에 대하여 그 증감을 청구할 수 있다. 다만, 증액의 경우에는 대통령령으로 정하는 기준에 따른 비율을 초과하지 못한다.

[전문개정 2008.3.21]

제7조의2(월차임 전환 시 산정률의 제한) 보증금의 전부 또는 일부를 월 단위의 차임으로 전환하는 경우에는 그 전환되는 금액에 「은행법」에 따른 금융기관에서 적용하는 대출금리와 해당 지역의 경제 여건 등을 고려하여 대통령령으로 정하는 비율을 곱한 월차임(月借賃)의 범위를 초과할 수 없다.

[전문개정 2008.3.21]

제8조(보증금 중 일정액의 보호) ①임차인은 보증금 중 일정액을 다른 담보물권자(擔保物權者)보다 우선하여 변제받을 권리가 있다. 이 경우 임차인은 주택에 대한 경매신청의 등기 전에 제3조제1항의 요건을 갖추어야 한다.

②제1항의 경우에는 제3조의2제4항부터 제6항까지의 규정을 준용한다.

③제1항에 따라 우선변제를 받을 임차인 및 보증금 중 일정액의 범위와 기준은 주택가액(대지의 가액을 포함한다)의 2분의 1의 범위에서 대통령령으로 정한다.

[전문개정 2008.3.21]

제9조(주택 임차권의 승계) ①임차인이 상속인 없이 사망한 경우에는 그 주택에서 가정공동생활을 하던 사실상의 혼인 관계에 있는 자가 임차인의 권리와 의무를 승계한다.

②임차인이 사망한 때에 사망 당시 상속인이 그 주택에서 가정공동생활을 하고 있지 아니한 경우에는 그 주택에서 가정공동생활을 하던 사실상의 혼인 관계에 있는 자와 2촌 이내의 친족이 공동으로 임차인의 권리와 의무를 승계한다.

③제1항과 제2항의 경우에 임차인이 사망한 후 1개월 이내에 임대인에게 제1항과 제2항에 따른 승계 대상자가 반대의사를 표시한 경우에는 그러

하지 아니하다.

④제1항과 제2항의 경우에 임대차 관계에서 생긴 채권·채무는 임차인의 권리의무를 승계한 자에게 귀속된다.

[전문개정 2008.3.21]

제10조(강행규정) 이 법에 위반된 약정(約定)으로서 임차인에게 불리한 것은 그 효력이 없다.

[전문개정 2008.3.21]

제11조(일시사용을 위한 임대차) 이 법은 일시사용하기 위한 임대차임이 명백한 경우에는 적용하지 아니한다.

[전문개정 2008.3.21]

제12조(미등기 전세에의 준용) 주택의 등기를 하지 아니한 전세계약에 관하여는 이 법을 준용한다. 이 경우 "전세금"은 "임대차의 보증금"으로 본다.

[전문개정 2008.3.21]

제13조(「소액사건심판법」의 준용) 임차인이 임대인에 대하여 제기하는 보증금반환청구소송에 관하여는 「소액사건심판법」 제6조, 제7조, 제10조 및 제11조의2를 준용한다.

[전문개정 2008.3.21]

부칙 〈제3379호, 1981.3.5〉

①(시행일)이 법은 공포한 날로부터 시행한다.

② (경과조치)이 법은 이 법 시행후 체결되거나 갱신된 임대차에 이를 적용한다. 다만, 제3조의 규정은 이 법 시행당시 존속중인 임대차에 대하여도 이를 적용하되 이 법 시행전에 물권을 취득한 제3자에 대하여는 그 효력이 없다.

부칙 〈제3682호, 1983.12.30〉

① (시행일)이 법은 1984년 1월 1일부터 시행한다.

② (경과조치의 원칙)이 법은 특별한 규정이 있는 경우를 제외하고는 이 법 시행전에 생긴 사항에 대하여도 이를 적용한다. 그러나 종전의 규정에 의하여 생긴 효력에는 영향을 미치지 아니한다.

③ (차임등의 증액청구에 관한 경과조치)제7조 단서의 개정규정은 이 법 시행전에 차임등의 증액청구가 있은 경우에는 이를 적용하지 아니한다.

④ (소액보증금의 보호에 관한 경과조치)제8조의 개정규정은 이 법 시행전에 임차주택에 대하여 담보물권을 취득한 자에 대하여는 이를 적용하지 아니한다.

부칙(정부부처명칭등의변경에따른건축법등의정비에관한법률)
〈제5454호, 1997.12.13〉

이 법은 1998년 1월 1일부터 시행한다. 〈단서 생략〉

부칙 〈제5641호, 1999.1.21〉

① (시행일)이 법은 1999년 3월 1일부터 시행한다.

② (존속중인 임대차에 관한 경과조치)이 법은 특별한 규정이 있는 경우를 제외하고는 이 법 시행당시 존속중인 임대차에 대하여도 이를 적용한다.

③(임대차등기에 관한 경과조치)제3조의4의 개정규정은 이 법 시행전에 이미 경료된 임대차등기에 대하여는 이를 적용하지 아니한다.

부칙 〈제6541호, 2001.12.29〉

이 법은 공포후 6월이 경과한 날부터 시행한다.

부칙 (민사집행법) 〈제6627호, 2002.1.26〉

제1조(시행일) 이 법은 2002년 7월 1일부터 시행한다.

제2조 내지 제5조 생략

제6조(다른 법률의 개정) ①내지 〈41〉생략

〈42〉 주택임대차보호법중 다음과 같이 개정한다.

제3조의2제1항중 "채무명의"를 "집행권원"으로, "민사소송법 제491조의2"를 "민사집행법 제41조"로 하고, 같은 조제2항중 "민사소송법"을 "민사집행법"으로 하며, 같은 조제5항중 "민사소송법 제590조 내지 제597조"를 "민사집행법 제152조 내지 제161조"로 한다.

제3조의3제3항중 "민사소송법 제700조제1항, 제701조, 제703조, 제704조, 제706조제1항·제3항·제4항 전단, 제707조, 제710조"를 "민사집행법 제280조제1항, 제281조, 제283조, 제285조, 제286조, 제288조제1항·제2항·제3항 전단, 제289조제1항 내지 제4항, 제290조제2항중 제288조제1항에 대한 부분, 제291조, 제293조"로 한다.

제3조의5 본문중 "민사소송법"을 "민사집행법"으로 한다.

〈43〉내지 〈55〉생략

제7조 생략

부칙 (민사집행법) 〈제7358호, 2005.1.27〉

제1조(시행일) 이 법은 공포 후 6월이 경과한 날부터 시행한다.

제2조 생략

제3조(다른 법률의 개정) ①생략

②주택임대차보호법중 다음과 같이 개정한다.

제3조의3제3항 전단중 "민사집행법 제280조제1항, 제281조, 제283조, 제285조, 제286조, 제288조제1항·제2항·제3항 전단, 제289조제1항 내지 제4항"을 "민사집행법 제280조제1항, 제281조, 제283조, 제285조, 제286조, 제288조제1항·제2항 본문, 제289조"로 한다.

③생략

제4조 생략

부칙 〈제8583호, 2007.8.3〉

이 법은 공포 후 3개월이 경과한 날부터 시행한다.

부칙 〈제8923호, 2008.3.21〉

이 법은 공포한 날부터 시행한다

주택임대차보호법 시행령

[일부 개정 2008.3.21 대통령령 제20971호]

제1조(목적) 이 영은 '주택임대차보호법'에서 위임된 사항과 그 시행에 관하여 필요한 사항을 정함을 목적으로 한다.
[전문개정 2008.8.21]

제1조의2(대항력이 인정되는 법인) '주택임대차보호법'(이하 '법'이라 한다) 제3조제2항 후단에서 '대항력이 인정되는 법인'이란 다음 각 호의 법인을 말한다.
1. '대한주택공사법'에 따른 대한주택공사
2. '지방공기업법' 제49조에 따라 주택사업을 목적으로 설립된 지방공사
[전문개정 2008.8.21]

제2조(차임 등 증액청구의 기준 등) ①법 제7조에 따른 차임이나 보증금(이하 "차임등"이라 한다)의 증액청구는 약정한 차임 등의 20분의 1의 금액을 초과하지 못한다.
②제1항에 따른 증액청구는 임대차계약 또는 약정한 차임 등의 증액이 있은 후 1년 이내에는 하지 못한다.
[전문개정 2008.8.21]

제2조의2(월차임 전환시 산정률) 법 제7조의2에서 '대통령령으로 정하는 비율'이란 연 1할4푼을 말한다.

[전문개정 2008.8.21]

제3조(보증금 중 일정액의 범위 등) ①법 제8조에 따라 우선변제를 받을 보증금 중 일정액의 범위는 다음 각 호의 구분에 의한 금액 이하로 한다.

1. '수도권정비계획법'에 따른 수도권 중 과밀억제권역: 2천만 원

2. 광역시(군지역과 인천광역시지역은 제외한다): 1천700만 원

3. 그 밖의 지역: 1천400만 원

②임차인의 보증금 중 일정액이 주택가액의 2분의 1을 초과하는 경우에는 주택가액의 2분의 1에 해당하는 금액까지만 우선변제권이 있다.

③하나의 주택에 임차인이 2명 이상이고, 그 각 보증금 중 일정액을 모두 합한 금액이 주택가액의 2분의 1을 초과하는 경우에는 그 각 보증금 중 일정액을 모두 합한 금액에 대한 각 임차인의 보증금 중 일정액의 비율로 그 주택가액의 2분의 1에 해당하는 금액을 분할한 금액을 각 임차인의 보증금 중 일정액으로 본다.

④ 하나의 주택에 임차인이 2명 이상이고 이들이 그 주택에서 가정공동생활을 하는 경우에는 이들을 1명의 임차인으로 보아 이들의 각 보증금을 합산한다.

[전문개정 2008.8.21]

제4조(우선변제를 받을 임차인의 범위) 법 제8조에 따라 우선변제를 받을 임차인은 보증금이 다음 각 호의 구분에 의한 금액 이하인 임차인으로 한다.

1. '수도권정비계획법'에 따른 수도권 중 과밀억제권역: 6천만 원

2. 광역시(군지역과 인천광역시지역은 제외한다): 5천만 원

3. 그 밖의 지역: 4천만 원

[전문개정 2008.8.21]

부칙 〈제11441호, 1984.6.14〉
이 영은 공포한 날로부터 시행한다.

부칙 〈제12283호, 1987.12.1〉
①(시행일) 이 영은 공포한 날로부터 시행한다.
②(소액보증금의 범위변경에 따른 경과조치) 이 영 시행 전에 임차주택
에 대하여 담보물권을 취득한 자에 대하여는 종전의 규정을 적용한다.

부칙 〈제12930호, 1990.2.19〉
이 영은 공포한 날부터 시행한다.

부칙 〈제14785호, 1995.10.19〉
①(시행일) 이 영은 공포한 날부터 시행한다.
②(경과조치) 이 영 시행 전에 임차주택에 대하여 담보물권을 취득한 자
에 대하여는 종전의 규정에 의한다.

부칙 〈제17360호, 2001.9.15〉
①(시행일) 이 영은 공포한 날부터 시행한다.
②(경과조치) 이 영 시행 전에 임차주택에 대하여 담보물권을 취득한 자
에 대하여는 종전의 규정에 의한다.

부칙 〈제17627호, 2002.6.19〉

이 영은 2002년 6월 30일부터 시행한다.

부칙 〈제20334호, 2007.10.23〉
이 영은 2007년 11월 4일부터 시행한다.

부칙 〈제20971호, 2008.8.21〉
제1조(시행일) 이 영은 공포한 날부터 시행한다.
제2조(경과조치) 이 영 시행 전에 임차주택에 대하여 담보물권을 취득한
자에 대하여는 종전의 규정에 따른다.

판례 1 (84p)

대법원 1997. 11. 11. 자 96그64 결정 【부동산강제경매】

[공1997.12.15.(48),3747]

【판시사항】

[1] 특별항고의 대상

[2] 부동산의 멸실 등으로 인한 경매절차취소 신청의 법적 성질 및 경매절차취소 사유가 있음에도 집행법원이 취소결정을 하지 않을 경우의 불복방법(=집행에 관한 이의)

[3] 경락대금 납부 후 경락부동산에 관해 가등기에 기한 소유권이전의 본등기가 경료되어 경락인이 소유권을 상실한 경우, 민사소송법 제613조의 경매절차취소 사유에 해당하는지 여부(소극) 및 이때 경락대금 배당 전인 경우 경락인의 구제 방법.

【결정요지】

[1] 특별항고는 불복을 신청할 수 없는 결정이나 명령에 대하여 하는 항고로서, 불복을 신청할 수 있는 방법이 따로 마련되어 있는 결정이나 명령에 대하여는 할 수 없고, 그 불복의 대상인 원심의 결정이나 명령이 없는 때

에도 할 수 없다.

[2] 민사소송법 제613조에 의하면, 강제경매절차 중에 부동산의 멸실 기타 매각으로 인하여 권리의 이전을 불가능하게 하는 사정이 명백하게 된 때에는 집행법원이 강제경매의 절차를 필요적으로 취소하도록 규정하고 있으므로, 이해관계인이 집행법원에 대하여 민사소송법 제613조에 의한 경매절차의 취소신청을 하였다고 하더라도 이와 같은 취소신청은 집행법원의 경매절차취소를 촉구하는 의미를 가질 뿐이나, 집행법원이 절차를 취소하여야 할 사정이 명백함에도 불구하고 취소결정을 하지 아니할 때에는 민사소송법 제504조에 정한 집행에 관한 이의에 의하여 불복을 신청할 수 있다.

[3] 소유권에 관한 가등기의 목적이 된 부동산을 낙찰받아 낙찰대금까지 납부하여 소유권을 취득한 낙찰인이 그 뒤 가등기에 기한 본등기가 경료됨으로써 일단 취득한 소유권을 상실하게 된 때에는 매각으로 인하여 소유권의 이전이 불가능하였던 것이 아니므로, 민사소송법 제613조에 따라 집행법원으로부터 그 경매절차의 취소결정을 받아 납부한 낙찰대금을 반환받을 수는 없다고 할 것이나, 이는 매매의 목적 부동산에 설정된 저당권 또는 전세권의 행사로 인하여 매수인이 취득한 소유권을 상실한 경우와 유사하므로, 민법 제578조, 제576조를 유추 적용하여 담보책임을 추급할 수는 있다고 할 것인바, 이러한 담보책임은 낙찰인이 경매절차 밖에서 별소에 의하여 채무자 또는 채권자를 상대로 추급하는 것이 원칙이라고 할 것이나, 아직 배당이 실시되기 전이라면, 이러한 때에도 낙찰인으로 하여금 배당이 실시되는 것을 기다렸다가 경매절차 밖에서 별소에 의하여 담보책임을 추급하게 하는 것은 가혹하므로, 이 경우 낙찰인은 민사소송법 제613조를 유추적용하여 집행법원에 대하여 경매에 의한 매매계약을 해제하고 납부한 낙찰대금의 반환을 청구하는 방법으로 담보책임을 추급할 수 있다.

판례 2 (121p)

전주지법 2005.10.27. 선고 2005나2922 판결 【배당이의】 확정
[각공2005.12.10.(28),1982]

【판결요지】

법원으로부터 적법한 발송송달을 받고 경매절차의 배당요구종기까지 배당요구를 하지 않은 소액임차인은 배당기일에 출석하여 배당표에 대한 이의를 신청하였다고 하더라도 배당이의의 소를 제기할 원고적격이 없다고 한 사례.

판례 3 (128p)

사건: 2007다23203 배당이의
원고, 상고인: 원고
피고, 피상고인: 관악농업협동조합
원심판결: 서울중앙지방법원 2007.1.31 선고 2006나12342 판결
판결선고: 2008.5.15

주 문
원심판결을 파기하고, 사건을 서울중앙지방법원 합의부로 환송한다.

이 유

상고이유를 판단한다.

주택임대차보호법의 입법목적은 주거용 건물에 관하여 민법에 대한 특례를 규정함으로써 국민의 주거생활의 안정을 보장하려는 것이고(제1조), 주택임대차보호법 제8조 제1항에서 임차인이 보증금 중 일정액을 다른 담보물권자보다 우선하여 변제받을 수 있도록 한 것은, 소액임차인의 경우 그 임차보증금이 비록 소액이라고 하더라도 그에게는 큰 재산이므로 적어도 소액임차인의 경우에는 다른 담보권자의 지위를 해하게 되더라도 그 보증금의 회수를 보장하는 것이 타당하다는 사회보장적 고려에서 나온 것으로서 민법의 일반규정에 대한 예외규정인 바, 그러한 입법목적과 제도의 취지 등을 고려할 때, 채권자가 채무자 소유의 주택에 관하여 채무자와 임대차계약을 체결하고 전입신고를 마친 다음 그곳에 거주하였다고 하더라도 임대차계약의 주된 목적이 주택을 사용·수익하려는 것에 있는 것이 아니고, 실제적으로는 소액임차인으로 보호받아 선순위 담보권자에 우선하여 채권을 회수하려는 것에 주된 목적이 있었던 경우에는 그러한 임차인을 주택임대차보호법상 소액임차인으로 보호할 수 없다고 할 것이나(대법원 2001.5.8 선고 2001다14733 판결 등 참조), 실제 임대차계약의 주된 목적이 주택을 사용·수익하려는 것인 이상, 처음 임대차계약을 체결할 당시에는 보증금액이 많아 소액임차인에 해당하지 않았지만 그후 새로운 임대차계약에 의하여 임대인과의 사이에 정당하게 보증금을 감액하여 소액임차인에 해당하게 되었다면, 그 임대차계약이 통정허위표시에 의한 계약이어서 무효라는 등의 특별한 사정이 없는 한 그러한 임차인이 같은 법상 소액임차인으로 보호받을 수 없다고 볼 수는 없다.

원심이 인정한 사실관계에 의하면, 원고는 2004. 3. 25경 소외 1과 사이에 이 사건 주택에 관하여 임대차보증금을 70,000,000원으로 하여 임대차계약을 체결하면서(이를 '제1차 임대차계약'이라 한다.), 원고가 지급하는 임대차보증금으로 이 사건 임차부분에 설정된 피고의 근저당권 피담보채무(채권최고액 108,000,000원)을 변제하기로 약정하고, 이에 따라 원고가 그 무렵 계약금 및 중도금조로 합계 15,500,000원을 소외 1에게 교부하였으나, 소외 1은 피고에 대한 채무를 일부도 상환하지 아니한 상태에서, 원고가 2004.5.15경 이 사건 주택을 인도받아 같은 달 17. 전입신고를 마친 사실, 그후 원고는 2004. 6경 소외 1과 사이에 이 사건 주택에 관하여 임대차보증금은 40,000,000원으로 하는 임대차계약서를 다시 작성하고(이를 '이 사건 임대차계약'이라 한다.), 2004.6.11 위 임대차계약서에 확정일자를 받았는데, 임차보증금 40,000,000원과 이미 지급한 15,500,000원의 차액인 24,500,000원을 소외 1에게 지급하지 않은 사실, 한편 피고의 신청에 의하여 2004.7.8 이 사건 주택에 관한 부동산임의경매개시 결정이 내려져, 같은 달 15. 임의경매개시결정등기가 경료된 사실을 알 수 있고, 이러한 사실관계에 의하면, 원고가 제1차 임대차계약 후 임대보증금 일부만 지급하고 이 사건 주택을 인도받아 전입신고를 마친 후 계속하여 거주하고 있었으므로, 보증금만 감액한 이 사건 임대차계약의 주된 목적 역시 주택의 사용ㆍ수익에 있다고 볼 것이고, 원고가 소외 1과 처음 임대차계약을 체결할 당시에는 보증금액이 많아 소액임차인에 해당하지 않았지만 그후 임대인과의 사이에 정당하게 보증금을 감액하여 소액임차인에 해당하게 되었다는 사정만으로, 원고가 주택임대차보호법상 소액임차인으로 보호받을 수 없다고 볼 수는 없다고 할 것이다.

그럼에도 불구하고, 원심은 이 사건 임대차계약은 원고가 소액임차인으로 보호받아 선순위 담보권자에 우선하여 제1차 임대차계약에 의한 임대차보증금 채권을 회수하려는 것을 주된 목적으로 체결된 것으로 보고 원고가

주택임대차보호법상 보호대상인 소액임차인이 아니라고 판단하고 말았으
니 이러한 원심의 판단에는 주택임대차보호법상 소액임차인에 관한 법리를
오해하여 판결결과에 영향을 미친 위법이 있다.

그러므로 원심판결을 파기하고, 사건을 다시 심리 · 판단하게 하기 위하
여 원심법원으로 환송하기로 하여 관여 대법관의 일치된 의견으로 주문과
같이 판결한다.

판례 4 (198p)

대법원 1993.12.24. 선고 93다39676 판결 【건물명도】
[공1994.2.15.(962),501]

【판시사항】
가. 주택임대차보호법상 임차인의 대항력과 우선변제권의 상호관계
나. 주택임대차보호법상 대항력을 갖춘 임차인이 전세권자로서 배당절
차에 참가하여 전세금의 일부에 대하여 우선변제를 받은 경우 나머지 보증
금에 기한 대항력 행사 가부
【판결요지】
가. 임차인의 보호를 위한 주택임대차보호법 제3조 제1항, 제2항, 제3조
의2제1항, 제2항, 제4조 제2항, 제8조 제1항, 제2항 규정들의 취지에 비추
어, 위 규정의 요건을 갖춘 임차인은 임차주택의 양수인에게 대항하여 보증
금의 반환을 받을 때까지 임대차관계의 존속을 주장할 수 있는 권리와 보증
금에 관하여 임차주택의 가액으로부터 우선변제를 받을 수 있는 권리를 겸

유하고 있다고 해석되고, 이 두 가지 권리 중 하나를 선택하여 행사할 수 있다.

나. 주택임차인으로서의 우선변제를 받을 수 있는 권리와 전세권자로서 우선변제를 받을 수 있는 권리는 근거규정 및 성립요건을 달리하는 별개의 것이므로, 주택임대차보호법상 대항력을 갖춘 임차인이 임차주택에 관하여 전세권설정등기를 경료했다거나 전세권자로서 배당절차에 참가하여 전세금의 일부에 대하여 우선변제를 받은 사유만으로는 변제받지 못한 나머지 보증금에 기한 대항력 행사에 어떤 장애가 있다고 볼 수 없다.

판례 5 (207p)

서울지법 북부지원 1994.4.7. 93가합11481 제3민사부판결: 항소
【배당이의청구사건】 [하집1994(1), 513]

【판시사항】
가압류 이후의 제3취득자에 대한 채권자는 위 가압류가 전이한 강제경매의 배당에 참가할 수 있는지 여부

【판결요지】
가압류 이후의 제3취득자에 대한 채권자는 위 가압류가 전이한 강제경매사건의 배당에 참가하지 못하는 것이고, 참가가 가능하다 하더라도 총배당금액에서 먼저 집행채권자인 가압류채권자가 전액을 배당받은 후 그 잔여액이 있는 경우에 한하여 비로소 그 우선순위에 따라 배당받을 수 있는

것이어서, 결국 전 소유자에 대한 가압류채권자는 그 가압류채권금액에 관하여는 제3취득자의 채권자들에 대하여 언제나 우선변제권이 있는 자와 같이 취급된다.

판례 6 (209p)

대법원 2007.4.13. 선고 2005다8682 판결 【소유권말소등기】
[공2007.5.15.(274),686]

【판시사항】
선순위 가압류등기 후 목적 부동산의 소유권이 이전되고 신소유자의 채권자가 경매신청을 하여 매각된 경우, 위 가압류등기가 말소촉탁의 대상이 되는지 여부의 판단 기준

【판결요지】
부동산에 대한 선순위가압류등기 후 가압류목적물의 소유권이 제3자에게 이전되고 그후 제3취득자의 채권자가 경매를 신청하여 매각된 경우, 가압류채권자는 그 매각절차에서 당해 가압류목적물의 매각대금 중 가압류결정 당시의 청구금액을 한도로 배당을 받을 수 있고, 이 경우 종전 소유자를 채무자로 한 가압류등기는 말소촉탁의 대상이 될 수 있다. 그러나 경우에 따라서는 집행법원이 종전 소유자를 채무자로 하는 가압류등기의 부담을 매수인이 인수하는 것을 전제로 하여 위 가압류채권자를 배당절차에서 배제하고 매각절차를 진행시킬 수도 있으며, 이와 같이 매수인이 위 가압류등

기의 부담을 인수하는 것을 전제로 매각절차를 진행시킨 경우에는 위 가압류의 효력이 소멸하지 아니하므로 집행법원의 말소촉탁이 될 수 없다. 따라서 종전 소유자를 채무자로 하는 가압류등기가 이루어진 부동산에 대하여 매각절차가 진행되었다는 사정만으로 위 가압류의 효력이 소멸하였다고 단정할 수 없고, 구체적인 매각절차를 살펴 집행법원이 위 가압류등기의 부담을 매수인이 인수하는 것을 전제로 하여 매각절차를 진행하였는가 여부에 따라 위 가압류 효력의 소멸 여부를 판단하여야 한다.

판례 7 (226p)

서울고법 1973.9.21. 선고 72나1978,1979 제8민사부판결 : 상고
【가옥명도 · 건축비청구사건】
[고집1973민(2), 176]

【판시사항】
1. 유치권의 성립을 인정한 사례
2. 민법 324조 2항 단서 소정의 유치물의 보존에 필요한 사용으로 판시
   한 사례

【판결요지】
1. 피고가 원고로부터 원고 소유의 대지를 매수하여 그 계약금만 지급한 상태에서 원고의 승낙하에 그 대지상에 건물의 신축을 시공중 그 자금이 부족하여 원고로부터 그 자금의 일부를 차용하여 그 건물을 완공하고 원고 와

의 사이에 위 건물을 원고의 소유로 하되 피고가 약정기일까지 원고의 위 금원을 변제하면 원고는 위 건물소유권을 피고에게 양도하기로 약정하였다가 피고가 위 약정기일까지 위 금원을 변제하지 아니하여 원고가 피고에 대하여 위건물의 명도를 구하는 본건에 있어서, 피고는 총건축공사비중 원고로부터 차용한 위 자금을제외한 피고가 투입한 공사비 금액범위내에서는 유치권을 행사할 수 있다.

2. 유치권자인 피고가 위 건물(1층 66.73평 2층 75.71평)의 대부분을 사용하고 그 1층중 56.73평을 다른 사람에게 대여한 것이라면 위 건물의 보존에 필요한 정도의 사용이라 못볼바 아니어서 이러한 경우에는 채무자인 원고에게 유치권소멸청구권이 발생할 여지가 없다.

Ⅲ. 기타 부동산 용어

출처 : 《AFPK 부동산설계 교재》, 한국FSPB 편

지적법상의 28가지 지목

- 대: 영구적 건축물 중 주거 · 사무실 · 점포와 박물관 · 극장 · 미술관 등 문화시설과 이에 접속된 정원 및 부속시설물의 부지. 관계법령에 의한 택지조성공사가 준공된 토지.

- 공장용지: 제조업을 하고 있는 공장시설물의 부지, 공업배치및공장설립에관한법률 등 관계법령에 의한 공장부지 조성 공사가 준공된 토지, 위의 토지와 같은 구역 안에 있는 의료시설 등 부속시설물의 부지.

- 학교용지: 학교의 교사와 이에 접속된 체육장 등 부속시설물의 부지.

- 유원지: 일반 공중의 위락 · 휴양 등에 적합한 시설물을 종합적으로 갖춘 수영장 · 유선장 · 낚시터 · 어린이놀이터 · 동물원 · 식물원 · 민속촌 · 경마장 등의 토지와 이에 접속된 부속시설물의 부지는 '유원지'로 한다. 다만, 이들 시설과의 거리 등으로 보아 독립적인 것으로 인정되는 숙박시설 및 유기장의 부지와 하천 · 구거 또는 유지(공유의 것으로 한한다)로 분류되는 것을 제외한다.

- 주차장 용지: 자동차 등의 주차에 필요한 독립적인 시설을 갖춘 부지와 주차전용 건축물 및 이에 접속된 부속시설물의 부지는 '주차장'으로 한다. 다만, 다음에 해당하는 시설의 부지를 제외한다.

-주차장법 제2조 1호 가목 및 다목의 규정에 의한 노상주차장 및 부설주
  차장
-자동차 등의 판매목적으로 설치된 물류장 및 야외전시장
- **창고용지**: 물건 등을 보관 또는 저장하기 위해 독립적으로 설치된 보관시
  설물의 부지와 이에 접속된 부속시설물의 부지는 '창고용지' 로 한다.

생산형 지목

- **전**: 물을 상시 사용하지 않고 곡물, 원예작물, 약초, 뽕나무, 닥나무, 묘
  목, 관상수 등의 식물을 주로 재배하는 토지.
- **답**: 물을 상시 이용하여 미곡, 연, 미나리 등의 식물을 주로 재배하는 토
  지.
- **과수원**: 사과 · 배 · 밤 · 호도 · 귤나무 등 과수류를 집단적으로 재배하는
  토지와 이에 접속된 저장고 등 부속시설물의 부지는 '과수원' 으로 한다.
  다만, 주거용 건축물의 부지는 '대' 로 한다.
- **목장용지**: 다음의 토지는 '목장용지' 로 한다. 다만, 주거용 건축물의 부지
  는 대로 한다.
  -축산업 및 낙농업을 하기 위해 초지를 조성한 토지
  -축산법 제 2조 1호의 규정에 의한 가축을 사육하는 축사 등의 부지
  -위의 토지와 접속된 부속 시설물의 부지
- **임야**: 산림 및 원야를 이루고 있는 수림지 · 죽림지 · 암석지 · 자갈땅 ·
  모래땅 · 습지 · 황무지 등의 토지는 '임야' 로 한다.
- **양어장**: 육상에 인공으로 조성된 수산생물의 번식 또는 양식을 위한 시설
  을 갖춘 부지와 이에 접속된 부속시설물의 부지는 '양어장' 으로 한다.

수자원 관련 지목

- 제방: 방수제, 방조제, 방파제, 방사제 등으로 조수, 자연유수, 모래, 바람 등을 막기 위해 설치된 둑의 부지는 제방.

- 광천지: 지하의 온수, 약수, 석유류 등이 용출되는 용출구 및 그 유지를 위한 부지.

- 염전: 바닷물을 끌어들여 소금을 채취하기 위하여 조성된 토지와 이에 접속된 제염장 등 부속시설물의 부지는 '염전' 으로 한다. 다만, 청일제염방식에 의하지 않고 동력에 의해 바닷물을 끌어들여 소금을 제조하는 공장시설물의 부지를 제외한다.

- 하천: 자연의 유수가 있거나 있을 것으로 예상되는 토지.

- 구거: 용수 또는 배수를 위해 일정한 형태를 갖춘 인공적인 수로 · 둑 및 그 부속시설물의 부지와 자연의 유수가 있거나 있을 것으로 예상되는 소규모 수로부지는 '구거' 로 한다.

- 유지: 일정 지역 내에 물이 고이거나 상시적으로 물을 저장하고 있는 댐, 저수지, 소류지, 호수, 연못 등의 토지.

- 수도용지: 물을 정수하여 공급하기 위한 취수, 저수, 도수, 정수 및 송 · 배수 시설의 부지.

사회간접자본(SOC)형 지목

- 도로: 다음의 토지는 '도로' 로 한다. 다만, 아파트 · 공장 등 단일 용도의 일정한 단지 안에 설치된 통로 등은 제외한다.
  - 일반 공중의 교통운수를 위해 보행 또는 차량운행에 필요한 일정한 설비 또는 형태를 갖추어 이용되는 토지
  - 도로법 등 관계법령에 의해 도로로 개설된 토지

-고속도로 안의 휴게소 부지

-2필지 이상에 진입하는 통로로 이용되는 토지

- **철도 용지**: 교통운수를 목적으로 일정한 궤도 등의 설비와 형태를 갖추어 이용되는 토지와 이에 접속된 역사, 차고, 발전시설 및 통로로 이용되는 토지.

- **공원**: 일반 공중의 보건 휴양 및 정서 생활을 향상시키기 위한 필요 시설을 갖춘 토지.

- **체육용지**: 국민의 건강증진 등을 위한 체육활동에 적합한 시설과 형태를 갖춘 종합운동장 · 실내체육관 · 야구장 · 골프장 · 스키장 · 승마장 · 경륜장 등 체육시설의 토지와 이에 접속된 부속시설물의 부지는 '체육용지' 로 한다. 다만, 체육시설로서의 영속성과 독립성이 미흡한 정구장 · 골프연습장 · 실내수영장 및 체육도장, 유수를 이용한 요트장 및 카누장, 산림 안의 야영장 등의 토지를 제외한다.

기타 지목

- **종교용지**: 일반 공중의 종교의식을 위해 예배 · 법요 · 설교 · 제사 등을 하기 위한 교회 · 사찰 · 향교 등 건축물의 부지와 이에 접속된 부속시설물의 부지는 '종교용지' 로 한다.

- **사적지**: 문화재로 지정된 역사적인 유적 · 고적 · 기념물 등을 보존하기 위해 구획된 토지는 '사적지' 로 한다. 다만, 학교용지 · 공원 · 종교용지 등 다른 지목으로 된 토지 위에 있는 유적 · 고적 · 기념물 등을 보호하기 위해 구획된 토지를 제외한다.

- **묘지**: 사람의 시체나 유골이 매장된 토지, 도시공원법에 의한 묘지공원으로 결정 · 고시된 토지 및 장사등에관한법률 제2조제8호의 규정에 의

한 납골시설과 이에 접속된 부속시설물의 부지는 '묘지'로 한다. 다만, 묘지의 관리를 위한 건축물의 부지는 '대'로 한다.

- 잡종지: 다음의 토지는 '잡종지'로 한다. 다만, 원상회복을 조건으로 돌을 캐내는 곳 또는 흙을 파내는 곳으로 허가된 토지를 제외한다.
  - 갈대밭, 실외에 물건을 쌓아두는 곳, 돌을 캐내는 곳, 흙을 파내는 곳, 야외시장, 비행장, 공동우물
  - 영구적 건축물 중 변전소, 송신소, 수신소, 송유시설, 도축장, 자동차운전학원, 쓰레기 및 오물처리장 등의 부지
  - 다른 지목에 속하지 않는 토지
- 주유소 용지: 석유·석유제품 또는 액화석유가스 등의 판매를 위해 일정한 설비를 갖춘 시설물의 부지, 저유소 및 원유저장소의 부지와 이에 접속된 부속시설물의 부지. 다만, 자동차·선박·기차 등의 제작 또는 정비공장 안에 설치된 급유·송유시설 등의 부지를 제외한다.

지상의 상태에 따른 분류 (※법으로 정해져 있지 않다.)

- 나지裸地: 이론상의 나지는 '갱지'와 '저지'로 구분된다. 갱지는 사법상의 제약이 없는 토지이나 저지는 사법상의 제약이 있다.
- 부지敷地: 일정한 구축물의 바닥 토지다.
- 공지空地: 일정한 시설물의 바닥 토지 중 건축법에 의한 건폐율, 용적률 등의 제한으로 인해 한 필지 내에서 비어 있는 토지다.
- 대지垈地: 건축물이 있거나 설치될 토지로 보통 택지와 동일하게 사용되고 있으며, 대지는 자루형 모양의 토지로 다른 택지에 둘러싸여 공도에

연접되지 않는 택지를 말하나 맹지와 같이 타인의 택지에 의해 완전히 막힌 것이 아니고 좁은 통로에 의해 접속면을 가지고 있는 택지이다. 참고로 '대지'는 임대 등에 사용되는 토지다.

- 소지素地: 대지 등으로 개발되기 이전의 토지.
- 선하지線下地: 고압선 아래의 토지.
- 맹지盲地: 도로와 접하지 아니한 토지.
- 포락지浦落地: 지반이 절토되어 무너져 내린 토지.
- 법지法地: 법으로만 소유할 뿐 활용실익이 없는 토지, 주로 경계면을 의미한다.
- 빈지濱地: 소유권은 없지만 활용실익이 있는 토지로서 주로 해변의 토지가 해당된다.
- 유휴지遊休地와 휴한지休閑地: '유휴지'는 바람직하지 못하게 놀리는 토지이고, '휴한지'는 농지 등 정상적으로 쉬게 하는 토지다.
- 필지筆地: 소유가 중심이 되어 성립된 지적법상의 단위로, 필지란 하나의 지번이 붙는 토지의 등록 단위다. 모든 토지는 하나의 필지를 중심으로 그 토지에 관련된 지번·지목·경계 또는 좌표와 면적을 정해 지적 공부에 등록하도록 되어 있다.
- 획지劃地: 필지가 법률상의 단위 개념인데 반하여, 획지는 이용을 상정하여 구획되는 경제적·부동산학적 단위 개념이다. 따라서 획지는 인위적·자연적·행정적 조건에 의해 다른 토지와 구별되나 가격 수준이 비슷한 단위 토지다.
- 후보지와 이행지: 후보지란 용도측면의 지역 중에서 택지지역·농지지역·임지지역 상호 간에 전환되고 있는 지역의 토지를 말한다. 반면에 이행지란 용도지역의 분류 중 세분된 지역 내에서 그 용도에 따라 전환

되는 토지를 말한다. 예컨대 택지 지역 내에서 주택 지역이 상업지역으로 이동되고 있는 토지를 말한다.

건물의 분류

건축법상의 분류

단독주택, 공동주택, 근린생활시설, 문화 및 집회시설, 판매 및 영업시설, 의료시설, 교육연구 및 복지시설, 운동시설, 업무시설, 숙박시설, 위락시설, 공장, 창고시설, 위험물저장 및 처리시설, 자동차관련시설, 동물 및 식물관련시설, 분뇨·쓰레기 처리시설, 공공용시설, 묘지관련시설, 관광휴게시설 등이 있다.

건축 재료에 의한 분류

- 벽돌조: 주체인 외벽을 벽돌로 쌓고 치장은 화장벽돌, 각종 타일 또는 모르타르를 바르거나 석재를 사용하기도 한다. 칸막이벽은 목조로 할 경우도 있으며 지붕·바닥 등은 목조 또는 철근 콘크리트조로 건축하기도 한다.
- 블록조: 벽돌조와 같이 주요 구조체인 외벽의 재료가 블록이며 시멘트 및 콘크리트 블록이 있다.
- 석조: 외벽을 석재로 구성한 것으로 칸막이벽은 벽돌 또는 목조로 하고 지붕·마룻바닥은 벽돌조의 구조와 유사하다.
- 목조: 목조건물은 대표적인 가구식 구조다. 이는 짜 맞춘 구조라는 의미로 일체식 구조와 대비되는 의미를 갖는다.

- 철근 콘크리트조: 철근과 콘크리트조를 이용하여 일체로 굳힌 구조이며, 대표적인 습식구조다.
- 보강 콘크리트조: 블록의 빈 부분에 철근을 넣고 빈 부분을 모르타르 또는 콘크리트로 채워 블록조의 결함을 보안한 것과 시멘트 벽돌조의 결함을 보안하기 위해 벽체 또는 기둥에 철근을 넣어 축조된 것을 말한다.
- 철골조: 다양한 단면으로 된 철강(철골)과 강판을 짜 맞추어 리벳으로 조이거나 용접을 한 구조를 말한다.
- 철골 철근 콘크리트조: 철골의 각 부분에 콘크리트를 부어넣거나 철근 콘크리트로 피복한 구조를 철골 철근 콘크리트조라 한다.
- PC조: Precast Concrete의 준말로, 외벽 등의 부재를 공장에서 다량 생산해 건축할 위치에 운반하여 조립하는 건축물을 말한다.

기타: 이외에 연와조, 철파이프조, 경량철골조 등이 있다.

용도지역의 지정

용도지역은 토지의 이용 및 건축물의 용도·건폐율·용적률·높이 등을 제한함으로써 토지를 경제적·효율적으로 이용하고 공공복리의 증진을 도모하기 위해 건설교통부 장관 또는 시·도지사가 서로 중복되지 않게 도시관리계획으로 지정한 지역을 말한다.

1. 도시지역: 인구와 산업이 밀집되어 있거나 밀집이 예상되어 당해지역에 대하여 체계적인 개발·정비·관리·보전 등이 필요한 지역으로서, 도시관리계획으로 도시지역을 주거지역, 상업지역, 공업지역 및 녹지지역으로 구분하여 지정한다.

2. 관리지역: 도시지역의 인구와 산업을 수용하기 위하여 도시지역에 준하여 체계적으로 관리하거나 농림업의 진흥, 자연환경 또는 산림의 보전을 위하여 농림지역 또는 자연환경보전지역에 준하여 관리가 필요한 지역으로서 도시관리계획으로 보전관리지역, 생산관리, 계획관리지역으로 구분하여 지정한다.

3. 농림지역: 도시지역에 속하지 아니하는 농지법에 의한 농업진흥지역 또는 산지관리법에 의한 보전산지 등으로서 농림업의 진흥과 산림의 보전을 위해 필요한 지역을 말한다.

4. 자연환경 보전지역: 자연환경 · 수자원 · 해안 · 생태계 · 상수원 및 문화재의 보전과 수산자원의 보호 · 육성 등을 위해 필요한 지역을 말한다.

관리지역의 세분

1. 보전관리지역: 자연환경보호, 산림보호, 수질오염방지, 녹지 공간 확보 및 생태계 보전 등을 위해 보전이 필요하나, 주변의 용도지역과의 관계 등을 고려할 때 자연환경보전지역으로 지정하여 관리하기가 곤란한 지역.

2. 생산관리지역: 농업 · 임업 · 어업생산 등을 위하여 관리가 필요하나, 주변의 용도지역과의 관계 등을 고려할 때 농림지역으로 지정해 관리하기가 곤란한 지역.

3. 계획관리지역: 도시지역으로의 편입이 예상되는 지역 또는 자연환경을 고려하여 제한적인 이용 · 개발을 하려는 지역으로서 계획적 · 체계적인 관리가 필요한 지역.

도시지역의 세분

1. 주거지역

(1) 전용 주거지역

1) 제1종 전용주거지역: 단독주택 중심의 양호한 주거환경 보호를 위해 필요한 지역.

2) 제2종 전용주거지역: 공동주택 중심의 양호한 주거환경 보호를 위해 필요한 지역.

(2) 일반 주거지역

1) 제1종 일반주거지역: 저층주택 중심의 편리한 주거환경을 조성하기 위한 지역.

2) 제2종 일반주거지역: 중층주택을 중심으로 편리한 주거환경을 조성하기 위한 지역.

3) 제3종 일반주거지역: 중고층주택 중심으로 편리한 주거환경을 조성하기 위한 지역.

(3) 준주거지역: 주거기능 위주로 이를 지원하는 일부 상업기능 및 업무 기능을 보완하기 위한 지역.

2. 상업지역

(1) 중심상업지역: 도심 · 부도심의 업무 및 상업기능의 확충을 위해 필요한 지역.

(2) 일반상업지역: 일반적인 상업기능 및 업무 기능을 담당하게 하기 위해 필요한 지역.

(3) 근린상업지역: 근린지역에서의 일용품 및 서비스의 공급을 위해 필요한 지역.

(4) 유통상업지역: 도시 내 및 지역 간 유통기능의 증진을 위해 필요한 지

역.

3. 공업지역

(1) 전용공업지역: 주로 중화학공업·공해성 공업 등을 수용하기 위해 필요한 지역.

(2) 일반공업지역: 환경을 저해하지 아니하는 공업의 배치를 위해 필요한 지역.

(3) 준공업지역: 경공업 기타의 공업을 수용하되, 주거·상업·업무기능의 보완이 필요한 지역.

4. 녹지지역

(1) 보전녹지지역: 도시의 자연환경·경관·산림 및 녹지공간을 보전할 필요가 있는 지역.

(2) 생산녹지지역: 주로 농업적 생산을 위해 개발을 유보할 필요가 있는 지역.

(3) 자연녹지지역: 도시의 녹지공간의 확보, 도시 확산의 방지, 장래 도시 용지의 공급 등을 위해 보전할 필요가 있는 지역으로서 불가피할 경우에 제한적인 개발이 허용되는 지역.

용도지구의 세분

용도지구는 토지의 이용 및 건축물의 용도·건폐율·용적률·높이 등에 대한 용도지역의 제한을 강화 또는 완화하여 적용함으로써 용도지역의 기능을 증진시키고 미관·경관·안전 등을 도모하기 위해 도시관리계획으로 결정하는 지역을 말한다.

1. 경관지구

(1) 자연경관지구: 산지, 구릉지 등 자연경관의 보호 또는 도시의 자연풍

치의 유지 목적.

(2) 수변경관지구: 지역 내 주요 수계의 수변 자연경관 보호·유지를 위해 필요한 지구.

(3) 시가지경관지구: 주거지역의 양호한 환경조성과 시가지 도시경관을 보호하기 위한 지구.

2. 미관지구

(1) 중심지미관지구: 토지이용도가 높은 지역의 미관을 유지·관리하기 위해 필요한 지구.

(2) 역사문화미관지구: 문화재와 문화적 보전가치가 큰 건축물 등의 미관을 유지·관리 목적.

(3) 일반미관지구: 이외의 지역으로서 미관을 유지·관리하기 위해 필요한 지구.

3. 고도지구

(1) 최고고도지구: 환경, 경관의 보호, 과밀방지를 위해 건축물 높이의 최고한도를 정함.

(2) 최저고도지구: 토지이용 고도화, 경관보호를 위해 높이의 최저한도를 정한 지구.

4. 방화지구: 화재의 위험을 예방하기 위해 필요한 지구.

5. 방재지구: 풍수해, 산사태, 지반의 붕괴 그밖에 재해를 예방하기 위해 필요한 지구.

6. 보존지구

(1) 문화자원 보존지구: 문화재와 문화적으로 보존가치가 큰 지역의 보호 및 보존을 위한 지구.

(2) 중요시설물 보존지구: 국방 및 안보상 중요한 시설물의 보호, 보존을

위해 필요한 지구.

(3) 생태계 보존지구: 야생동식물서식처 등 생태적으로 보존가치가 큰 지역의 보호와 보존.

7. 시설보호지구

(1) 학교시설 보호지구: 학교의 교육환경을 보호·유지하기 위해 필요한 지구.

(2) 공용시설 보호지구: 공용시설을 보호하고 공공업무 기능을 효율화하기 위해 필요한 지구.

(3) 항만시설 보호지구: 항만기능을 효율화하고 항만시설의 관리·운영을 위해 필요한 지구.

(4) 공항시설 보호지구: 공항시설의 보호와 항공기의 안전운항을 위해 필요한 지구.

8. 취락지구

(1) 자연취락지구: 녹지지역·관리지역·농림지역·자연환경 보전지역의 취락정비를 위함.

(2) 집단취락지구: 개발제한구역 안의 취락을 정비하기 위해 필요한 지구.

9. 개발진흥지구

(1) 주거개발 진흥지구: 주거기능을 중심으로 개발·정비할 필요가 있는 지구.

(2) 산업개발 진흥지구: 공업기능을 중심으로 개발·정비할 필요가 있는 지구.

(3) 유통개발 진흥지구: 유통·물류기능을 중심으로 개발·정비할 필요가 있는 지구.

10. 개발진흥지구

(1) 관광휴양개발 진흥지구: 관광·휴양 기능을 중심으로 개발·정비할 필요가 있는 지구.

(2) 복합개발 진흥지구: 세분된 2 이상의 기능을 중심으로 개발·정비하는 지구.

(3) 특정개발 진흥지구: 상기 기능 외의 목적을 위해 개발·정비하는 지구.

11. **특정용도 제한지구**: 주거기능 보호 또는 청소년 보호 등의 목적으로 청소년 유해시설 등 특정 시설의 입지를 제한할 필요가 있는 지구.

12. **위락지구**: 위락시설을 집단화하여 다른 지역의 환경을 보호하기 위해 필요한 지구.

13. **리모델링 지구**: 노후한 공동주택 등 건축물이 밀집된 지역으로서 새로운 개발보다는 현재의 환경을 유지하면서 이를 정비할 필요가 있는 지구.

용도구역

1. **개발제한구역**: 개발제한구역이란 도시의 무질서한 확산을 방지하고 도시주변의 자연환경을 보전하여 도시민의 건전한 생활환경을 확보하기 위해 도시의 개발을 제한할 필요가 있거나 국방부장관의 요청이 있어 보안상 도시의 개발을 제한할 필요가 있다고 인정되는 경우에 건설교통부장관이 도시관리계획으로 결정하는 구역을 말한다.

2. **도시자연공원구역**: 시·도지사가 도시지역 안에서 식생이 양호한 산지의 개발을 제한할 필요가 있다고 인정되는 겨우 도시관리계획으로 결정되는 구역을 말한다.

3. **시가화조정구역**: 건설교통부장관이 직접 또는 관계행정기관의 장의 요

청을 받아 도시지역과 그 주변지역의 무질서한 시가화를 방지하고 계
획적 · 단계적인 개발을 도모하기 위해 일정기간 동안 시가화를 유보
할 필요가 있다고 인정되는 경우에 도시관리계획으로 결정하는 구역
을 말한다. 개발제한구역과는 달리 시간상 제한을 받는 용도구역에 해
당한다. 시가화 유보기간은 당해 도시지역과 그 주변지역의 인구의 동
태, 토지의 이용 상황, 산업발전 상황 등을 고려하여 5US 이상 20년
이내의 기간 내에서 정한다.

4. 수산자원보호구역: 건설교통부장관은 직접 또는 관계 행정기관의 장의
   요청을 받아 수산자원의 보호 · 육성을 위해 필요한 공유수면이나 그
   에 인접된 토지를 대상으로 수산자원보호구역의 지정 또는 변경을 도
   시관리계획으로 결정할 수 있다.

지구단위계획

지구단위계획이란 토지 이용을 합리화하고 그 기능을 증진시키며 미관
을 개선하고 양호한 환경을 확보하며, 당해 지역을 체계적 · 계획적으로 관
리하기 위해 수립하는 도시관리계획을 말한다.

1. 제1종 지구단위계획: 토지용을 합리화 · 구체화하고, 도시 또는 농 · 산 ·
   어촌의 기능의 증진, 미관의 개선 및 양호한 환경을 확보하기 위해 수
   립하는 계획.

2. 제2종 지구단위계획: 계획관리지역 또는 개발진흥지구를 체계적, 계획
   적으로 개발 또는 관리하기 위해 용도지역의 건축물, 그 밖의 시설의
   용도 · 종류 및 규모 등에 대한 제한을 완화하거나 건폐율 또는 용적률
   을 완화하여 수립하는 계획.

일반미관지구, 대공방어협조구역

1. 토지거래허가지역: 국토의계획및이용에관한법률 제117조에 기해 토지의
   투기적 거래가 성행하거나 지가가 급등하는 지역과 그러한 우려가 있
   는 지역을 '토지거래허가지역' 으로 규정하여 시세차익만을 노리는 투
   기적 거래를 억제한다.

2. 주택거래신고지역: 주택에 대한 투기수요를 억제하고 투명한 주택거래
   관행의 정착을 통하여 주택가격을 안정시키기 위한 제도로써, 시행지
   역은 투기지역 중 주택에 대한 투기가 성행하거나 성행할 우려가 있는
   지역으로서 주택거래신고지역으로 지정된 지역에 한한다.

   신고대상주택

   주택거래신고지역의 공동주택의 종류에 따라 다음과 같이 구분된다.

   ① 아파트거래신고지역: 전용면적 60㎡ 초과 아파트, 재건축 · 재개발
      정비구역 안에 있는 모든 아파트.

   ② 연립주택거래신고지역: 전용면적 150㎡ 초과 연립주택, 재건축 ·
      재개발 정비구역 안에 있는 모든 연립주택.

   ③ 아파트 · 연립주택거래신고지역: 전용면적 60㎡ 초과 아파트, 전용
      면적 150㎡ 초과 연립주택, 재건축 · 재개발 정비구역 안에 있는 모
      든 아파트 및 연립주택.

   지정효과

   일정 면적 이상의 공동주택을 매입할 때 실거래가로 취득세 및 등록
   세를 납부. 도시및주거환경정비법상 정비구역(재건축 및 재개발구역)안
   에 있는 아파트와 연립주택은 규모와 관계없이 모두 포함.

3. 투기과열지구: 투기과열지구 지정기준은 주택가격 상승률이 물가상승
   률보다 현저히 높은 지역으로, 주택가격 안정을 위해 국토해양부장관

또는 시·도지사가 일정한 구역을 지정하거나 해제한다.

지정기준

주택가격상승률이 물가상승률보다 현저히 높은 지역으로, 2개월간 청약경쟁률이 5:1을 초과하는 경우(국민주택 규모 이하 주택 청약경쟁률이 10대 1을 초과하는 경우). 주택사업계획승인이나 주택건축허가 실적이 최근 수년간 급감하여 주택공급이 위축될 우려가 있거나 분양계획이 전월대비 30% 이상 감소하는 경우. 주택의 전매행위 성행 등으로 주거불안의 우려가 있는 경우 등.

지정효과

• 분양권 전매제한: 최초로 주택공급계약 체결이 가능한 날부터 소유권이전등기를 완료한 때까지(5년 이내). 단, 수도권·충청권을 제외한 지역의 경우에는 1년이 경과한 때까지. 주택공영개발지구 내에서 공공기관이 건설공급하고 분양가상한제의 적용을 받지 않는 주택의 경우 다음 기간에 도달한 때까지.

① 전용면적 85㎡ 이하는 5년, 85㎡초과는 3년

※ 투기과열지구 지정제도와 별도로 분양가상한제 적용주택의 경우 전매행위 제한기간 따로 있다(주택법 제41조의2, 동법시행령 제45조의2).

② 과밀억제권역 및 성장관리권역에서 전용면적 85㎡ 이하는 10년, 85㎡ 초과는 5년.

③ 기타 지역의 경우 전용면적 85㎡ 이하는 5년, 85㎡ 초과는 3년.

④ 5년 이상 무주택세대주에 대한 우선 공급

• 청약1순위 자격제한: 1가구 2주택자, 5년 내 당첨 사실이 있는 자, 2002년 9월 5일 이후 청약예금·부금 가입자로서 세대주가 아닌 자.

① 지역조합 조합원 선착순 모집금지

② 조합원지위 양도금지

③ 과밀억제권역 내 재건축 후분양(전체 공정 80% 완료 후)

4. **토지투기지역**: 전국 부동산가격상승률 및 물가상승률 등을 감안해 부동산가격이 급등하거나 급등할 우려가 있어 소득세법 제96조의 규정에 의거해 재경부장관이 부동산가격안정심의위원회의 심의를 거쳐 지정하는 지역.

지정기준

전 분기 땅값 상승률이 같은 기간 전국 소비자물가 상승률보다 30% 이상 높은 지역으로, 이 기간 땅값 상승률이 전국 평균상승률보다 30% 이상 높거나 지난 1년간 연평균 상승률이 최근 3년간 전국의 평균 상승률보다 높은 지역이 지정 대상이다.

지정효과

토지투기지역으로 지정되면 해당 토지는 물론 주택을 제외한 지상의 각종 시설물도 양도 시 실거래가 위주로 양도세가 부과된다.

※서울은 2008년 11월 17일 전체 해제되었다.

5. **주택투기지역**: 전국 부동산가격상승률 및 물가상승률 등을 감안해 부동산가격이 급등하거나 급등할 우려가 있어 소득세법 제96조의 규정에 의거해 재경부장관이 부동산가격안정심의위원회의 심의를 거쳐 지정하는 지역.

지정기준

직전 1개월의 집값 상승률이 전국 소비자물가상승률보다 30% 이상 높은 지역 중, 2개월간 집값 상승률이 전국 평균보다 30% 이상 높거나, 1년간 연평균 상승률이 3년간의 전국 연평균 상승률보다 높은 지역에 지정한다.

재개발·재건축·신도시·행정수도 후보지 등의 경우, 최근 2개월 평균 집값 상승률이 아닌 직전 1개월 상승률만으로도 투기지역으로 지정이 가능하다. 단, 대규모 개발 사업이 예상되는 지역은 투기지역 지정 요건을 강화, 집값·땅값이 물가를 추월하는 지역의 경우 그 즉시 투기지역으로 지정된다.

지정효과

주택투기지역으로 지정되면 주택 및 주택부속토지의 양도시 실거래가로 양도세가 부과된다.

IV. 경매투자 가이드

다음의 항목들은 투자시에 알아두면 좋을 사이트와 책을 정리한 것입니다. '투자를 위해서는 이런 것들까지 다 알아야 하나?' 란 의문을 가질 수도 있지만 기본적으로 경매 역시 투자의 한 부분에 지나지 않습니다. 따라서 정보를 얻는 사이트의 정리 역시 경매를 위한 사이트와 투자를 위한 사이트의 두 가지로 정리해 두었습니다. 도움 되시기를 바랍니다.

1. 경매에 도움이 되는 사이트

카페

- 선한부자 http://cafe.daum.net/fq119
- 행복재테크 http://cafe.daum.net/happy-tech

인터넷 경매정보사이트

- 디지털태인 http://www.digitaltaein.com
- 인포케어 http://www.infocare.co.kr

일반 사이트

- 국민은행 부동산 http://land.kbstar.com

- 국토해양부 http://rt.moct.go.kr
- 부동산 공시가격 알리미 http://www.realtyprice.or.kr
- 아파트 실거래가 조회 http://rt.mltm.go.kr
- 닥터아파트 http://www.drapt.com
- 부동산 114 http://r114.co.kr
- 아파트2유 http://www.apt2you.com
- 서울도시철도공사 http://smrt.co.kr/index.jsp
- 온나라부동산정보 종합 포털 http://onnara.go.kr
- 대한주택공사 http://www.jugong.co.kr
- 온비드 http://www.onbid.co.kr

2. 투자에 도움이 되는 사이트

- 세이노의 가르침 http://cafe.daum.net/saynolove
- 선한부자 http://cafe.daum.net/fq119
- 나도 최고경영자가 될 수 있다. http://cafe.daum.net/iamceo
- 행복재테크 http://cafe.daum.net/happy-tech
- 생활법령정보 http://oneclick.moleg.go.kr
- 시골의사 블로그 http://blog.naver.com/donodonsu
- mbn 매일경제 http://mbn.mk.co.kr

3. 참고 도서 리스트

투자 노하우

- 송사무장의 실전 경매의 기술 송희창, 지훈, 2008년
- 33세 14억, 젊은 부자의 투자 일기 조상훈, 매일경제신문사, 2003년
- 반갑다 유치권! 강희만, 부동산넷, 2007년
- 트렌드를 알아야 부동산이 보인다 한상분, 동아일보사, 2005년
- 부동산 성공 법칙 박원갑, 크레듀, 2009년

투자 마인드

- 나는 희망의 증거가 되고 싶다 서진규, 랜덤하우스코리아, 2006년
- 남자나이 서른아홉 김상훈, 비즈니스 맵, 2007년
- 트럼프의 억만장자처럼 생각하라 도널드 트럼프, 물푸레, 2005년
- 블링크 말콤 글래드웰, 21세기북스, 2005년
- 아카바의 선물 오그 만디노, 문진출판사, 2004년
- 시골의사의 부자경제학 박경철, 리더스북, 2006년
- 돈, 사랑한다면 투자하라 앙드레 코스톨라니, 더난, 2005년
- 사자도 굶어죽는다 서광원, 위즈덤하우스 2008년